会计信息化教程

(T3—用友通标准版)

张继伟　曾红卫　邬　欢　编著

清华大学出版社

北　京

内容简介

本书以T3—用友通企业管理软件为蓝本，结合企业实际应用，介绍了系统管理、系统初始化、总账管理、报表管理、工资管理、固定资产管理、采购与应付管理、销售与应收管理、T3应用常见问题、税务等各部分的功能及典型业务应用。通过本书，读者可系统地了解企业管理软件的功能、结构及具体的数据流程，系统地掌握企业管理软件的工作原理和会计信息的处理方法。

本书可作为职业院校会计专业、会计电算化专业、税务专业、审计专业及相关经济管理专业会计电算化课程的教材，也可供财务管理软件应用人员参考。

图书在版编目(CIP)数据

会计信息化教程：T3—用友通标准版/张继伟，曾红卫，邬欢 编著. —北京：清华大学出版社，2014（2019.2 重印）

ISBN 978-7-302-34419-3

Ⅰ.①会… Ⅱ.①张… ②曾… ③邬… Ⅲ.①会计—管理信息系统—教材 Ⅳ.①F232

中国版本图书馆CIP数据核字(2013)第267212号

责任编辑：刘金喜
封面设计：张海清
版式设计：思创景点
责任校对：曹 阳
责任印制：丛怀宇

出版发行：清华大学出版社
网 址：http://www.tup.com.cn，http://www.wqbook.com
地 址：北京清华大学学研大厦A座 **邮 编**：100084
社 总 机：010-62770175 **邮 购**：010-62786544
投稿与读者服务：010-62776969，c-service@tup.tsinghua.edu.cn
质 量 反 馈：010-62772015，zhiliang@tup.tsinghua.edu.cn
课 件 下 载：http://www.tup.com.cn,010-62794504
印 装 者：北京鑫海金澳胶印有限公司
经 销：全国新华书店
开 本：185mm×260mm **印 张**：19.5 **字 数**：462千字
（附光盘1张）
版 次：2014年2月第1版 **印 次**：2019年2月第2次印刷
定 价：48.00元

产品编号：056626-02

前　言

随着信息技术的发展，信息化已经成为人们工作生活中不可或缺的部分，会计信息化也得到了前所未有的发展，会计行业对会计信息系统的理论与实践都提出了更高的要求。如何在现有条件下，结合最新的小企业会计准则，为学习者提供先进、适用、完整、操作性强的会计信息化教材，成为摆在会计信息化教学工作者面前的任务之一。

本书作者参考相关领域的最新信息，融合多年教学经验，编写了这本适用于应用型、技能型人才培养需要的教材。

本书着眼于学生实践能力的培养，以T3—用友通企业管理软件为蓝本，结合企业实际应用，介绍了系统管理、系统初始化、总账管理、报表管理、工资管理、固定资产管理、采购与应付管理、销售与应收管理、T3应用常见问题、税务等各部分的功能及典型业务应用。

本书具有如下特色。

1. 理论简明

在本书的理论部分，结合学生能熟练操作计算机的特点，只进行简明扼要的论述，更偏重于实用技能的指导。

2. 内容新颖

本书结合2013年最新发布的《小企业会计准则》，以及最新版的T3—用友通企业管理软件，将企业很多实际业务纳入其中，为学习者提供最新指导。

3. 任务驱动

本书在编写过程中，着力体现基于工作过程的项目驱动教学法，把知识点分解为简单易懂的工作任务，保证学习效果。

4. 面向应用

本书在编写过程中，用一个完整的企业案例贯穿全书，做到理论与实践相结合，也使学习者更加了解企业实际，强化了动手能力。

5. 系统全面

本书在编写时，强化了常见问题处理、业务管理、税务管理的内容，这是对复合型人才的要求，也是市面上大多数书籍所缺乏的内容，加强了对学习者实际工作能力的指导。

本书每章都明确给出了学习目标，用以提示学习者每章要掌握的内容。

通过本书的学习，学习者可系统地了解企业管理软件的功能、结构及具体的数据流程，系统地掌握企业管理软件的工作原理和会计信息的处理方法。

本书可作为职业院校会计专业、会计电算化专业、税务专业、审计专业及相关经济管理专业会计电算化课程的教材，也可供财务管理软件应用人员参考。

本书 PPT 教学课件可通过 http://www.tupwk.com.cn/downpage 下载。

本书第 1、2、11 章由张继伟编写，第 3 章由邬欢、徐葵编写，第 4 章由韩林编写，第 5 章由熊斌编写，第 6 章由黄亚琴编写，第 7 章由林敏利编写，第 8、9、10 章由曾红卫、胡雯丽编写，第 12 章由朱雪彪编写，第 13 章由陈书华编写，全书由张继伟完成统稿。本书所有实验题经过徐葵女士验证。

本书在编写过程中，得到了畅捷通信息技术股份有限公司、广州市财经职业学校、珠海市第一中等职业学校、武汉市财政学校及广州市商贸职业学校的大力支持和帮助，在此一并表示感谢！

由于编者水平所限，书中难免有疏漏之处，敬请读者批评指正。

本书责任编辑 E-mail：hnliujinxi@163.com

服务邮箱：wkservice@vip.163.com

编　者

2013年10月

目 录

第1章　会计信息化基本认知

本章学习目标

1. 了解会计信息化的发展过程
2. 了解会计信息化与ERP的关系
3. 了解会计信息化软件的基本功能
4. 了解会计信息化软件各模块间的关系
5. 了解会计核算软件与手工会计核算的异同

主要内容

1. 会计电算化概念
2. 会计信息系统的建立
3. 会计信息化软件简介

1.1　会计电算化简介

1.1.1　会计电算化概念

会计是管理的重要组成部分，它以货币为计量单位，应用一套自身特有的方法，从价值方面对生产经营活动进行反映和监督。因此，在会计工作中，通过采集、传输和存储取得大量的数据，并对此进行分类、汇总和系统处理，为经营管理提供有用的信息。在历史上，随着生产的发展和生产规模的逐步社会化，会计也随之发展变化。经过人们长期实践，会计逐步由简单到复杂，至今已形成一套完整的体系。与此同时，会计数据处理的技术也在不断地发展变化，经历了手工操作、机械化和电算化几个阶段，逐步形成了一门独立的新兴学科，在会计工作中发挥着不可估量的作用。

"会计电算化"一词是1981年中国会计学会在长春市召开的"财务、会计、成本应用电子计算机专题讨论会"上提出来的。它是指将电子计算机技术应用到会计业务处理工作中，用计算机来辅助会计核算和管理，通过会计软件指挥计算机替代手工完成或手工很难完成的会计工作，即电子计算机在会计应用中的代名词。

会计电算化广义上是指与实现会计工作电算化有关的所有工作，包括会计电算化软件的开发和应用、会计电算化人才的培训、会计电算化的宏观规划、会计电算化的制度建设、会计电算化软件市场的培育与发展等。

1988年，中国会计学会首届会计电算化学术讨论会在吉林市召开。在这次会议上，与会专家达成共识：发展通用会计软件和引入市场机制是中国会计电算化发展的出路。同年，财政部在上海召开会计电算化工作会议，对制定各省计算机应用规划、实施对会计软件的评审工作做了统一部署。

这一阶段的基本特征是各单位、各部门都在大胆探索会计电算化的开展方法，在软件上主要是通过模仿手工会计的处理，逐步探索走向标准化、规范化的方法。

会计电算化在我国从起步到现在，已经30余年，取得了较大成效，包括实施会计电算化的企业数量逐步上升，商品化通用软件产业的形成以及政府管理机构宏观管理和调控作用的发挥等，无不体现了会计电算化带来的新思想、新方法、新作用，使会计工作的作用和地位得到了很大的加强。

1.1.2 与内控相结合建立会计信息系统

1. ERP的发展过程与思想

在20世纪40年代，由于计算机系统还没有出现，不可能利用计算机系统解决库存问题，为解决库存控制问题，人们提出了订货点法。到了20世纪60年代，随着计算机的出现和发展，短时间内对大量数据的复杂运算成为可能，人们为解决订货点法的缺陷，提出了一种库存订货计划方法，即物料需求计划阶段(Material Requirement Planning，简称时段式MRP)或称基本MRP阶段。

20世纪70年代，随着人们认识的加深及计算机系统的进一步普及，MRP的理论范畴也得到了发展，为解决采购、库存、生产、销售的管理，人们提出了生产能力需求计划、车间作业计划以及采购作业计划理论，闭环MRP作为企业的一种生产计划与控制系统出现了。

20世纪80年代，伴随着计算机网络技术的发展，企业内部信息得到充分共享，闭环MRP集合了采购、库存、生产、销售、财务、工程技术等子系统，发展成为MRPⅡ(Manufacture Resource Planning，英文缩写还是MRP，为了区别于基本MRP而记为MRPⅡ)，作为一种企业经营生产管理信息系统。

进入20世纪90年代，随着计算机网络技术的迅猛发展，统一的国际市场已经形成。针对国际化的销售和采购市场以及全球的供需链环境，企业MRPⅡ面临着需求的挑战。由于MRPⅡ系统仅仅包括制造资源，而不包括面向供需链管理的概念，因此无法满足企业对资源全面管理的要求。在这种环境下，其逐步发展成为20世纪90年代怎样有效利用和管理整体资源管理思想的ERP系统(Enterprise Resource Planning)。

ERP是由美国加特纳公司(Gartner Group Inc.)在20世纪90年代初期首先提出的，是一种面向企业供需链的管理，可对供需链上的所有环节进行有效的管理，这些环节包括订单、采购、库存、计划、生产制造、质量控制、运输、分销、服务与维护、财务管理、人事管理等。

ERP的核心管理思想是供需链管理。供需链管理的基本思想就是以市场需求为导向，以客户需求为中心，以核心企业为龙头，以提高市场占有率、提高客户满意度和获取最大利润为目标，以协同商务、协同竞争和双赢原则为运行模式，通过运用现代企业管理思想、方法和手段，达到对供需链上的信息流、物流、资金流、价值流和工作流的有效规划和控制。

2. ERP的主要模块

ERP是将企业的所有资源进行整合集成管理，简单地说是将企业的三大流——物流、资金流和信息流进行全面一体化管理的管理信息系统。在企业中，一般的管理主要包括三方面的内容：生产控制(计划、制造)、物流管理(分销、采购、库存管理)和财务管理(会计核算、财务管理)。这三大系统本身就是集成体，它们互相之间有相应的接口，能够很好地整合在一起来对企业进行管理。

3. ERP与会计信息系统的关系

总的来说，会计信息系统是ERP软件的一部分，但这里面又分为多种情况，使它们之间又存在很大差别。

就小企业而言，会计软件也就是指账务、报表、工资、固定资产等最基本的模块，一般称为会计核算软件。

规模稍大一点的企业，则要用到进销存模块和应收应付模块的软件，但这里的进销存主要还是立足于财务角度，一般把账务、报表、工资、固定资产、进销存、应收应付等一起叫做财务软件或会计软件。

ERP软件则还要包含生产制造等模块，ERP软件也称为企业管理软件。实际上，独立的会计软件和ERP软件在设计思想、功能、技术、实施、应用、维护等方面存在很大不同，对管理的提升也大大不同。会计软件与ERP模块之间的关系如图1-1所示。

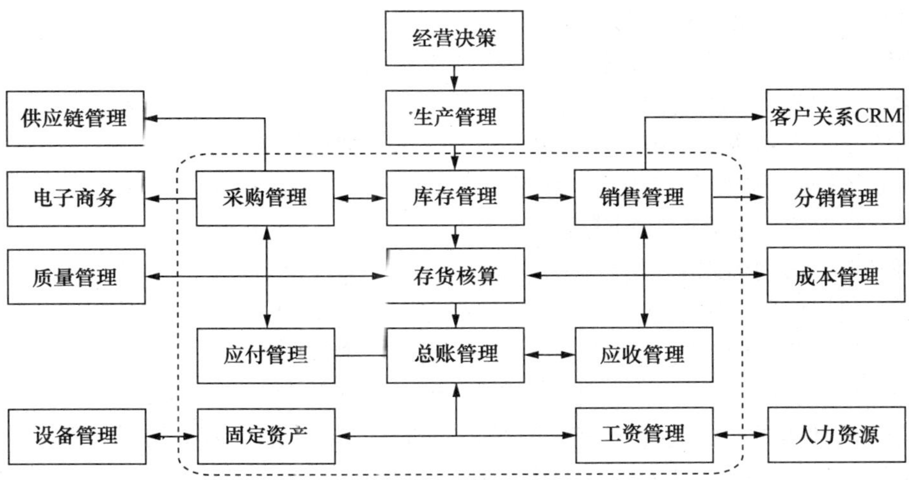

图 1-1　会计软件与 ERP 模块之间的关系

(1) 从范围上看，会计软件是ERP的一部分。ERP软件一般按照模块可以分为财务管理、销售管理、物流管理、生产管理和人力资源管理等。因此ERP涵盖的管理范围比会计软件广。会计软件是ERP中的一个组成部分，可以单独使用或与其他模块紧密集成使用。

(2) 从工作原理的角度来说，会计软件因为主要是针对企业业务进行核算和管理，因此核算前提是对各项业务单据编制凭证手工输入到系统中，系统再进行汇总和分析。而

ERP中企业的业务是以流程为导向，会计模块通过ERP中的自动凭证制作系统将这些流程紧密集成在一起。

(3) 从会计软件与ERP核心的角度来说，会计软件的核心是总账，以此为中心设置了许多分类账，如往来账、存货账、销售账等，它从财务的角度将企业的活动资金化。ERP软件围绕企业整个物流增值过程的供应链管理，进行整个供应链的管理和规划，并通过凭证接口等方式与财务集成，将供、产、销等业务数据及时、准确地转化为会计上所需要的信息，从而对企业的经营过程进行控制。

(4) 从功能上来说，目前会计软件以核算为基本目的，主要满足企业的会计核算要求，无法满足管理人员或决策层对数据深层分析的需求。ERP软件则是以业务流程为导向，使发生的各种会计数据能够与业务联系在一起，进行不同层次的分析。

(5) 从实施角度来看，会计软件实施相对较为简单，实施周期也短。而ERP的实施则很复杂，一般由咨询服务机构等第三方实施，实施时间少则几个月，多则一年甚至几年，实施费用很高。会计软件和ERP软件在实施中遇到的阻力也不同，由于会计制度很规范，涉及的部门、人员较少，在实施过程中遇到的阻力不大。但ERP在调研、培训、实施过程中将遇到很大的阻力，因为ERP涉及使用单位内部诸多部门的利益，甚至危及到一些部门的存在，或需要企业内部的业务流程重组等。

4. 与内控相结合建立ERP系统的集成管理

所谓内部控制，是指一个单位为了实现其经营目标，保护资产的安全完整，保证会计信息资料的正确可靠，确保经营方针的贯彻执行，保证经营活动的经济性、效率性和效果性而在单位内部采取的自我调整、约束、规划、评价和控制的一系列方法、手续与措施的总称。

内部控制由五大要素构成。

(1) 内部环境。内部环境是影响、制约企业内部控制制度的建立与执行的各种内部因素的总称，是实施内部控制的基础。内部环境主要包括治理结构、组织机构设置与权责分配、企业文化、人力资源政策、内部审计机制、反舞弊机制等内容。

(2) 风险评估。就是及时识别、科学分析影响企业战略和经营管理目标实现的各种不确定因素并采取应对策略的过程，是实施内部控制的重要环节和内容。

(3) 控制措施。控制措施结合企业具体业务和事项的特点与要求制定，主要包括职责分工控制、授权控制、审核批准控制、预算控制、财产保护控制、会计系统控制、内部报告控制、经济活动分析控制、绩效考评控制、信息技术控制等。

(4) 信息与沟通。就是及时、准确、完整地收集与企业经营管理相关的各种信息，并使这些信息以适当的方式在企业有关层级之间进行及时传递、有效沟通和正确应用的过程，是实施内部控制的重要条件。信息与沟通主要包括信息的收集机制及在企业内部和与企业外部有关方面的沟通机制等。

(5) 监督检查。监督检查是企业对其内部控制制度的健全性、合理性和有效性进行监督检查与评估，形成书面报告并作出相应处理的过程，是实施内部控制的重要保证。

内部控制的目标基本涵盖了企业经营活动的全部内容，会计信息系统是为企业经营目标服务的。在会计信息系统实施过程中，要把相关的内部控制要求加以考虑，成为组织内部所共同遵守的标准。

1.2　会计信息化软件

1.2.1　会计信息化软件的功能模块

1. 会计信息化软件的构成

会计软件的总体结构是指一个完整的会计软件由哪几个子系统(每个子系统也称为一个会计软件模块)组成，每个子系统有哪些功能，相互之间的关系又是怎样的。不同企业其会计软件的总体结构不尽相同，但大致都包括以下几个系统：

- 总账管理系统
- 工资管理系统
- 固定资产管理系统
- 存货核算系统
- 销售管理系统
- 采购管理系统
- 库存管理系统
- 应收应付系统
- 报表子系统

2. 账务处理模块与主要核算模块间的联系

(1) 总体关系

账务系统是会计信息系统的核心，其他系统是账务系统的补充。账务系统的主要作用是管理账簿和有关按科目分类的指标。其他子系统一般是核算和业务管理模块，这种关系流程如图1-2所示。

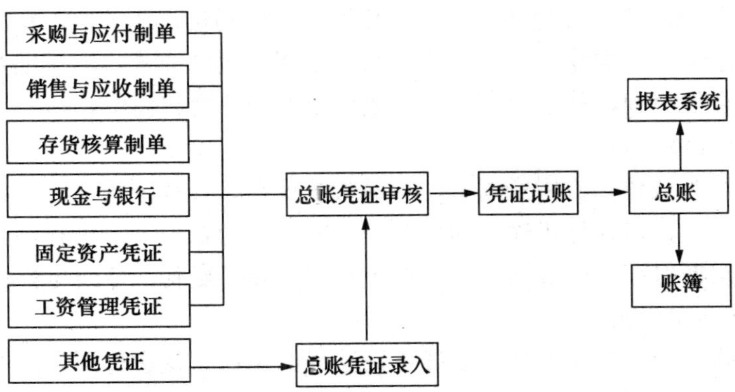

图 1-2　账务系统与会计信息系统

(2) 会计核算软件各模块之间的关系

会计核算软件的各个模块中存在着多种复杂的数据关系，其基本关系如图1-3所示。

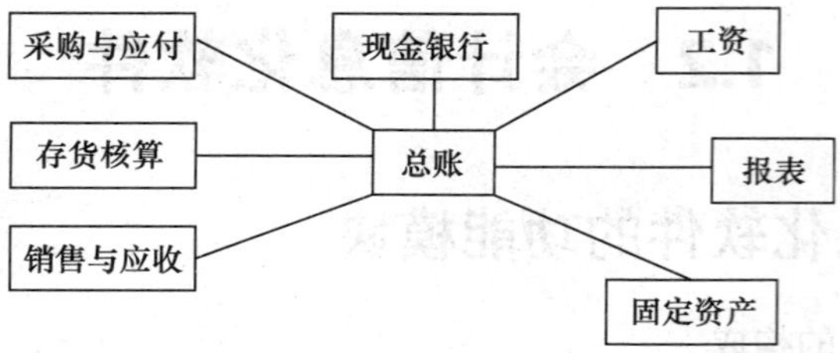

图 1-3　会计核算软件各模块之间的关系

1.2.2　会计信息化软件与手工会计核算的异同

1. 会计核算软件与手工会计核算的相同点

(1) 目标一致

两者都对企业的经济业务进行记录和核算，最终目标都是为了加强经营管理，提供会计信息，参与经营决策，提高企业经济效益。

(2) 遵守共同的会计准则和会计制度

都要遵守会计和财务制度，以及国家的各项财经法纪，严格贯彻执行会计法规，从措施、技术、制度上堵塞各种可能的漏洞，消除弊端，防止作弊。

(3) 遵守共同的基本会计理论和会计方法

两系统都要遵循基本的会计理论和方法，都采用复式记账原理。

(4) 会计数据处理流程大体一致

任何一个信息要达到系统目标，都应具备信息的采集输入、存储、加工处理、传输和输出这五项功能。

2. 会计信息化软件与手工会计核算的区别

(1) 会计核算工具不同

会计电算化系统以计算机为计算工具，数据处理代码化、速度快、精度高。通过计算机代替人工来记录和处理数据，对系统原始数据采用编码的方式，以压缩数据项的长度，减少数据占用的存储空间，从而提高了会计数据处理的速度和精度。

(2) 会计信息载体不同

手工处理以纸为载体，占用空间大，不易长久保存，查找困难。计算机处理以存储介质保存数据文件为主，以计算机输出的纸质证、账、表为辅。计算机存储介质的优点是占用空间小、可以长期保存，但数据文件具有无形性，容易复制、篡改与删除。

(3) 记账规则不完全相同

手工核算中账簿记录的错误要用划线更正法或红字更正法进行更正；账页中的空行、空页要用红线划销等。而在会计电算化下，一切数据均以文件形式存在机器内部，登账只是一个沿用的旧名词；各种信息可直接从凭证文件中处理出来。只要凭证输入正确，机器处理是准确无误的。

(4) 账务处理流程类型存在差别

手工会计采用不同的会计核算形式，常用的有记账凭证核算形式、科目汇总表核算形式、汇总记账凭证核算形式、日记账核算形式等，对业务数据采用了分散处理的方法进行内部牵制和相互核对，以减少舞弊和差错。

在会计电算化中常用的是日记账文件核算形式和凭证文件核算形式。在一个计算机会计系统中，通常只采用其中一种核算形式对数据进行集中收集、统一处理和数据共享。

(5) 内部控制方式不同

在计算机处理环境下，原来的内部控制方式部分被取消或改变，如原来通过账证核对、账账核对、账表核对的控制方式已被更加严密的输入控制所替代，原来通过签字、盖章等方式实现的控制已被权限控制所替代。

1.2.3　中小企业实行会计电算化的岗位设置

对会计电算化人员岗位的设置应按照“责、权、利相结合”的基本管理原则，明确系统内各类人员的职责、权限并尽量将其与各类人员的利益挂钩，即建立、健全岗位责任制。这样一方面可以加强内部控制，保护资金财产的安全；另一方面可以提高工作效率，充分发挥系统的运行效率。

在设立各种会计电算化岗位及其责任时，关键在于以下几个方面：

(1) 软件维护人员与业务操作人员职务要分离

如果维护人员又是系统操作人员，则非法篡改系统和程序的风险极大。因为维护人员对程序的逻辑关系及相关控制了解较多，如果他们又是业务操作人员，则完全可以在系统验收批准并投入使用后，再利用操作处理之便篡改某些关键环节，为其达到某些不正当的目的提供了机会。

(2) 中小企业会计电算化岗位的设置

会计电算化岗位的设置除要考虑会计人员的工作规则外，还要受单位电算化系统模式、规模的制约，这种制约甚至是决定性的，单位采用的系统大小、复杂程度都对岗位设置产生重要影响。

一般来讲，大型单位分工细，可以设置各种专门岗位。而对于中小企业，一般根据会计人员的数量，将很多岗位进行合并。但在合并时，要注意关键环节的内部牵制。

第2章 系统安装与系统管理

本章学习目标

1. 掌握系统安装的环境与方法
2. 区分账套和年度账的概念
3. 识别系统管理员和账套主管权限的不同

主要内容

1. 系统安装
2. 账套管理
3. 数据备份
4. 账套导入
5. 年度账管理

2.1 系统安装

1. 硬件环境

T3—用友通安装时要求的硬件环境如下：

- 单机版主机配置要求：
    - CPU为Pentium III 550MHz或以上，内存128MB或以上，硬盘10GB或以上，至少应有1个CD-ROM。
- 网络版配置要求：
    - 网络服务器：CPU为Pentium III 800MHz或以上，内存256MB或以上，硬盘20GB或以上，至少应有1个CD-ROM。
- 客户端：同单机版主机配置要求。

2. 系统软件

系统软件包括操作系统和数据库管理系统。

3. 注意事项

- 安装时操作系统所在的磁盘分区剩余磁盘空间应大于180MB。

- 安装产品的计算机名称中不能带有“-”或者用数字开头。
- T3—用友通不能和用友其他版本的软件安装在同一个操作系统中。
- 安装产品之前关闭防火墙和实时监控系统。

4. 软件安装步骤

(1) 检查计算机名字

不要带有“-”等特殊符号，不要以中文和数字打头，最好纯英文。

方法：“我的电脑”|“鼠标右键”|“属性”|“网络标识(计算机名)”|“属性”。

(2) 安装数据库

T3—用友通是基于SQL Server数据库运行的。所以安装软件之前要先安装数据库。可以安装SQL Server 2000，SQL Server 2005，可以直接安装光盘上自带的SQL简版数据库MSDE。

单击光盘上的MSDE2000RelA或MSSQLSERVER2005文件夹，双击Setup.exe文件，自动完成简版数据库安装。

重启计算机，计算机右下角显示数据库启动图标(机箱图标显示绿色)，或者从“开始”菜单，单击“程序”，单击“启动”，看是否显示“服务管理器”。

(3) 安装软件

单击光盘上的“T3—用友通标准版”文件夹，双击Setup.exe文件，进行软件安装。安装路径最好不要和操作系统安装在同一个路径下，安装类型选择“全部安装”。

(4) 启动服务

重启计算机后，完成对用友通服务的启动过程。桌面上显示“系统管理”和“T3—用友通”两个图标。

2.2 系统管理概述

系统管理是管理软件运行的基础，是为了对整个管理软件进行统一管理，例如：企业账套及年度账的建立、修改、删除和备份，操作员及权限的集中管理、系统安全运行的管理及控制等。

2.2.1 系统管理功能概述

系统管理的主要功能是对T3—用友通的各个产品进行统一的操作管理和数据维护，具体包括以下几个方面管理功能。

1. 账套管理

每一个独立核算的企业都有一套完整的账簿体系，把这样一套完整的账簿体系建立在计算机系统中就称为一个账套。账套管理包括：

- 建立账套
- 修改账套
- 删除账套

- 引入/输出账套

2. 年度账管理

一个账套中包含了企业所有的数据，把企业数据按年度进行划分，称为年度账。年度账管理包括：

- 年度账的建立
- 年度账引入
- 年度账输出
- 结转上年数据
- 清空年度数据

3. 操作员及权限管理

操作员及权限管理包括：

- 操作员设置
- 功能权限设置

4. 系统运行监控

系统运行监控包括：

- 系统运行监控
- 清除系统异常任务
- 模块启用

2.2.2　系统管理员与账套主管的区别

系统只允许以两种身份注册进入系统管理：一是以系统管理员，二是以账套主管。

1. 系统管理员

系统管理员负责整个系统的安全运行和数据维护。以系统管理员身份注册进入，可以进行账套的建立、引入和输出，设置操作员和权限，监控系统运行过程，清除异常任务等。

2. 账套主管

账套主管负责所辖账套的管理，其工作任务为确定企业会计核算的规则、对企业年度账进行管理、为该账套内操作员分配权限、组织企业业务处理按既定流程运行等。

2.3　账套管理

账套管理包括账套的建立、修改、引入、输出和启用。其中，系统管理员有权进行账套的建立、引入和输出操作，而账套信息的修改则由账套主管负责。

2.3.1　建立账套

1. 企业建立账套的工作流程

企业建立账套的工作流程如图2-1所示。

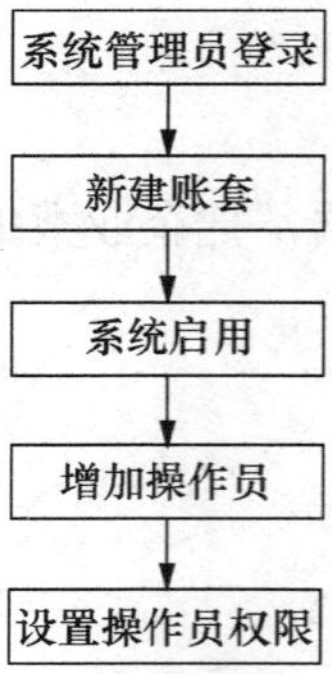

图 2-1　企业建账的工作流程

2. 企业建账的工作内容

企业建账的工作内容有：

- 账套信息：账套号、账套名称、账套启用日期及账套路径。
- 核算单位基本信息：单位名称、单位简称、地址、邮政编码、法人、通信方式等。
- 账套核算信息：记账本位币、行业性质、企业类型、账套主管、编码规则、数据精度等。

2.3.2　修改账套

修改账套是指账套建立完成后，在未使用相关信息时，对某些已设定的内容进行调整。注意：

- 只有账套主管有权修改账套。
- 部分信息无法修改，如账套号、启用会计期等。

2.3.3　账套备份和账套引入

为保证数据安全，需要经常备份账套。在需要某账套时，还可将备份的账套引入到系统中。

1. 账套备份

账套备份是指将数据备份到硬盘或其他存储介质。

2. 账套引入

引入账套功能是指将系统外某账套数据引入本系统中。

2.3.4　系统启用

T3—用友通管理软件包含多个子系统，企业可根据自己的需要来选择使用其中的一些模块，这就用到系统启用功能。

- 只有设置了系统启用的模块才可以登录。
- 有两种方法可以设置系统启用：一是在企业建账完成后立即进行系统启用；二是在建账结束后由账套主管在系统管理中进行系统启用。

2.4　年度账管理

对年度账的管理只能由账套主管进行，包括以下操作：

- 建立年度账
- 年度账的引入和输出
- 结转上年数据
- 清空年度数据

2.5　操作员及权限管理

企业应用会计信息化软件时，首先明确指定各系统授权的操作人员，并对操作人员的使用权限进行明确规定，以避免无关人员对系统进行非法操作，同时也可以对系统所包含的各个功能模块的操作进行协调，使得流程顺畅，从而保证整个系统和会计数据的安全性和保密性。

2.5.1　操作员管理

操作员管理包括：

- 增加操作员
- 修改或删除操作员
- 注销操作员

2.5.2　设置操作员权限

设置操作员权限包括：

- 系统管理员可以指定或取消某一操作员为一个账套的主管
- 系统管理员可以对系统内所有账套的操作员进行授权
- 账套主管的权限局限于他所管辖的账套
- 账套主管自动拥有所在模块的所有操作权限

2.6　系统运行监控

企业需要随时关注系统的运行状况，或在系统出现异常时快速恢复系统正常秩序、查询操作痕迹，这就需要系统运行监控。系统运行监控包括：

- 系统运行监控
- 注销当前操作员
- 清除系统运行异常
- 上机日志

实验一 企业建账

【实验内容】

- 建立企业账套
- 进行系统启用
- 增加操作员
- 操作员权限设置
- 备份/引入账套数据

【实验准备】

将系统日期修改为“2013年1月1日”。

【实验要求】

以系统管理员(Admin)的身份进行企业建账。

【实验资料】

1. 企业基本信息

(1) 公司概况：海珠市嘉乐有限公司是一家制造业的小型工业企业，企业经海珠市国税局认定为增值税一般纳税人企业，主要生产液压阀、液压泵等产品，设有一个基本生产车间，生产用材料全部外购。

(2) 公司地址：海珠市南河区公园路168号。

(3) 法人代表：曾毅凡(总经理)。

(4) 公司电话：62766588。

(5) 会计主管：刘倩。

(6) 开户银行：建设银行海珠市山场支行，账号：6225905476。

(7) 企业税号：6110108473287215。

2. 会计核算信息

(1) 会计政策：公司从2013年1月1日开始采用最新《小企业会计准则》。

(2) 记账本位币：人民币。

(3) 存货核算：存货按实际成本计价法核算，发出存货采用月末一次加权平均法计价，领用周转材料按一次摊销法，月末一次结转发出存货成本。

(4) 产品成本核算方法：产品成本按品种法核算，该企业有一个基本生产车间，生产液压阀、液压泵两种产品。直接人工和制造费用按产品生产产量比例分配，分配率保留四位小数，本月生产全部完工，无月末在产品。

(5) 销售核算：按不同销售方式，确定销售定价；现金折扣按价税合计数计算。

(6) 税金核算：增值税税率17%，运费专用发票，运费按7%抵扣率抵扣增值税，城市维护建设税税率7%，教育费附加费率3%，企业所得税税率25%(企业所得税实行查账计征，按月预缴、年终汇算清缴)。

(7) 其他：企业使用用友畅捷通T3(V10.8plus1)企业管理软件进行财务与业务核算。

(8) 账套启用：2013年1月1日启用。
(9) 有外币业务：主要是美元。
(10) 科目编码规则：4-2-2-2。

- 客户需要分类管理，客户编码规则2-2
- 供应商需要分类管理，供应商编码规则2-2
- 部门编码规则：2-2
- 核算精度：单价设置5位小数，其他2位小数

3. 系统启用设置

由账套主管启用总账系统，启用日期为2013年1月1日。

【实验指导】

① 以系统管理员的身份注册进入系统管理。
② 执行“开始”|“程序”|“T3系列管理软件”|“T3”|“系统管理”命令，进入“T3系统管理”窗口。
③ 执行“系统”|“注册”命令，打开“注册【控制台】”对话框。
④ 服务器文本框中默认为本地计算机名称，如果本机即为服务器或单机用户，则默认当前设置；否则单击文本框后的“…”按钮，打开“网络计算机浏览”对话框，从中选择要登录的服务器名称。
⑤ 在用户名输入栏中输入系统管理员名称Admin，系统默认管理员密码为空。
⑥ 单击“确定”按钮，系统管理界面最下行的状态栏中显示当前操作员Admin。

提示：

- 如果是安装完成后第一次进入系统管理，系统会自动创建系统库和演示数据库。
- 为了保证系统的安全性，在“注册【控制台】”对话框中，可以设置或更改系统管理员的密码。
- 在实际教学环境中，建议不要设置系统管理员密码。

4. 增加操作员

【实验指导】

① 以系统管理员身份注册进入系统管理，执行“权限”|“操作员”命令，进入“操作员管理”窗口。
② 单击“增加”按钮，打开“增加操作员”对话框。
③ 按表2-1中所提示的资料输入操作员信息，每增加一个操作员完成后，单击“增加”按钮增加下一位操作员，全部完成后，单击“退出”按钮返回。

表2-1　操作员信息资料

编　号	姓　名	权　限	口　令	所属部门
admin	admin	系统管理员		
0201	刘倩	账套主管		财务部
0202	王静	总账、报表、供应链		财务部
0203	刘丽丽	工资、固定、供应链		财务部

提示：

- 未使用的操作员可以通过“删除”功能从系统中删除。
- 已使用但调离本企业的操作员可以通过“修改”功能将该操作员注销，状态为“注销”的操作员此后不允许再登录本系统。

5. 建立账套

【实验指导】

① 以系统管理员的身份登录系统管理，执行“账套”|“建立”命令，打开“创建账套——账套信息”对话框。

② 参照图2-2录入账套信息。

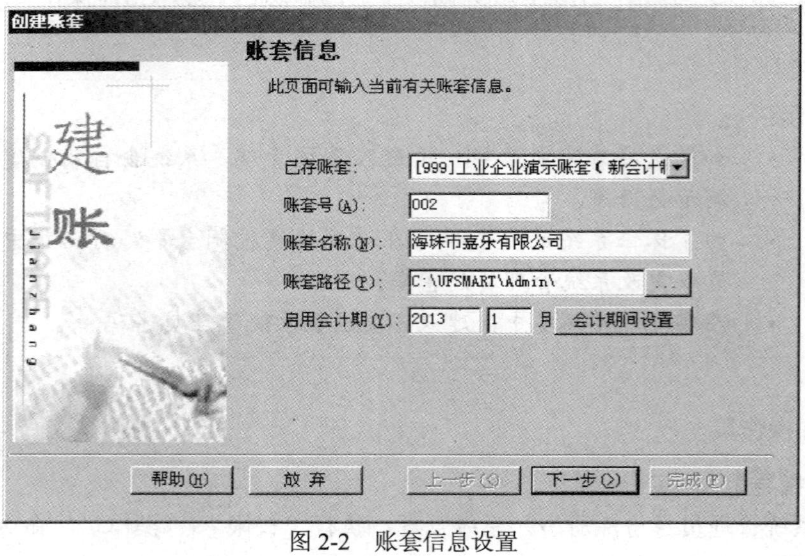

图 2-2　账套信息设置

③ 单击“下一步”按钮，打开“创建账套—— 单位信息”对话框。

④ 参照图2-3录入单位信息。

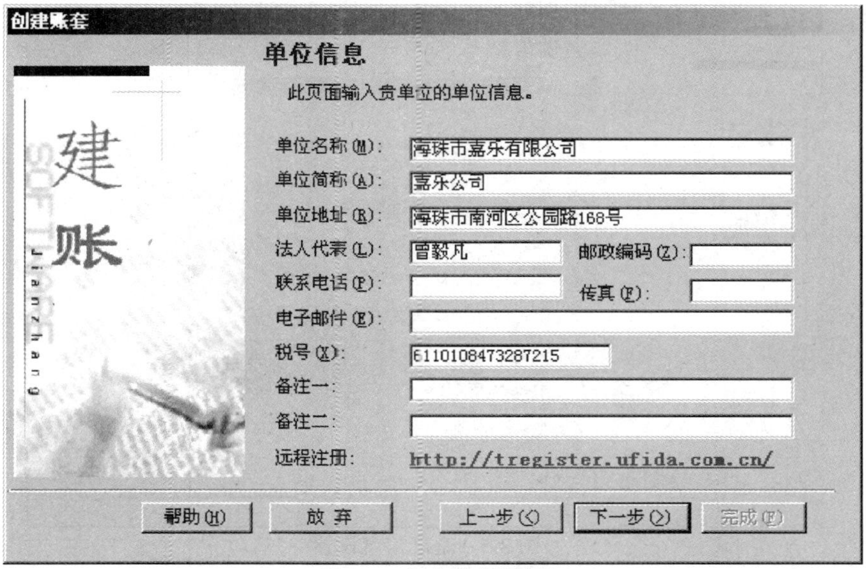

图 2-3　单位信息设置

⑤ 单击“下一步”按钮，打开“账套信息—— 核算类型”对话框。

⑥ 参照图2-4录入核算类型信息。

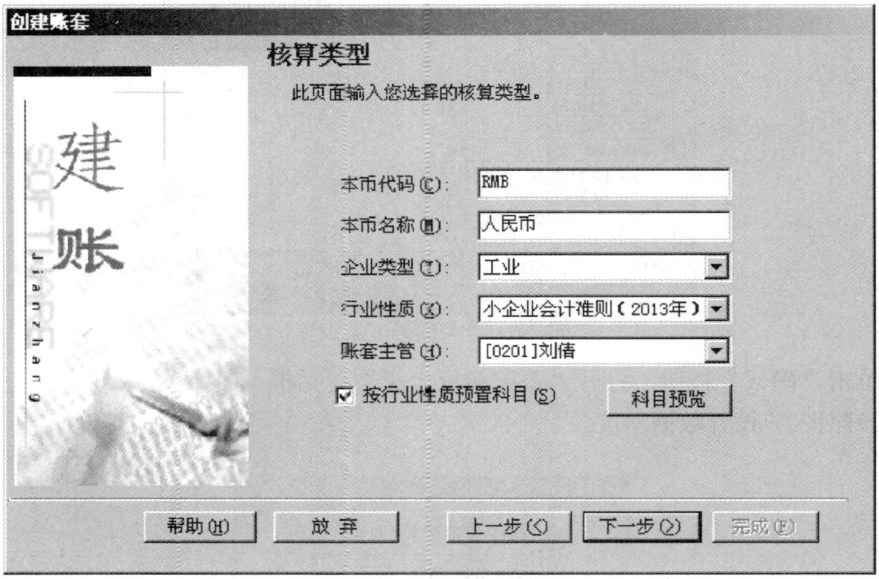

图 2-4　核算类型设置

⑦ 单击“下一步”按钮，打开“创建账套——基础信息”对话框。

⑧ 参照图2-5录入基础信息。

⑨ 单击“下一步”按钮，再单击“完成”按钮，系统弹出提示“可以创建账套了吗？”，单击“是”按钮，稍候，打开“分类编码方案”对话框。

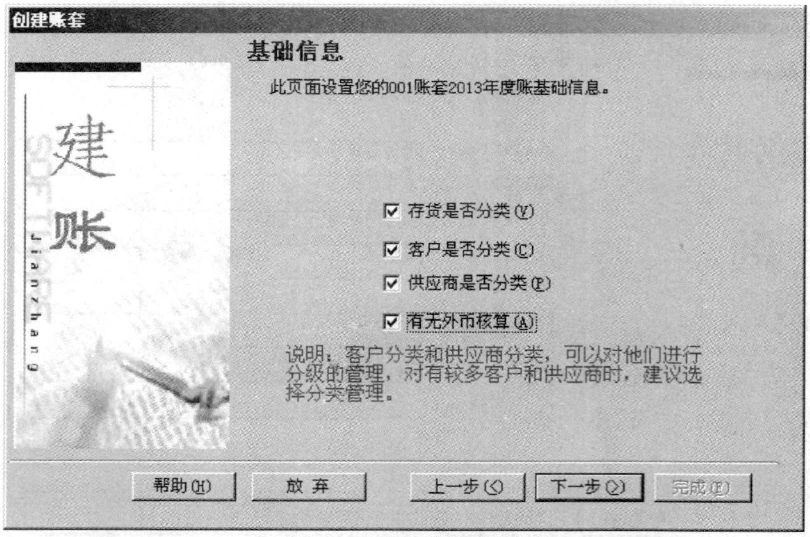

图 2-5　基础信息设置

⑩ 参照图2-6设置分类编码方案。

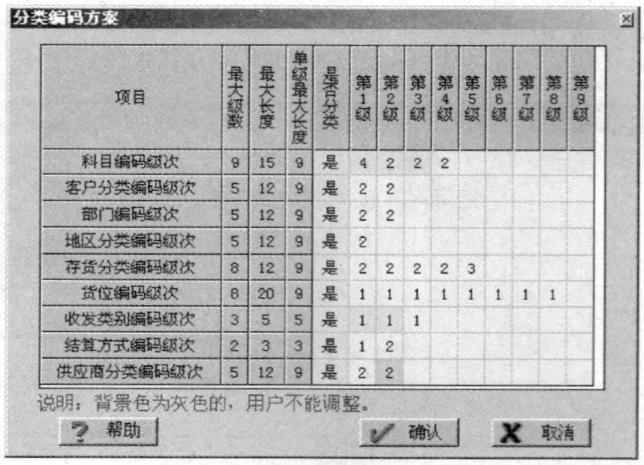

图 2-6　分类编码方案设置

⑪ 单击“确认”按钮，打开“数据精度定义”对话框。

⑫ 参照图2-7设置数据精度。

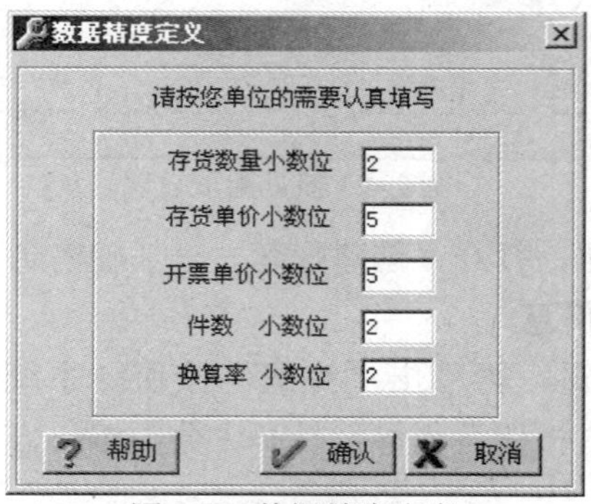

图 2-7　数据精度定义

⑬ 单击“确认”按钮，系统弹出提示“数据精度的定义发生了改变，是否保存修改结果？”，单击“是”按钮，系统再次弹出提示“创建账套｛嘉乐公司：[002]｝成功。”单击“确定”按钮，系统弹出提示“是否立即启用账套”？单击“是”按钮，进入“系统启用”窗口。

6. 系统启用

【实验指导】

① 以系统管理员/账套主管的身份登录系统。

② 在系统启用窗口中，选中要启用的系统前的复选框，系统弹出“日历”窗口。选择总账启用日期为“2013-01-01”，如图2-8所示，单击“确定”按钮返回。

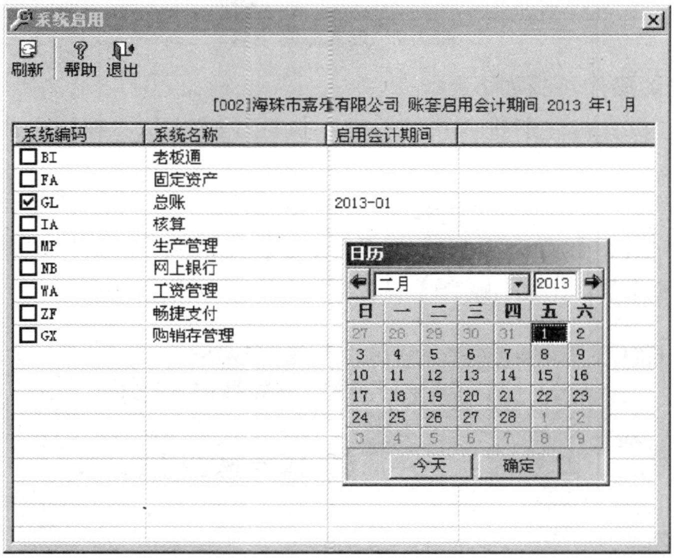

图 2-8　系统启用

③ 如果在建账完成后再启用系统，需要在系统管理中，执行“系统”|“注销”命令，注销系统管理员，再重新执行“系统”|“注册”命令，打开“注册【控制台】”对话框，从用户名下拉列表中选择“[0201]刘倩”，选择“[002]嘉乐公司”，单击“确定”按钮，以账套主管身份注册进入系统管理。然后执行“账套”|“启用”命令，进入“系统启用”窗口。

7. 权限设置

(1) 指定账套主管

【实验指导】

可以在两个环节中确定企业账套的账套主管：一个是在建立账套环节，如图2-9所示；另一个是在权限设置环节。只有系统管理员能够指定账套主管。

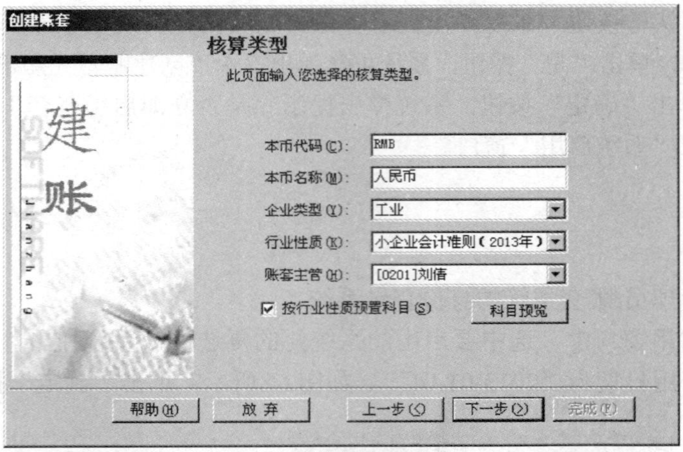

图 2-9　设置账套主管

指定账套主管的操作步骤如下：

① 以系统管理员身份注册进入系统管理，执行“权限”|“权限”命令，进入“操作员权限”窗口。

② 从账套下拉列表框中选择“[002]嘉乐公司”。

③ 在操作员列表中选择“[0201] 刘倩”，选中“账套主管”复选框，系统弹出提示“设置操作员：[0201]账套主管权限吗？”，如图2-10所示。

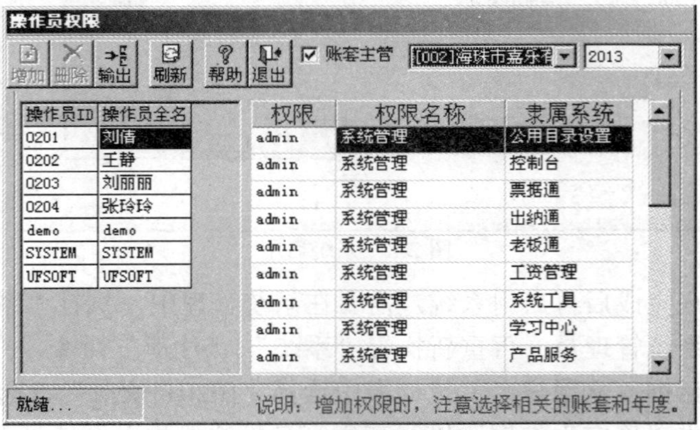

图 2-10　操作员权限

④ 单击“是”按钮。

(2) 为操作员赋权

【实验指导】

① 系统管理员和账套主管都可以为操作员赋权。

② 在操作员权限窗口中，从操作员列表中选择“王静”，从账套下拉列表框中选择“[002]嘉乐公司”，单击“增加”按钮，打开“增加权限——[0202]”对话框。

③ 在产品分类选择列表中双击“GL 总账”，使之变为蓝色，右侧与总账相对应的明细项目即自动选中(蓝色显示)，根据岗位分工要求，在右侧列表中双击需取消的明细权限，使之变为白色。

④ 依次选择王静拥有的其他产品的功能权限，如图2-11所示。完成后，单击“确定”按钮返回。

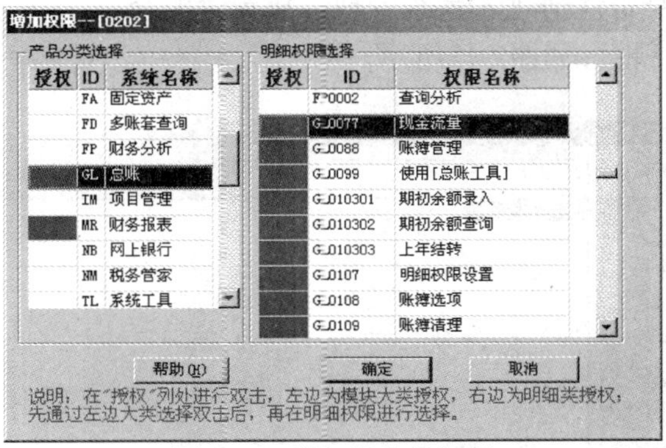

图 2-11　增加操作员权限

⑤ 依此类推，设置其他操作员的权限。

8. 备份和引入账套

(1) 账套备份

【实验指导】

① 以系统管理员身份注册进入系统管理，执行“账套”|“备份”命令，打开“账套输出”对话框，如图2-12所示。

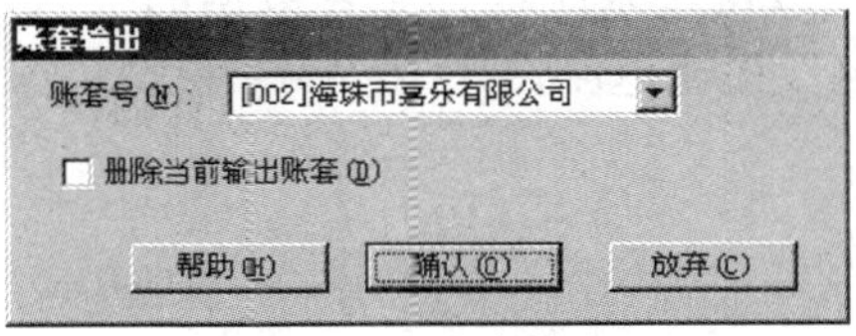

图 2-12　账套输出

② 从“账套号”下拉列表中选择要输出的账套，单击“确认”按钮。

③ 系统对所要输出的账套数据进行压缩处理，压缩完成后，打开“选择备份目标”对话框。

④ 确定存放账套备份数据的文件夹，单击“确认”按钮，系统弹出提示“硬盘备份完毕！”，单击“确定”按钮。

提示：

- 只有系统管理员有权限进行账套的输出和引入。输出账套之前，最好关闭所有系统模块。
- 如果将“删除当前输出账套”复选框选中，系统会先备份数据，然后进行删除确认。

(2) 引入账套

【实验指导】

① 以系统管理员身份注册进入系统管理，执行“账套”|“恢复”命令，打开“恢复账套数据”对话框，如图2-13所示。

图 2-13　恢复账套数据

② 选择要引入的账套数据备份文件，系统输出的备份文件前缀为UF2KAct，单击“打开”按钮，系统弹出提示“此项操作会覆盖当前账套的所有信息，继续吗？”，单击“是”按钮，系统进行账套数据的引入，完成后提示“账套引入成功！”，单击“确定”按钮返回。

第3章 系统初始化

本章学习目标

1. 了解系统初始化的重要性
2. 了解系统初始化时需要做的准备工作
3. 了解系统初始化的步骤与方法
4. 掌握如何设置会计科目
5. 掌握科目辅助核算的功能与方法
6. 掌握建立项目档案的方法

主要内容

1. 机构设置
2. 往来单位设置
3. 会计科目设置
4. 辅助核算设置
5. 外币种类设置
6. 项目目录设置

3.1 系统概述

企业管理软件在安装完成之后，是没有包括任何数据的，如员工、部门、科目等，应根据企业的实际情况，做好基础数据的整理，并录入到系统中，这部分基础数据的整理与录入工作，就是系统初始化，这是系统正常运行的前提条件。

在使用管理软件之前，需要准备的基础数据如表3-1所示。

表3-1 基础档案的整理

分　类	目　录	用　途
机构设置	部门编码与档案	设置与企业财务核算和管理有关的部门
	职员编码与档案	设置企业的各个职能部门中需要对其核算和业务管理的职工信息

(续表)

分　类	目　录	用　途
往来单位	客户分类编码	用于进行业务数据的统计、分析
	客户编码与档案	用于客户管理和业务数据的统计、分析
	供应商分类编码	便于进行业务数据的统计、分析
	供应商编码与档案	用于进行供应商管理和业务数据的统计、分析
	地区分类编码	针对客户/供应商所属地区进行分类，便于进行业务数据的统计、分析
存货	存货分类编码	用于进行业务数据的统计、分析
	存货编码与档案	用于存货核算、统计、分析和实物管理
财务	会计科目	设置企业核算的科目目录
	凭证类别	设置企业核算的凭证类型
	外币种类	设置企业用到的外币种类及汇率
	项目目录	设置企业需要对其进行核算和管理的对象、目录
收付结算	结算方式	设置资金收付业务中用到的结算方式
	付款条件	设置企业与往来单位协议规定的收、付款折扣优惠方法
	开户银行	设置企业在收付结算中对应的开户银行信息
业务	仓库编码与档案	设置企业存放存货的仓库信息
	收发类别	设置企业的入库、出库类型
	采购类型	设置企业在采购存货时的各项业务类型
	销售类型	设置企业在销售存货时的各项业务类型

3.2　基础档案录入

T3—用友通由多个子系统构成，如总账、工资、固定资产、购销存系统等。这些子系统有很多信息是公用的，如部门、职员、会计科目等；另外，也有一些基础信息为部分模块所特有，例如收发类别、仓库档案等为购销存系统所特有。

本章侧重于与财务系统相关的基础档案设置，与购销存系统相关的基础档案设置将在后续章节中集中介绍。

3.2.1　机构设置

机构设置基础档案包括：

- 部门档案
- 职员档案

3.2.2　往来单位

往来单位基础档案包括：

- 客户分类
- 客户档案
- 供应商分类
- 供应商档案
- 地区分类

3.2.3　总账系统参数

总账系统参数基础档案包括：

- 会计科目
- 凭证类别
- 外币种类
- 项目目录

提示：

- 如果科目已录入期初余额或已制单，则不能删除。非末级会计科目不能删除。
- 被指定为“现金科目”、“银行科目”的会计科目不能删除；若想删除，必须先取消指定。
- 科目一经使用(已录入凭证)，则不允许删除，但可以增加同级科目或在该科目下增设下级科目。
- 系统除完成一般的总账、明细账核算外，还提供以下几种专项核算功能：部门核算、个人往来、客户往来、供应商往来、项目核算。一个科目可同时设置两种专项核算。
- 如果使用固定汇率，则应在每月月初录入记账汇率(即期初汇率)，月末计算汇兑损益时录入调整汇率(即期末汇率)；如果使用浮动汇率，则应每天在此录入当日汇率。

3.2.4　收付结算

收付结算基础档案包括：

- 结算方式
- 付款条件
- 开户银行

3.2.5 采购与应付的业务参数设置

1. 采购模块的主要参数

采购业务主要控制参数：

- 入库单是否自动编号
- 存货使用辅计量单位

2. 应付业务控制参数

应付业务主要控制参数：

- 应付款核销方式
  - 按单据核销应付款
  - 按产品核销应付款
- 汇兑损益结算方式
  - 外币余额结清时计算
  - 月末计算
- 应付确认日期依据
  - 以业务日期确认
  - 以单据日期确认
- 现金折扣是否显示

3.2.6 销售与应收的业务参数设置

1. 销售模块的主要参数

销售业务主要控制参数：

- 有无外币业务
- 主辅计量单位是否固定换算率
  - 是(固定换算率)：如果数量改变，自动重新计算件数，换算率不变。
  - 否(非固定换算率)：如果数量改变，自动重新计算换算率，件数不变。
- 是否由销售系统生成销售出库单
  - 是：销售系统的发货单、销售发票在复核时，自动生成销售出库单，并传递到库存系统和存货核算系统。
  - 否：库存系统参照上述单据生成出库单。
- 销售是否必填批号
  - 是：批次管理的存货在销售系统开具发货单、销售发票时，批号为必填项。
  - 否：批号在销售系统可指定可不指定，销售系统指定后库存不能修改，未指定的由库存系统指定。
- 销售报价是否含税
- 是否有信用额度控制
- 是否有最低售价控制

2. 应收业务控制参数

应收业务主要控制参数：

- 应收款核销方式
  - 按单据核销应收款
  - 按产品核销应收款
- 汇兑损益结算方式
  - 外币余额结清时计算
  - 月末计算
- 应收确认日期依据
  - 以业务日期确认
  - 以单据日期确认
- 现金折扣是否显示

3.2.7　库存与存货核算管理

1. 库存模块的主要参数

库存业务主要控制参数：

- 有无组装拆卸业务
- 有无批次管理
- 有无保质期管理
- 有无成套件管理
- 存货有无辅助计量单位
- 是否允许零出库
- 是否需要最高最低库存报警
- 是否允许超限额领料
- 是否库存系统生成销售出库单
- 销售出库业务是否由销售系统指定批号

2. 核算模块的主要参数

核算业务主要控制参数：

- 零出库成本选择
  - 上次出库成本
  - 参考成本价
  - 结存成本价
  - 上次入库成本
  - 手工输入单价
- 暂估处理方式
  - 月初回冲

- 单到回冲
- 单到补差
- 最大/最小单价控制

3.2.8 业务基础档案

1. 基础档案信息

- 存货分类
- 存货档案
- 仓库档案
- 采购类型和销售类型
- 收发类别
- 产品结构
- 费用项目

2. 设置客户往来/供应商往来业务科目

- 客户/供应商往来业务科目
  - 基本科目设置
  - 控制科目设置
  - 产品科目设置
  - 结算方式科目设置

3. 设置存货业务科目

- 设置存货科目
- 设置对方科目

3.2.9 客户往来和供应商往来期初数据

系统初始化时，还需要录入有关客户、供应商往来数据：

- 客户往来期初数据
- 供应商往来期初数据

3.2.10 购销存系统期初数据

购销存系统期初数据包括：

- 暂估入库期初余额
- 在途存货期初余额
- 采购期初数据
- 存货期初余额及差异

3.3　系统期初

企业管理软件在安装完成之后，需要将各系统的期初数据录入才能正常使用。包括：

- 总账系统期初余额录入
- 采购系统期初余额录入
  - 供应商往来期初数据
  - 暂估入库期初余额
  - 在途存货期初余额
  - 采购期初数据
- 销售系统期初余额录入
  - 客户往来期初数据
- 库存系统期初余额录入
  - 存货期初余额及差异

实验二　基础档案设置

【实验目的】

- 理解基础档案的作用。
- 掌握基础档案的录入方法。

【实验内容】

基础档案设置。

【实验准备】

引入“实验一”账套数据。步骤如下：

(1) 将光盘中“实验基础账套”文件夹复制到本地计算机，取消文件夹所有文件只读属性。将计算机当前日期调整为2013年1月1日，以系统管理员的身份注册进入系统管理，执行“账套”|“恢复”命令，打开“引入账套数据”对话框。

(2) 单击“查找范围”下拉列表框，选择实验一账套数据，找到账套文件UF2KAct.Lst，单击“打开”按钮，系统弹出提示框，请用户确认账套引入路径。如果无须修改账套引入路径，单击“否”按钮，如果系统内已存在该账套号账套，系统会弹出提示框，要求用户确认是否覆盖已存在的信息，单击“是”按钮选择覆盖，单击“否”按钮不覆盖。

【实验要求】

以“刘倩”的身份进行基础档案设置。

【实验资料】

1. 部门编码与档案(表3-2)

表3-2 部门编码

部门编码	部门名称
01	行政部
02	财务部
03	采购部
04	销售部
05	仓管部
06	生产车间

2. 职员编码与档案(表3-3)

表3-3 职员编码

员工编码	员工姓名	所属部门	是否业务员
0101	曾毅凡	行政部	否
0102	赵宏伟	行政部	否
0201	刘　倩	财务部	否
0202	王　静	财务部	否
0203	刘丽丽	财务部	否
0301	白　雪	采购部	是
0401	李　辉	销售部	是
0501	王胜利	仓管部	是
0601	管　军	生产车间	否
0602	王国强	生产车间	否
0603	李　明	生产车间	否
0604	杨　光	生产车间	否
0605	何利欣	生产车间	否
0606	崔　晓	生产车间	否

3. 地区分类编码(表3-4)

表3-4　地区编码

编　码	地区名称	编　码	地区名称
10	北　京	45	河　南
11	辽　宁	50	河　北
12	内蒙古	51	广　东
13	吉　林	53	广　西
15	黑龙江	55	贵　州
20	上　海	57	海　南
21	江　苏	61	四　川
23	安　徽	65	云　南
25	山　东	71	陕　西
28	山　西	73	甘　肃
30	天　津	75	宁　夏
31	浙　江	81	青　海
33	江　西	83	新　疆
35	福　建	85	西　藏
40	重　庆	91	台　湾
41	湖　南	92	香　港
43	湖　北	93	澳　门

4. 客户分类编码(表3-5)

表3-5　客户分类编码

分类编码	名　称
01	零售商
02	代理商
03	总代理商

5. 客户编码与档案(表3-6)

表3-6 客户编码

编 码	客户名称	简 称	税 号	地 址	电 话
101	海珠市明湖有限公司	明湖公司			
102	恒阳市宏发实业公司	宏发实业			
103	中沙市创新有限公司	创新公司			
104	广舟市北园有限公司	北园公司			
105	晨州市德源有限公司	德源公司			
106	北非市建翰有限公司	建翰公司			

6. 供应商分类编码(表3-7)

表3-7 供应商分类编码

分类编码	名 称
01	材料供应商
02	设备供应商
03	其他服务商

7. 供应商编码与档案(表3-8)

表3-8 供应商编码

编 码	单位名称	简 称	地 址	电 话
101	海珠市朝阳有限公司	朝阳公司		
102	海珠市青山有限公司	青山公司		
103	中沙市长兴工厂	长兴工厂		
104	广安市精华有限公司	精华公司		

8. 外币种类(表3-9)

表3-9 外币种类

外币种类	外币名称	汇率方式	汇 率
USD	美元	固定汇率	6.2

9. 会计科目(表3-10)

表3-10　会计科目

科目编码	科目名称	辅助核算	期初借方	期初贷方
1001	库存现金	日记账	2,000.00	
1002	银行存款	银行账、日记账	234,985.37	
100201	建行一人民币	银行账、日记账	229,785.37	
100202	建行一美元户	银行账、日记账	5,200.00	
1012	其他货币资金			
1101	短期投资			
110101	股票			
1121	应收票据			
1122	应收账款	客户往来	58,500.00	
1123	预付账款	供应商往来	6,000.00	
1131	应收股利			
1221	其他应收款			
122101	备用金	部门核算		
122102	应收个人款	个人往来	3,500.00	
1403	原材料		138,060.00	
140301	甲材料	数量核算	29,250.00	
140302	乙材料	数量核算	52,650.00	
140303	丙材料	数量核算	56,160.00	
1405	库存商品		260,000.00	
140501	液压阀	数量核算	80,000.00	
140502	液压泵	数量核算	180,000.00	
1411	周转材料		38,000.00	
141101	包装物		30,000.00	
141102	低值易耗品		8,000.00	
1501	长期债券投资			
1511	长期股权投资			
1601	固定资产		2,795,000.00	
160101	房屋		2,000,000.00	
160102	机器设备		795,000.00	

(续表)

科目编码	科目名称	辅助核算	期初借方	期初贷方
1602	累计折旧			200,000.00
1606	固定资产清理			
1701	无形资产			
1702	累计摊销			
1901	待处理财产损溢			
190101	待处理流动资产损溢			
资产小计			3,336,045.37	362,245.37
2001	短期借款			300,000.00
2201	应付票据	供应商往来		
2202	应付账款			42,120.00
220201	应付账款	供应商往来		42,120.00
220202	应付暂估款	供应商往来		
2203	预收账款	客户往来		16,493.50
2211	应付职工薪酬			
221101	应付职工工资			
2221	应交税费			3,631.87
222101	应交增值税			
22210101	进项税额			
22210106	销项税额			
222102	未交增值税			3,631.87
222106	应交所得税			
222108	应交城市维护建设税			
222113	教育费附加			
2231	应付利息			
2232	应付利润			
2501	长期借款			
负债小计				975,700.00
3001	实收资本			2,800,000.00
3002	资本公积			

(续表)

科目编码	科目名称	辅助核算	期初借方	期初贷方
3101	盈余公积			10,000.00
310101	法定盈余公积			10,000.00
3103	本年利润			
3104	利润分配			163,800.00
310401	其他转入			
310402	提取法定盈余公积			
310410	应付利润			
310415	未分配利润			163,800.00
3105	应付股利			
权益小计				4,417,000.00
4001	生产成本			
400101	直接材料	项目核算		
400102	直接人工	项目核算		
400103	制造费用	项目核算		
400104	其他	项目核算		
400105	生产成本转出	项目核算		
4101	制造费用			
410101	办公费			
410102	维修费			
410103	水电费			
410104	包装物			
410105	固定资产折旧			
410106	职工薪酬			
成本小计				
5001	主营业务收入			
500101	液压阀			
500102	液压泵			
5111	投资收益			
5301	营业外收入			

(续表)

科目编码	科目名称	辅助核算	期初借方	期初贷方
530105	捐赠			
530106	流动资产处置收益			
5401	主营业务成本			
5403	营业税金及附加			
540301	液压阀			
540302	液压泵			
5601	销售费用			
560102	广告费			
5602	管理费用			
560202	业务招待费	部门核算		
560209	职工薪酬	部门核算		
560210	固定资产折旧	部门核算		
560211	无形资产摊销	部门核算		
560212	保险费	部门核算		
560213	差旅费	部门核算		
560214	办公费	部门核算		
5603	财务费用			
560301	利息费用			
5711	营业外支出			
571101	坏账损失			
571106	待处理流动资产损失			
571107	无形资产减值			
5801	所得税费用			
合　计			6,550,300.00	6,550,300.00

10. 凭证类别(表3-11)

表3-11　凭证类别

凭证类别	名　称
PZ	记账凭证

11. 项目档案

项目大类(表3-12)

表3-12　项目档案

编　　码	名　　称
1	生产成本

项目分类(表3-13)

表3-13　项目分类

编　　码	名　　称
1	产品研发
2	工程建设

项目目录(表3-14)

表3-14　项目目录

编　　码	名　　称	是 否 结 算	所 属 分 类
101	JD液压阀	否	01产品研发
102	变频液压泵	否	01产品研发
201	新车间	否	02 工程建设

核算科目(表3-15)

表3-15　会计科目

项 目 大 类	生 产 成 本		
项目分类	01产品研发		02工程建设
核算科目	JD液压阀	变频液压泵	新车间
400101 直接材料	是	是	是
400102 直接人工	是	是	是
400103 制造费用	是	是	是
400104 其他	是	是	是
400105 生产成本转出	是	是	是

12. 结算方式(表3-16)

表3-16 结算方式

编 码	结算方式	票据管理
1	现金结算	否
2	支票结算	否
201	现金支票	是
202	转账支票	是
3	银行汇票	否
4	商业汇票	否
401	商业承兑汇票	否
402	银行承兑汇票	否
9	其他	否

13. 付款条件(表3-17)

表3-17 付款条件

编 码	表 示	信用天数	天数1	优惠1	天数2	优惠2
01	2/10,1/20,N/30	30	10	2	20	1
02	4/10,2/20,N/60	60	20	4	40	2

14. 开户银行(表3-18)

表3-18 开户银行

编 码	开户行名称	账 号
01	建设银行海珠市山场支行	6225905476

15. 仓库编码与档案(表3-19)

表3-19 仓库编码

仓库编码	仓库名称	计价方式	是否货位管理
1	原材料库	全月加权平均法	否
2	成品库	全月加权平均法	否
3	周转材料库	全月加权平均法	否

16. 收发类别(表3-20)

表3-20　收发类别

编　码	类别名称	编码级次	收发标志	是否末级
1	入库类别	1	1	0
11	采购入库	2	1	1
12	产成品入库	2	1	1
13	退料入库	2	1	1
14	半成品入库	2	1	1
15	其他入库	2	1	1
16	委托加工入库	2	1	1
2	出库类别	1	0	0
21	销售出库	2	0	1
22	材料领用出库	2	0	1
23	半成品出库	2	0	1
24	产品自用出库	2	0	1
25	其他出库	2	0	1

17. 采购类型(表3-21)

表3-21　采购类型

编　码	名　称	入库类别编码
00	普通采购	11

18. 销售类型(表3-22)

表3-22　销售类型

编　码	名　称	出库类别编码
00	普通销售	21

19. 存货分类编码(表3-23)

表3-23　存货分类

编　码	名　称
01	原材料
02	产成品
03	周转材料
04	其他

20. 存货编码与档案(表3-24)

表3-24 存货编码

存货编号	存货名称	计量单位	存货属性	所属分类	税率
101	A材料	千克	外购、生产耗用、销售	1	17%
102	B材料	千克	外购、生产耗用、销售	1	17%
103	C材料	千克	外购、生产耗用、销售	1	17%
201	甲产品	台	自制、销售	2	17%
202	乙产品	台	自制、销售	2	17%
301	包装箱	个	外购、生产耗用	3	17%
302	工具	件	外购、生产耗用	3	17%
303	劳保用品	套	外购、生产耗用	3	17%
401	运费	元	销售、外购、劳务费用	4	7%
402	运杂费	元	销售、外购、劳务费用	4	0

【实验指导】

1. 注册控制台

操作步骤如下：

执行“开始”|“程序”|“T3系列管理软件”|“T3”|“T3”命令，打开“注册【控制台】”对话框。以账套主管身份登录，如图3-1所示，单击“确定”按钮，进入用友通主界面。

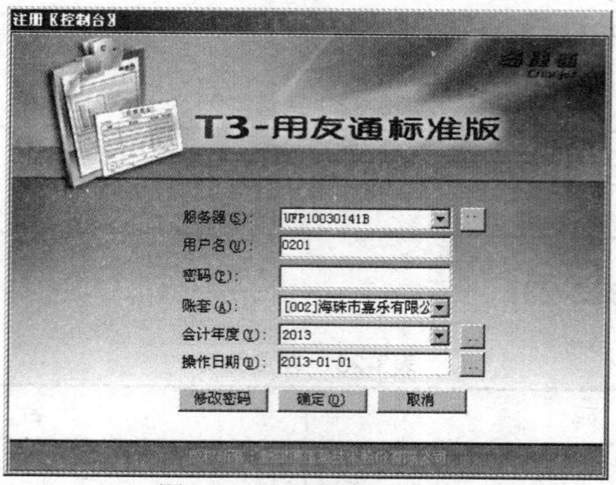

图 3-1 注册【控制台】

2. 输入部门信息

① 执行“基础设置”|“机构设置”|“部门档案”命令，进入“部门档案”窗口，如图3-2所示。

② 单击“增加”按钮，输入部门编码、部门名称信息，单击“保存”按钮。

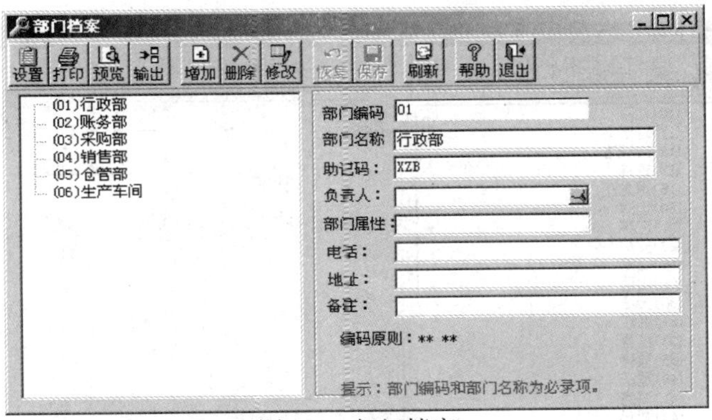

图 3-2　部门档案

提示：

在未建立职员档案前，不能选择输入负责人信息。待职员档案建立完成后，通过“修改”功能补充输入负责人信息。

3. 建立职员档案

① 在用友通主界面，执行“基础设置”|“机构设置”|“职员档案”命令，进入“职员档案”窗口，如图3-3所示。

② 输入职员编号、职员名称、参照输入所属部门及职员属性，输入完成后，按Enter键进入下一行，上一行内容自动保存。

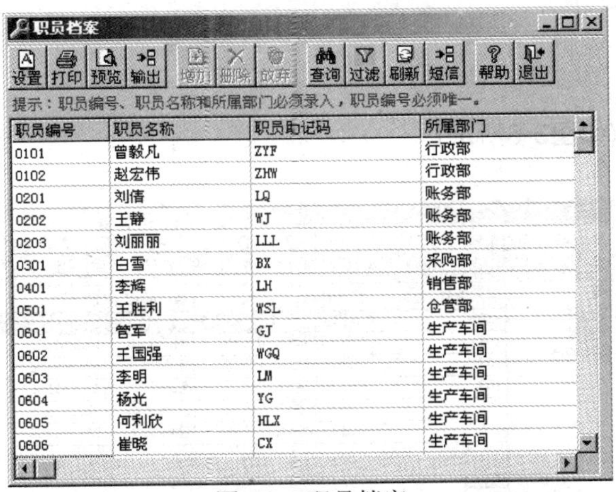

图 3-3　职员档案

提示：

职员档案建立完成后，可重新进入部门档案，通过“修改”功能增加负责人信息。

4. 建立地区分类(如图3-4所示)

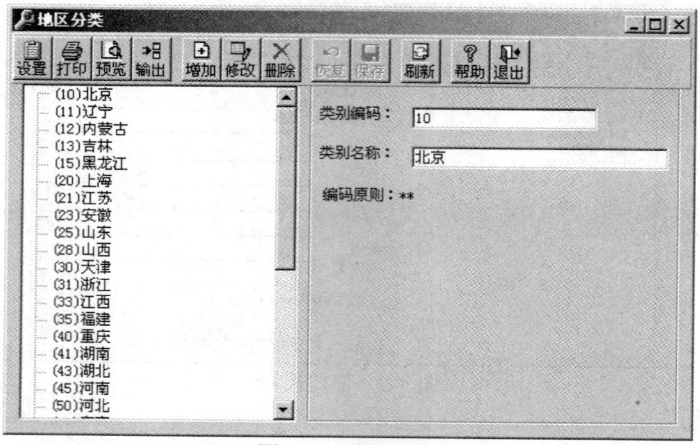

图 3-4　地区分类

操作步骤略。

5. 建立客户分类(如图3-5所示)

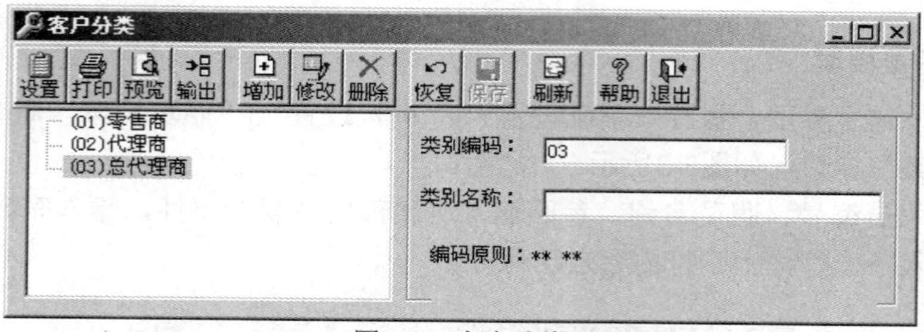

图 3-5　客户分类

操作步骤略。

6. 建立客户档案(如图3-6所示)

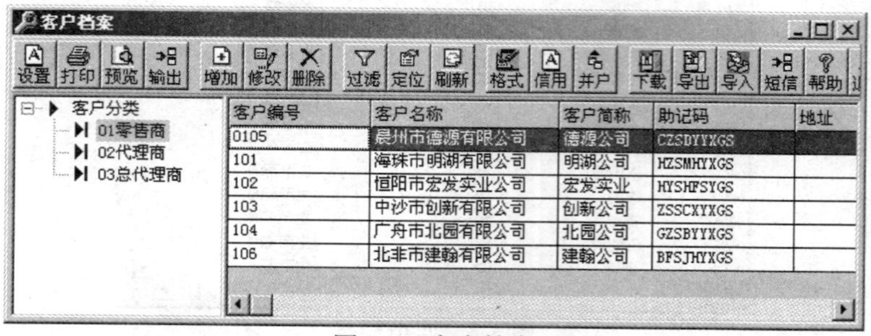

图 3-6　客户档案

操作步骤略。

7. 建立供应商分类编码(如图3-7所示)

图 3-7　供应商分类

操作步骤略。

8. 建立供应商档案(如图3-8所示)

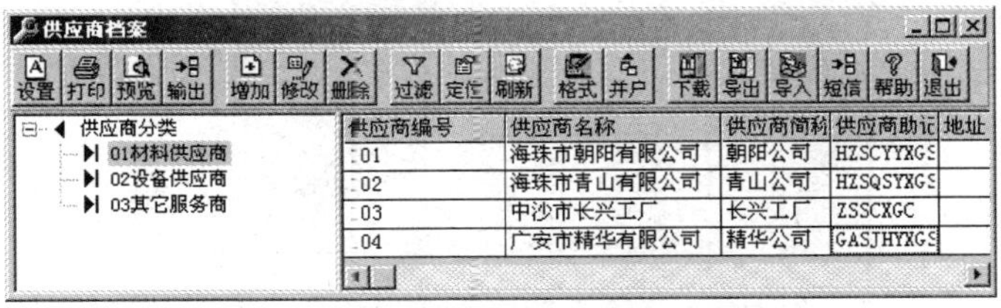

图 3-8　供应商档案

操作步骤略。

9. 外币设置

① 在用友T3主界面，执行“基础设置”|“财务”|“外币种类”命令，进入“外币设置”对话框。

② 输入币符“USD”，币名“美元”，其他项目采用默认值，单击“确认”按钮。

③ 输入2013年01月初的记账汇率6.2，按Enter键确认，如图3-9所示。

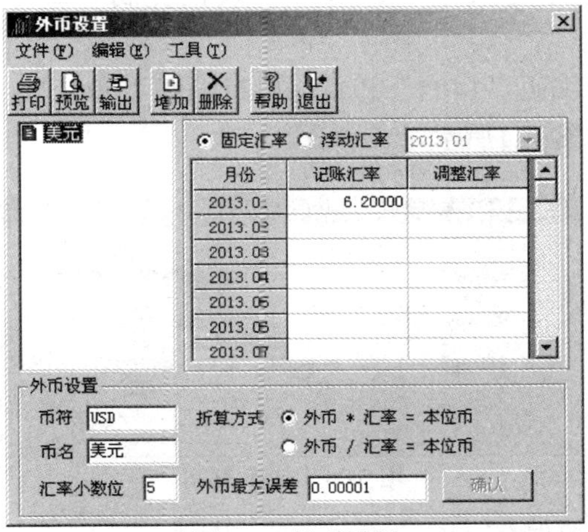

图 3-9　外币设置

④ 单击“退出”按钮，完成外币设置。

10. 会计科目

(1) 增加会计科目

① 在用友T3主界面，执行“基础设置”|“财务”|“会计科目”命令，进入“会计科目”窗口。

② 单击“增加”按钮，打开“会计科目_新增”对话框，如图3-10所示。

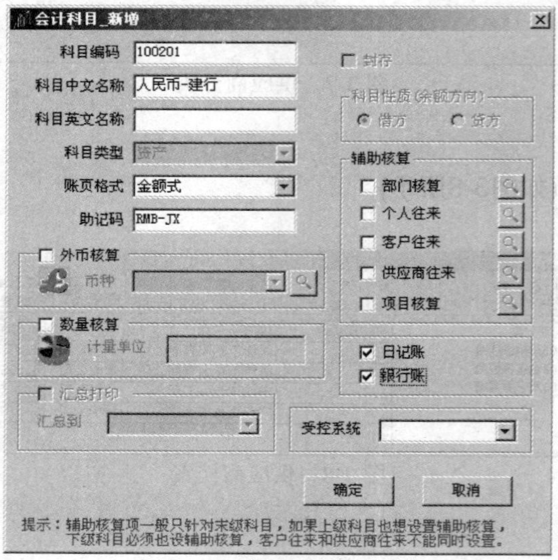

图 3-10　会计科目 _ 新增

③ 按资料输入各个项目，单击“确定”按钮保存。

(2) 利用“成批复制”功能增加会计科目

① 有某两个科目有相同的下级科目时，可以用成批复制功能提高科目建立速度。如库存商品的明细科目与主营业务收入的明细科目可能一致。

② 在会计科目窗口中，执行“编辑”|“成批复制”命令，打开“成批复制”对话框。

③ 输入复制源科目编码“1405”和目标科目编码“5001”，并选中“数量核算”辅助核算形式，如图3-11所示。

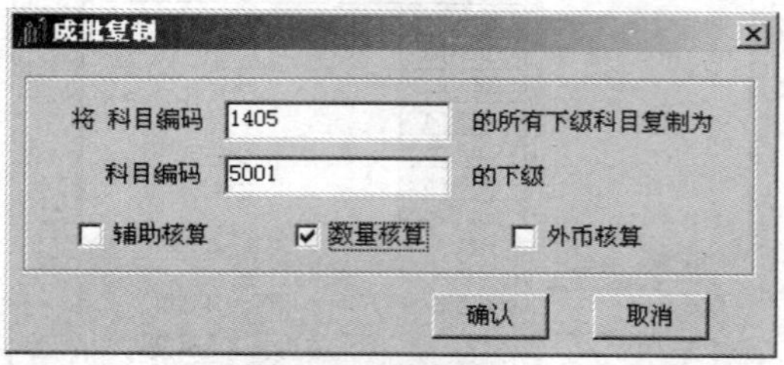

图 3-11　成批复制

④ 单击“确认”按钮保存。

(3) 修改会计科目

将“库存现金”科目设置为“日记账”属性。操作步骤如下：

① 双击“1001库存现金”科目，进入“会计科目_修改”对话框。

② 单击“修改”按钮，选中“日记账”复选框，单击“确定”按钮。

(4) 指定会计科目

① 在会计科目窗口中，执行“编辑”|“指定科目”命令，打开“指定科目”对话框。

② 选中“现金总账科目”单选按钮，从待选科目列表框中选择“1001 库存现金”科目，单击“>”按钮，将现金科目添加到已选科目列表中。

③ 同样，将银行存款科目设置为银行总账科目，如图3-12所示。

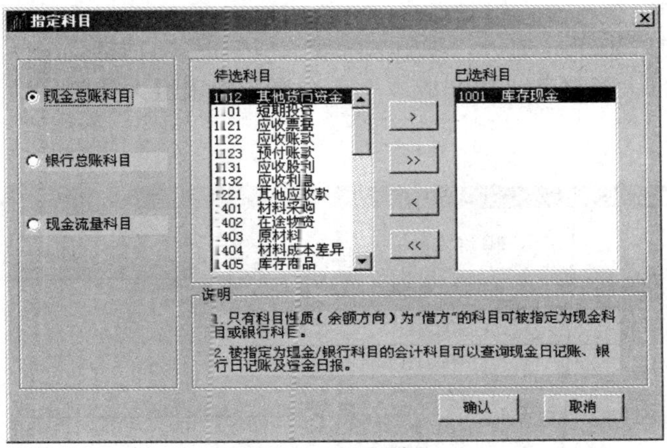

图 3-12　指定科目

④ 单击“确认”按钮保存。

11. 凭证类别

① 在用友T3主界面，执行“基础设置”|“财务”|“凭证类别”命令，打开“凭证类别”对话框。

② 单击“收款凭证 付款凭证 转账凭证”按钮，如图3-13所示。

③ 单击“确定”按钮，进入“凭证类别”窗口。

④ 双击“收款凭证”的限制类型，出现下拉箭头，选择“借方必有”，选择或输入限制科目“1001，1002”。

⑤ 同样，设置其他限制类型和限制科目。

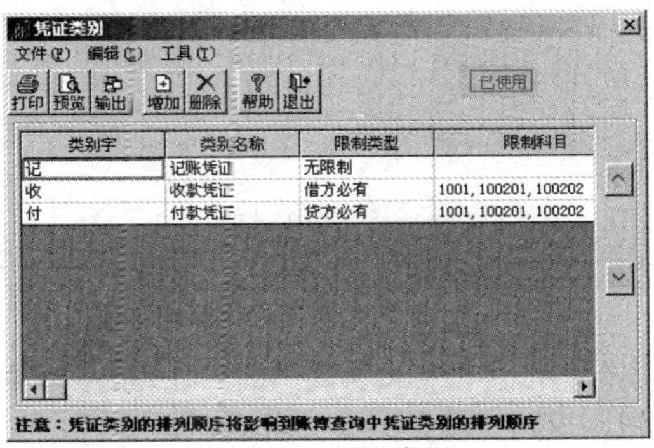

图 3-13　凭证类别

> **提示：**
>
> 限制科目之间的标点符号必须为英文符号，按Esc键可以退出增加类别状态。

12. 项目目录

① 在用友T3主界面，执行“基础设置”|“财务”|“项目目录”命令，进入“项目档案”对话框。

② 单击“增加”按钮，打开“项目大类定义_增加”对话框。

③ 输入新项目大类名称“生产成本”，选择新增项目大类的属性“普通项目”，如图3-14所示。

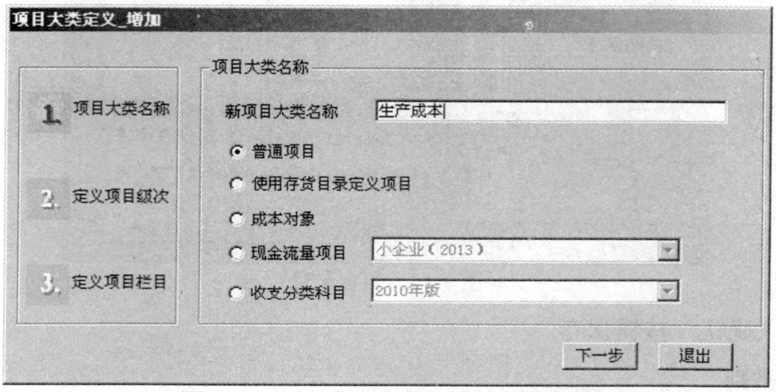

图 3-14　项目大类定义—项目大类名称

④ 单击“下一步”按钮，打开“定义项目级次”对话框，设定项目级次：一级1位，如图3-15所示。

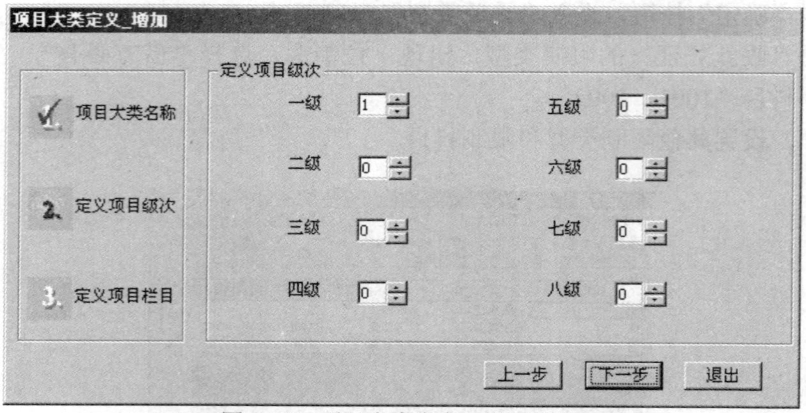

图 3-15　项目大类定义—项目级次

⑤ 单击“下一步”按钮，打开“定义项目栏目”对话框，取系统默认值，不做修改。

⑥ 单击“完成”按钮，返回“项目档案”对话框。

⑦ 从“项目大类”下拉列表中选择“产品”，选中“核算科目”单选按钮，单击 按钮将全部待选科目选择为按产品项目大类核算的科目，单击“确定”按钮保存，如图3-16所示。

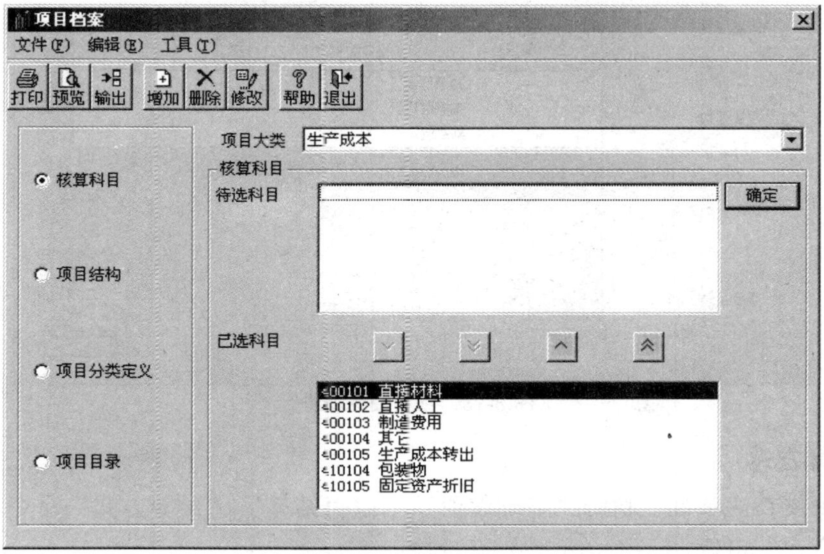

图 3-16　核算科目

⑧ 选中“项目分类定义”单选按钮，输入分类编码“1”，分类名称“产品研发”；编码“2”，分类名称“工程建设”，如图3-17所示，单击“确定”按钮。

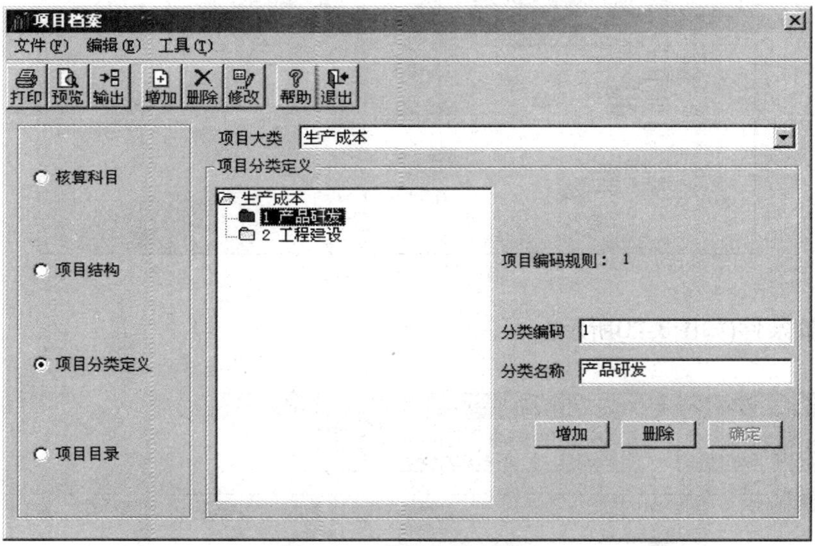

图 3-17　项目分类定义

⑨ 选中“项目目录”单选按钮，单击“维护”按钮，进入“项目目录维护”窗口。

⑩ 单击“增加”按钮，输入项目“JD液压阀”、“变频液压泵”和“新车间”项目，如图3-18所示。

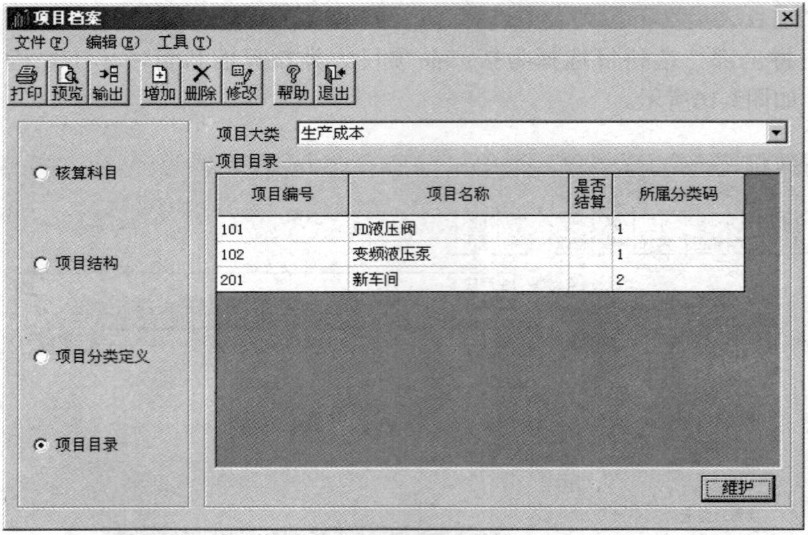

图 3-18 项目目录维护

13. 结算方式

① 在用友T3主界面，执行“基础设置”|“收付结算”|“结算方式”命令，进入“结算方式”窗口。

② 按要求输入企业常用结算方式，如图3-19所示。

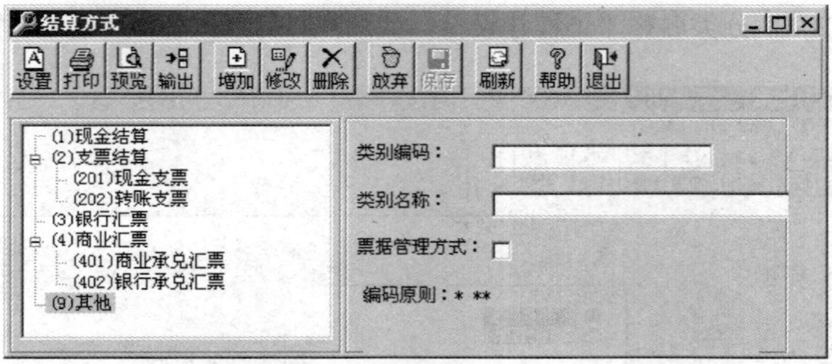

图 3-19 结算方式

14. 付款条件(如图3-20所示)

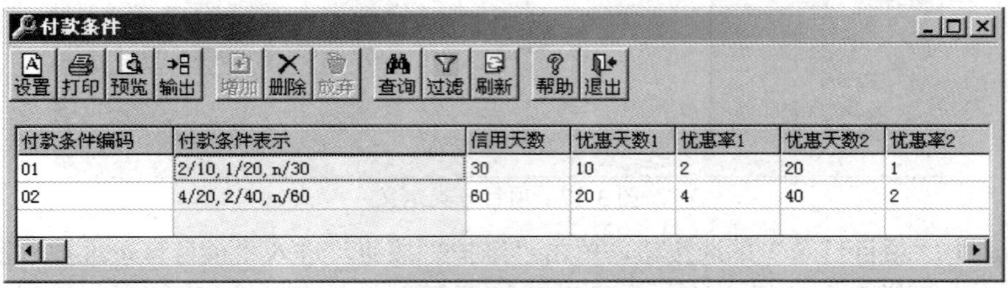

图 3-20 付款条件

操作步骤略。

15. 开户银行(如图3-21所示)

图 3-21　开户银行

操作步骤略。

16. 仓库编码与档案(如图3-22所示)

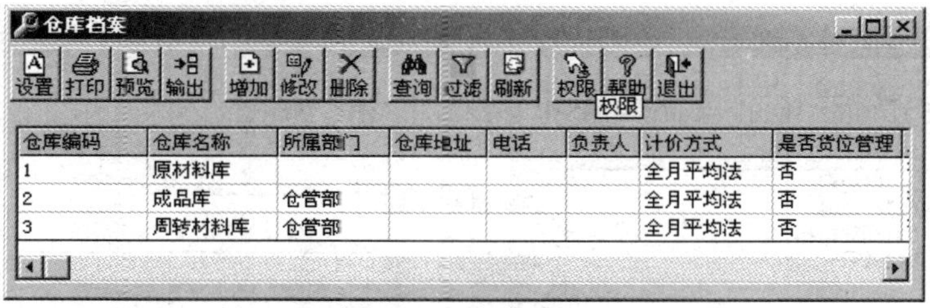

图 3-22　仓库编码

操作步骤略。

17. 收发类别(如图3-23所示)

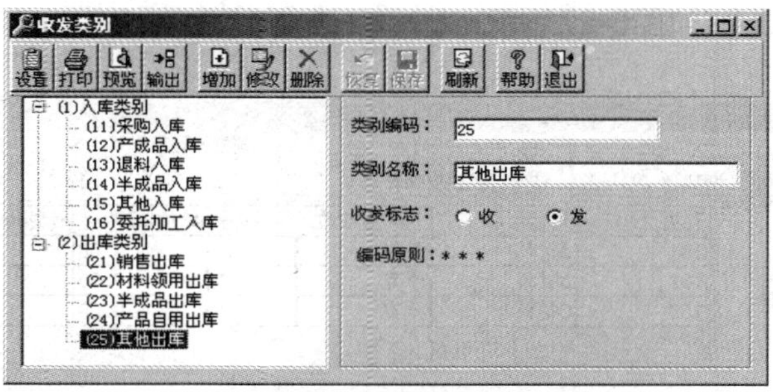

图 3-23　收发类别

操作步骤略。

18. 采购类型(如图3-24所示)

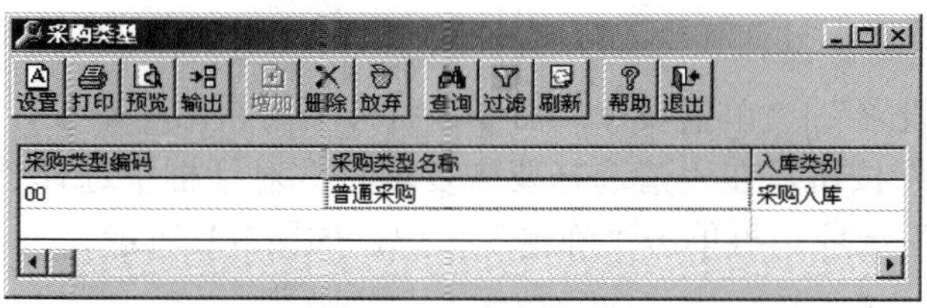

图 3-24　采购类型

操作步骤略。

19. 销售类型(如图3-25所示)

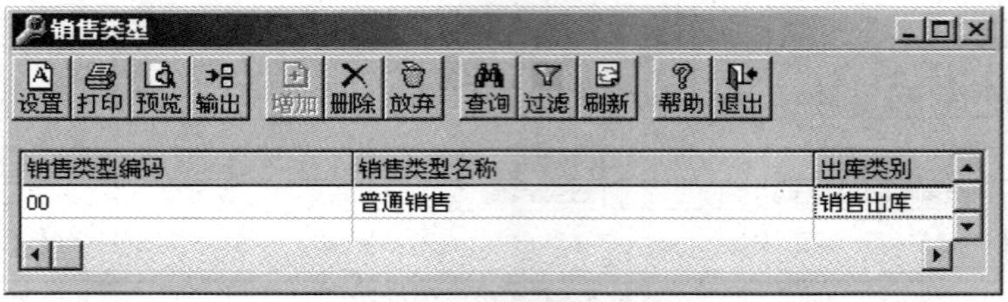

图 3-25　销售类型

操作步骤略。

20. 存货分类编码(如图3-26所示)

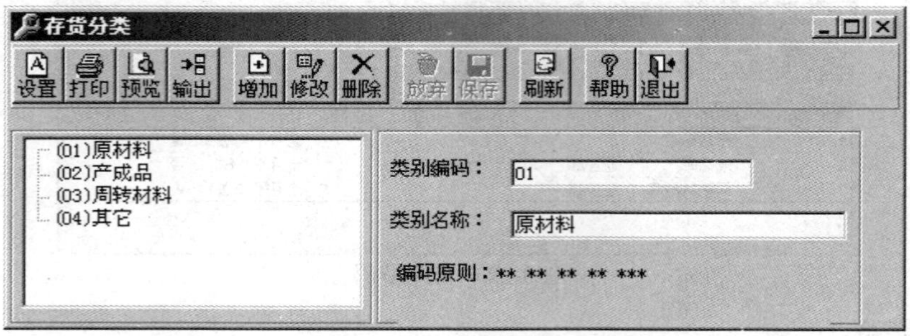

图 3-26　存货分类

操作步骤略。

21. 存货编码与档案(如图3-27所示)

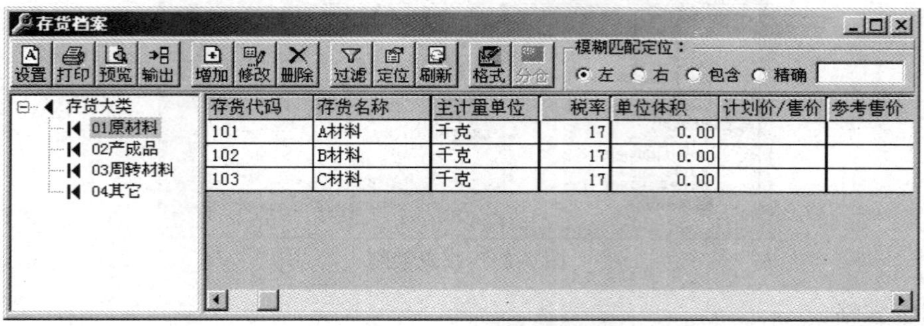

图 3-27　存货档案

操作步骤略。

22. 单据设置

① 执行“基础设置”|“单据设计”命令，打开“材料出库单设计”对话框。

② 单击“增加”按钮，在“请选择要恢复项目”对话框中选择“项目编码”和“项目大类编码”选项，再单击“确定”按钮，如图3-28所示。

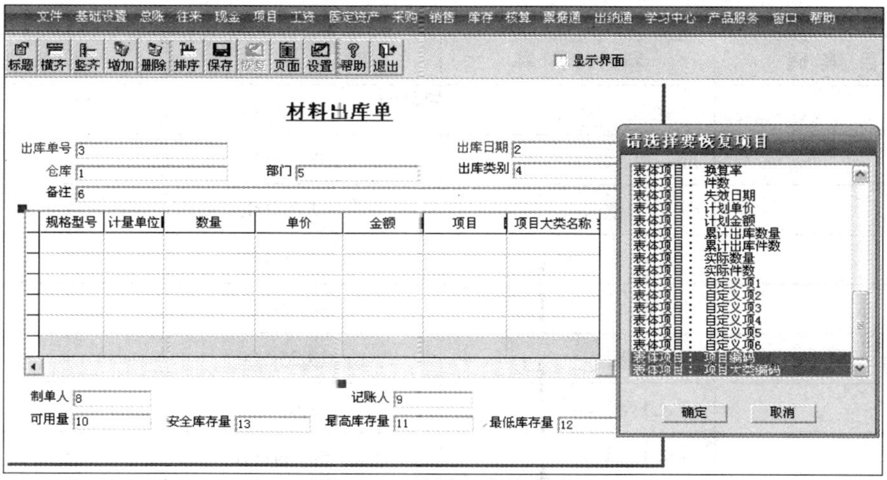

图 3-28　材料出库单设计

③ 将“项目编码”和“项目大类编码”栏拖到“项目”栏前，再单击“保存”按钮。

23. 备份账套数据

备份实验二账套数据。

实验三　系统期初录入

【实验目的】

- 理解期初需要哪些数据。
- 掌握系统期初数据的录入方法。

【实验内容】

系统期初录入。

【实验准备】

引入“实验二”账套数据。

【实验要求】

以“刘倩”的身份进行基础档案设置。

【实验资料】

1. 总账系统期初余额(如表3-25所示)

表3-25　总账科目余额表

科目编码	科目名称	期初借方	期初贷方
1001	库存现金	2,000.00	
1002	银行存款	234,985.37	
100201	建行一人民币	229,785.37	

(续表)

科目编码	科目名称	期初借方	期初贷方
100202	建行—美元户	5,200.00	
1122	应收账款	58,500.00	
1123	预付账款	6,000.00	
122102	应收个人款	3,500.00	
1403	原材料	138,060.00	
140301	甲材料	29,250.00	
140302	乙材料	52,650.00	
140303	丙材料	56,160.00	
1405	库存商品	260,000.00	
140501	液压阀	80,000.00	
140502	液压泵	180,000.00	
1411	周转材料	38,000.00	
141101	包装物	30,000.00	
141102	低值易耗品	8,000.00	
1601	固定资产	2,795,000.00	
160101	房屋	2,000,000.00	
160102	机器设备	795,000.00	
1602	累计折旧		200,000.00
2001	短期借款		300,000.00
2202	应付账款		42,120.00
220201	应付账款—供应商		42,120.00
2203	预收账款		16,493.50
2221	应交税费		3,631.87
222102	未交增值税		3,631.87
3001	实收资本		2,800,000.00
3101	盈余公积		10,000.00
310101	法定盈余公积		10,000.00
3103	本年利润		
3104	利润分配		163,800.00
310415	未分配利润		163,800.00

2. 应收票据期初余额(如表3-26所示)

表3-26　应收票据期初余额

单据类型：专用发票　　　　发票号：540834
单据日期：2012-12-25　　　　客户名称：明湖公司

科　目	方　向	存货名称	数　量	单　价	金　额	摘　要
1121	借	甲产品	100	380.00	44,460.00	销售B产品

3. 客户往来期初余额(如表3-27所示)

表3-27　客户往来期初余额

单据类型：专用发票　　　　发票号：49595
单据日期：2012-10-09　　　　客户名称：建翰公司

科　目	方　向	存货名称	数　量	单　价	金　额	摘　要
1122	借	甲产品	10	1,800.00	21,060.00	销售乙产品

单据类型：专用发票　　　　发票号：656843
单据日期：2012-10-08　　　　客户名称：北园公司

科　目	方　向	存货名称	数　量	单　价	金　额	摘　要
1122	借	甲产品	55	400.00	25,740.00	销售甲产品

单据类型：专用发票　　　　发票号：658932
单据日期：2012-10-05　　　　客户名称：宏发实业

科　目	方　向	存货名称	数　量	单　价	金　额	摘　要
1122	借	甲产品	25	400.00	11,700.00	销售乙产品

单据类型：其他应收单　　　　发票号：
单据日期：2012-12-20　　　　客户名称：宏发实业

科　目	方　向	存货名称	数　量	单　价	金　额	摘　要
1122	借				250.00	代垫运杂费

单据类型：预收款　　　　发票号：
单据日期：2012-12-07　　　　客户名称：德源公司

科　目	方　向	存货名称	数　量	单　价	金　额	摘　要
2203	贷				10,000.00	预收货款

单据类型：预收款　　　　发票号：
单据日期：2012-12-11　　　　客户名称：北园公司

科　目	方　向	存货名称	数　量	单　价	金　额	摘　要
2203	贷				3,861.00	预收货款

(续表)

单据类型：预收款　　发票号：
单据日期：2012-12-20　　客户名称：建翰公司

科　目	方　向	存货名称	数　量	单　价	金　额	摘　要
2203	贷				2,632.50	预收货款

4. 供应商往来期初余额(如表3-28所示)

表3-28　供应商往来期初余额

单据类型：专用发票　　发票号：625792
单据日期：2012-12-08　　供应商名称：朝阳公司

科　目	方　向	存货名称	数　量	单　价	金　额	摘　要
220201	贷	A材料	2000	11.70	23,400.00	购料

单据类型：专用发票　　发票号：634826
单据日期：2012-12-13　　供应商名称：青山公司

科　目	方　向	存货名称	数　量	单　价	金　额	摘　要
220201	贷	B材料	500	23.40	11,700.00	购料

单据类型：普通发票　　发票号：617820
单据日期：2012-12-21　　供应商名称：长兴工厂

科　目	方　向	存货名称	数　量	单　价	金　额	摘　要
220201	贷	C材料	100	70.20	7,020.00	购料

单据类型：预付款　　发票号：
单据日期：2012-12-26　　供应商名称：长兴工厂

科　目	方　向	存货名称	数　量	单　价	金　额	摘　要
1123	借				6,000.00	预付款

5. 库存系统期初余额(如表3-29所示)

表3-29　库存系统的期初数据

仓库名称	存货编码	存货名称	计量单位	数量	单价	金额	入库日期
原材料库	101	A材料	千克	2500	11.70	29,250.00	2012-12-10
	102	B材料	千克	1500	35.10	52,650.00	2012-12-15
	103	C材料	千克	800	70.20	56,160.00	2012-12-12
	小　计					138,060.00	

(续表)

仓库名称	存货编码	存货名称	计量单位	数量	单价	金额	入库日期
成品库	201	甲产品	台	200	400.00	80,000.00	2012-12-01
	202	乙产品	台	100	1,800.00	180,000.00	2012-12-01
	小　计					260,000.00	
周转材料库	301	劳保用品	套	100	60.00	6,000.00	2012-10-11
	302	工具	件	100	20.00	2,000.00	2012-11-16
	303	包装箱	个	500	60.00	30,000.00	2012-11-20
	小　计					38,000.00	

6. 生产成本期初余额(如表3-30所示)

表3-30　生产成本期初余额

项　目	方　向	金　额	明　细
甲产品	借	67,073.86	直接材料 34,635.58 直接人工 20,079.42 制造费用 12,358.86
乙产品	借	0	

7. 存货科目(如表3-31所示)

表3-31　存货科目

仓库编号	仓库名称	存货科目编码	存货科目名称
1	原材料库	140301	原材料-A材料
2	成品库	140501	库存商品-甲产品
3	周转材料库	14110201	包装箱

8. 存货对方科目(如表3-32所示)

表3-32　存货对方科目

收发类别编码	收发类别名称	对方科目编码	对方科目名称
11	采购入库	1402	在途物资
121	甲产品入库	400105	生产成本转出
122	乙产品入库	400105	生产成本转出
151	材料暂估入库	220202	应付暂估款
152	盘盈入库	1901	待处理财产损溢

(续表)

收发类别编码	收发类别名称	对方科目编码	对方科目名称
21	销售出库	5401	主营业务成本
201	生产产品用料	400101	生产成本-直接材料费
202	车间一般用料	410107	制造费用-材料费
203	行政管理用料	560215	管理费用-材料费
204	销售部门用料	560108	销售费用-材料费
205	材料销售出库	5402	其他业务成本
26	盘亏出库	1901	待处理财产损溢

9. 客户往来科目(如表3-33所示)

表3-33　客户往来科目

科 目 种 类	科 目 名 称	科 目 编 码
基本科目设置	应收科目	1122
	销售收入科目	500101
	应交增值税科目	22210102
	销售退回科目	500101
	现金折扣科目	560303
	预收科目	2203
结算方式科目设置	结 算 方 式	科 目 编 码
	现金	1001
	现金支票	1002
	转账支票	1002
	电汇	1002
	委托收款	1002
	托收承付	1002
	商业汇票	1121
	其他	1002

10. 供应商往来科目(如表3-34所示)

表3-34　供立商往来科目

科目种类	科目名称	科目编码
基本科目设置	应付科目	220201
	采购科目	1402
	采购税金科目	22210101
	现金折扣	560303
	预付科目	1123
结算方式科目设置	**结算方式**	**科目编码**
	现金	1001
	现金支票	1002
	转账支票	1002
	电汇	1002
	委托收款	1002
	托收承付	1002
	商业汇票	2201
	其他	1002

【实验指导】

1. 总账系统期初余额录入

① 执行“总账”|“设置”命令，打开“期初余额”对话框。

② 按照表3-25录入总账及有关明细账账户期初余额。

2. 采购系统期初余额录入

① 执行“采购”|“供应商往来”|“供应商往来期初”命令，打开“期初余额—查询”对话框。

② 单击“确认”按钮，打开“期初余额明细表”对话框。

③ 单击“增加”按钮，如图3-29所示，注意单据类别的选择，再单击“确认”按钮。

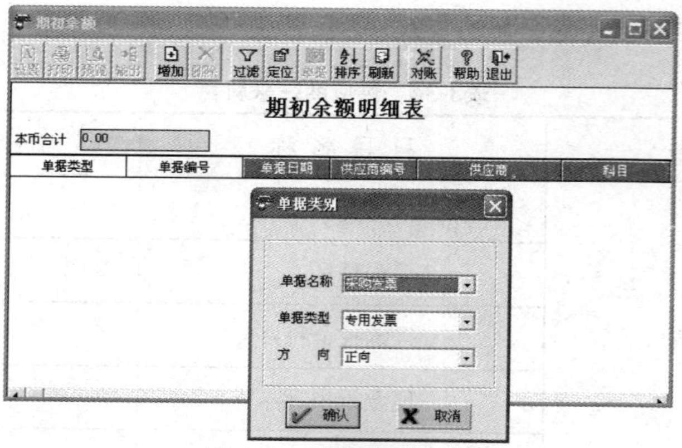

图 3-29　单据类别选择

④ 按照表3-28依次录入供应商往来期初余额中的有关信息，再单击“保存”按钮，如图3-30所示。

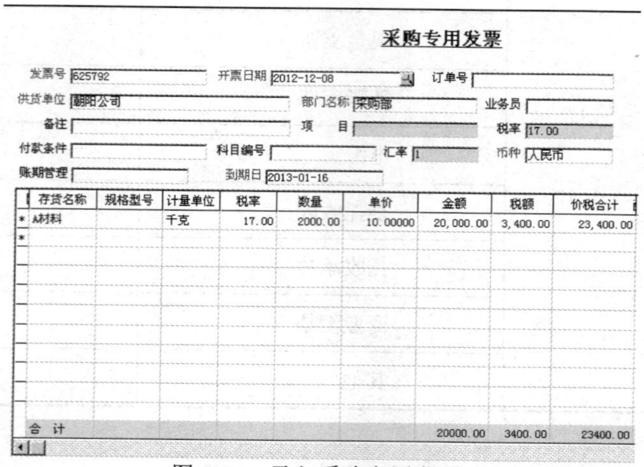

图 3-30　录入采购专用发票

⑤ 单击“退出”按钮，打开“期初余额明细表”对话框，单击“增加”按钮，如图3-31所示，注意单据名称“预付款”的选择，再单击“确认”按钮。

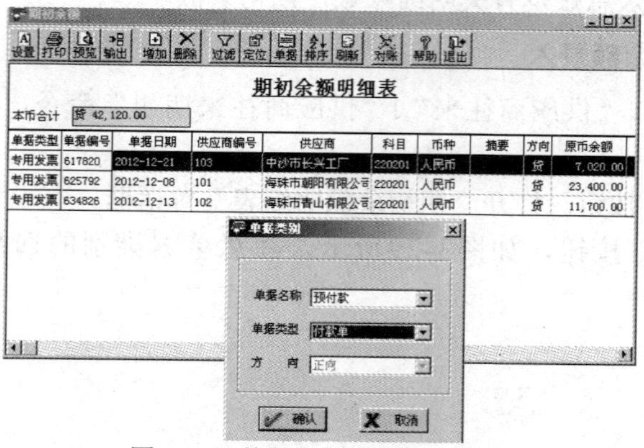

图 3-31　单据名称选择—预付款

⑥ 按照表3-28依次录入“预付款”文本框中的内容，再单击“保存”按钮，如图3-32所示。

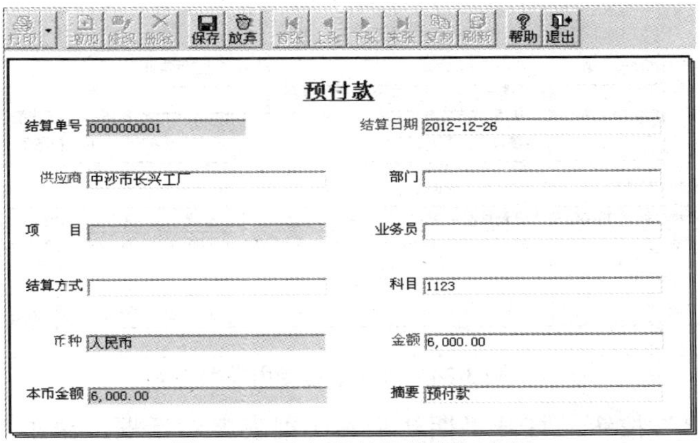

图 3-32 录入预付账款期初余额

⑦ 单击“对账”按钮，供应商期初余额与总账系统期初余额对账结果如图3-33所示。

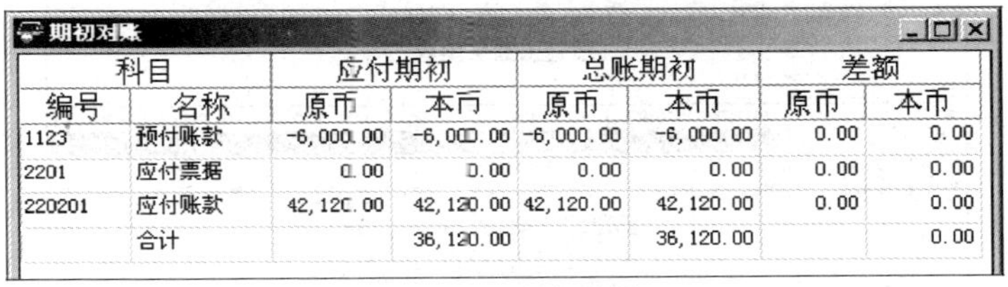

期初对账

科目		应付期初		总账期初		差额	
编号	名称	原币	本币	原币	本币	原币	本币
1123	预付账款	-6,000.00	-6,000.00	-6,000.00	-6,000.00	0.00	0.00
2201	应付票据	0.00	0.00	0.00	0.00	0.00	0.00
220201	应付账款	42,120.00	42,120.00	42,120.00	42,120.00	0.00	0.00
	合计		36,120.00		36,120.00		0.00

图 3-33 对账结果

提示：

- 蓝色文本框的内容为必录项目，黑色文本框的内容为可录可不录内容，但会计科目的文本框一定要选对科目，否则对账不平衡。
- 凡在会计科目中已设置为“供应商往来”辅助核算并受控于“应付”子系统的“应付账款”、“预付账款”等科目如果有期初余额，也要在采购系统中的“供应商往来期初”中录入，以便采购系统与总账系统对账一致。
- 在录入完采购系统期初余额后，要对采购系统进行期初记账处理，否则就无法进行采购系统的日常业务处理。

3. 销售系统期初余额录入

① 执行“销售”|“客户往来”|“客户往来期初”命令，打开“期初余额—查询”对话框。

② 单击“确认”按钮，打开“期初余额明细表”对话框。

③ 单击“增加”按钮，单据名称选“销售发票”，单据类型选“专用发票”，方向选“正向”，再单击“确认”按钮。

④ 按照表3-27依次录入销售专用发票中的有关信息，再单击“保存”按钮，如图3-34所示。

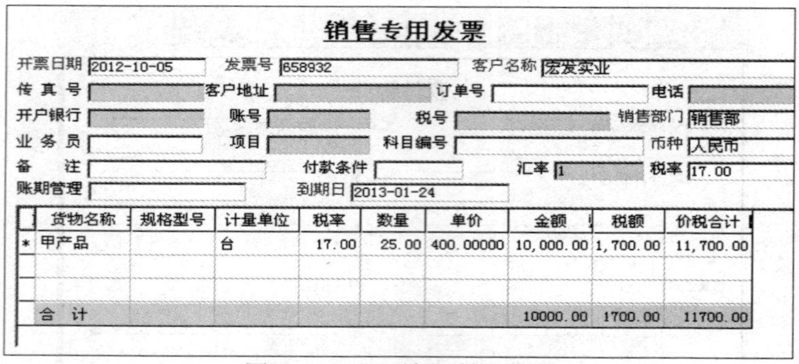

图 3-34 录入销售专用发票

⑤ 单击“退出”按钮，打开“期初余额明细表”对话框，单击“增加”按钮，如图3-35所示，注意单据名称“应收单”的选择，再单击“确认”按钮。

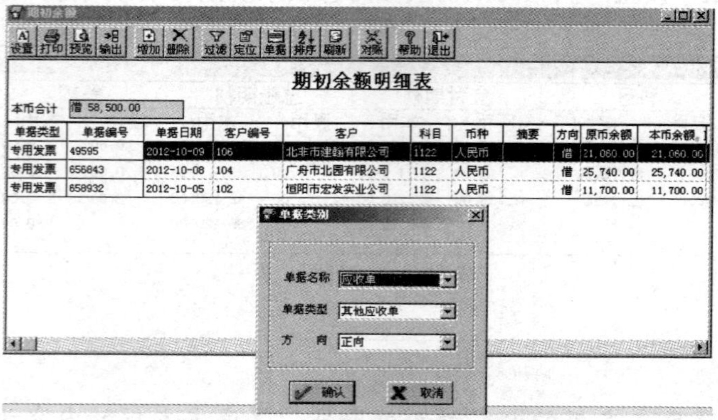

图 3-35 “其他应收单”的选择

⑥ 按照表3-27依次录入“其他应收单”文本框中的内容，再单击“保存”按钮，如图3-36所示。

图 3-36 其他应收单的录入

⑦ 单击“退出”按钮，打开“期初余额明细表”对话框，再单击“增加”按钮，选择单据名称“预收款”，单击“确认”按钮，如图3-37所示。

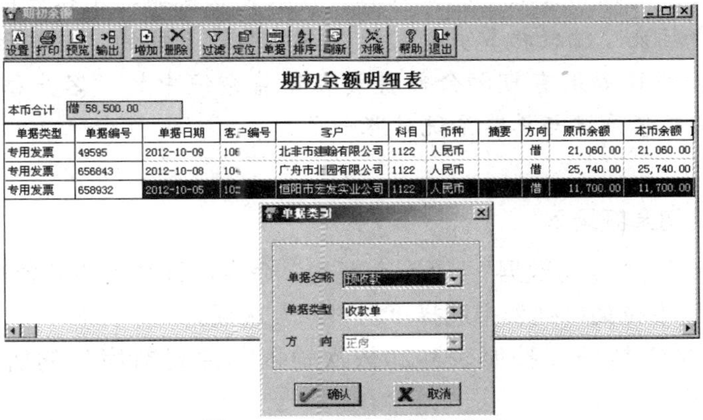

图 3-37　“预收款”的选择

⑧ 按照表3-27依次录入“预收款”单中有关信息的内容，单击“保存”按钮，如图3-38所示。

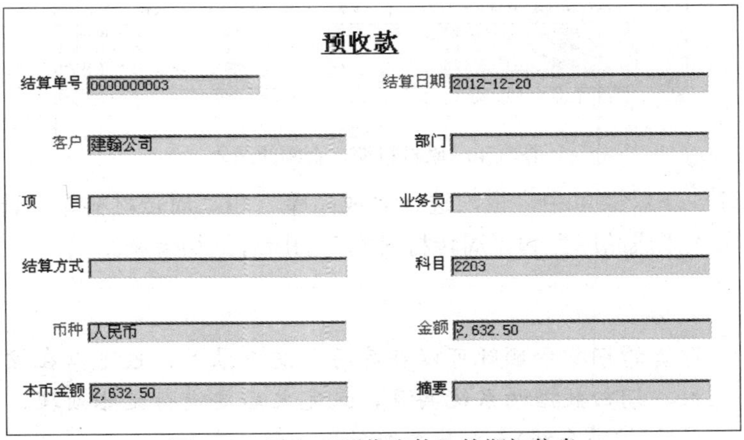

图 3-38　录入“预收账款”的期初信息

⑨ 单击“对账”按钮，销售系统客户期初余额与总账系统对账结果如图3-39所示。

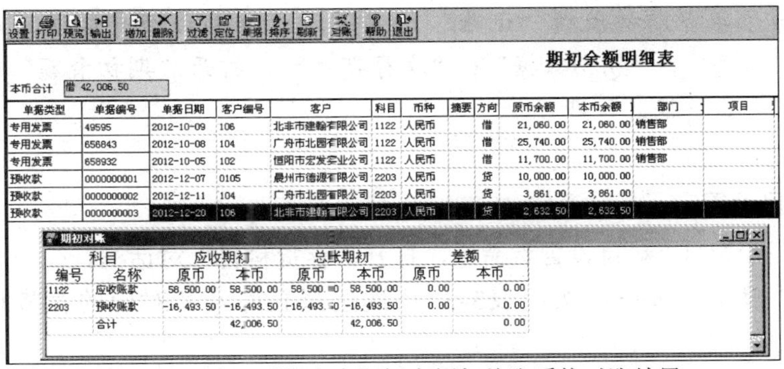

图 3-39　销售系统客户期初余额与总账系统对账结果

提示：

销售系统期初余额是指录入客户往来期初余额，凡在会计科目中已设置为“客户往来”辅助核算并受控于“应收”子系统的“应收账款”、“预收账款”等科目如果有期初余额就要在销售系统中的“客户往来期初”中录入，以便销售系统与总账系统对账一致。

4. 库存系统期初余额录入

① 执行“库存”|“期初数据”|“库存期初”命令，打开“期初余额”对话框。

② 从“仓库”下拉菜单列表中选择“材料库”选项。

③ 单击“增加”按钮，按照表3-29依次输入“原材料库”的所有期初余额，如图3-40所示。

图 3-40　原材料期初余额的录入

④ 在“仓库”下拉菜单中，依次选择“成品库”和“周转材料库”选项，用同样的方法，录入“成品库”和“周转材料库”的所有期初余额。

提示：

- 存货的期初余额既可以在库存系统中录入，也可以在核算系统中录入，期初数据两系统共享，录完之后要进行记账处理，以确保库存系统(核算系统)与总账系统数据一致。
- 录入存货期初余额一定要注意选对仓库，否则会造成日后录入存货发生额找不到对应仓库的问题。
- 存货期初余额“记账”后发现所录期初余额有错误，则选择“库存”|“期初数据”|“库存期初”，打开“期初余额”对话框，单击“恢复”即可。

5. 存货科目设置

① 执行“核算”|“科目设置”命令，打开“存货科目”对话框。

② 单击“增加”按钮，按照表3-31依次选择仓库及其对应的存货科目编码，如图3-41所示。

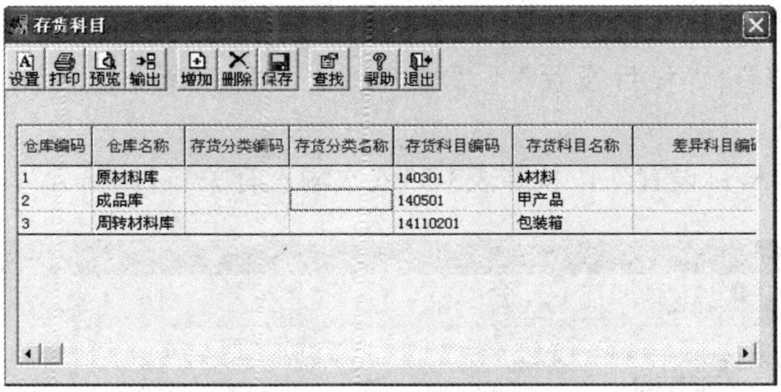

仓库编码	仓库名称	存货分类编码	存货分类名称	存货科目编码	存货科目名称	差异科目编码
1	原材料库			140301	A材料	
2	成品库			140501	甲产品	
3	周转材料库			14110201	包装箱	

图 3-41　存货科目设置

③ 单击“保存”按钮，并“退出”。

提示：

- 存货科目设置是按仓库类别来设置的，系统默认一种仓库只能对应一种存货会计科目，而本实验案例总账系统中已设置的存货类会计科目是按品种设置明细科目的，因此核算系统“存货科目”只能选择二级会计科目中的一种明细科目，否则设置会有冲突。
- 在核算系统生成记账凭证时自动带出的存货会计科目是设置的这些明细科目，可以在生成记账凭证前根据实际业务的需要修改存货的明细科目。

6. 存货对方科目设置

① 执行“核算”|“科目设置”|“存货对方科目”命令，打开“对方科目设置”对话框。

② 单击“增加”按钮，按照表3-32依次选择收发类别及其对应的存货对方科目编码，如图3-42所示。

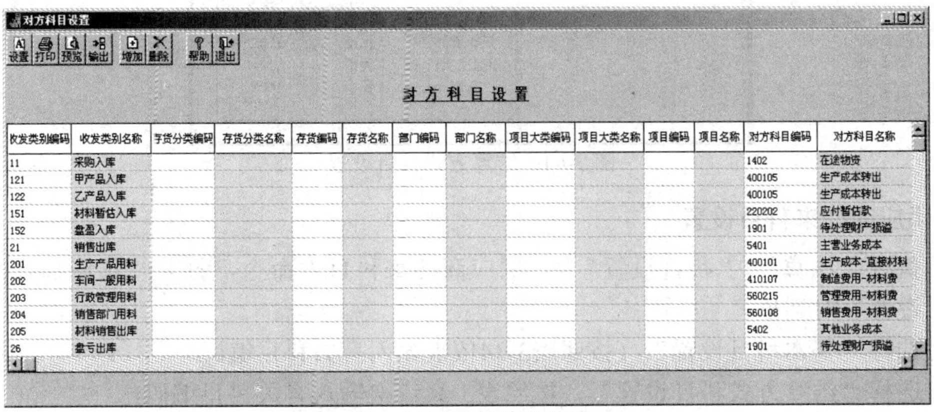

对方科目设置

收发类别编码	收发类别名称	存货分类编码	存货分类名称	存货编码	存货名称	部门编码	部门名称	项目大类编码	项目大类名称	项目编码	项目名称	对方科目编码	对方科目名称
11	采购入库											1402	在途物资
121	甲产品入库											400105	生产成本转出
122	乙产品入库											400105	生产成本转出
151	材料暂估入库											220202	应付暂估款
152	盘盈入库											1901	待处理财产损溢
21	销售出库											5401	主营业务成本
201	生产产品用料											400101	生产成本-直接材料
202	车间一般用料											410107	制造费用-材料费
203	行政管理用料											560215	管理费用-材料费
204	销售部门用料											560108	销售费用-材料费
205	材料销售出库											5402	其他业务成本
26	盘亏出库											1901	待处理财产损溢

图 3-42　对方科目设置

7. 客户往来科目设置

① 执行“核算”|“科目设置”|“客户往来科目”命令，打开“客户往来科目设置”对话框。

② 选择“基本科目设置”，按照表3-33依次输入有关科目编码，如图3-43所示。

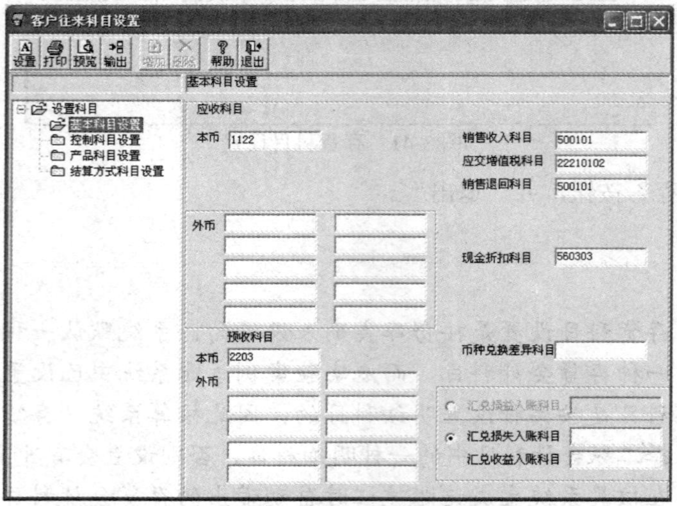

图 3-43　客户往来科目设置

③ 选择“结算方式科目设置”，按照表3-33依次输入有关科目编码，如图3-44所示。

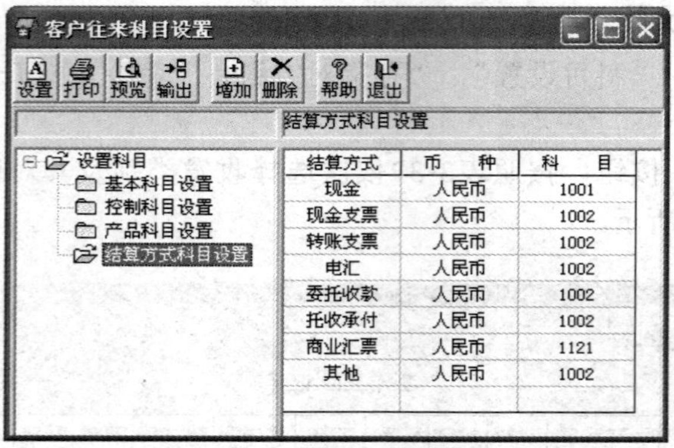

图 3-44　结算方式科目设置

8. 供应商往来科目设置

① 执行“核算”|“科目设置”|“供应商往来科目”命令，打开“供应商往来科目设置”对话框。

② 选择“基本科目设置”，按照表3-34依次输入有关科目编码。

③ 选择“结算方式科目设置”，按照表3-34依次输入有关科目编码。

第4章　总账管理

本章学习目标

1. 了解总账管理系统在管理软件中的地位
2. 了解总账管理系统所具备的主要功能
3. 了解总账管理系统的业务流程
4. 掌握总账管理系统日常业务处理的主要内容
5. 掌握总账管理系统中提供的各项辅助核算
6. 掌握自定义转账功能应用

主要内容

1. 初始设置
2. 填制凭证
3. 账簿管理
4. 辅助核算
5. 期末处理

4.1　总账管理概述

总账管理系统是会计信息系统的核心子系统，适合于各行各业进行账务核算及管理工作。总账管理系统既可以独立运行，也可以同其他系统协同运行。

4.1.1　总账管理系统的基本功能

总账管理系统的主要功能包括初始设置、凭证管理、账簿管理、辅助核算管理和期末处理等，此外还包括现金管理、往来管理和项目管理。

总账管理系统的主要功能包括：

- 初始设置
    - 各项业务参数设定
    - 明细账权限的设定
    - 期初余额录入

- 凭证管理
  - 凭证录入
  - 凭证审核
  - 出纳签字
  - 记账
  - 查询、打印
  - 常用凭证定义
- 账簿管理
  - 总账
  - 明细账
  - 日记账
  - 凭证联查
- 辅助核算
  - 个人往来核算
  - 部门核算
  - 往来管理
  - 现金管理
  - 项目管理
  - 账龄分析
- 期末处理
  - 月末分摊
  - 计提
  - 对应转账
  - 销售成本
  - 汇兑损益
  - 期间损益结转
  - 试算平衡
  - 对账
  - 结账

4.1.2 总账与其他系统的主要关系

总账管理系统与其他系统的主要关系如图4-1所示。

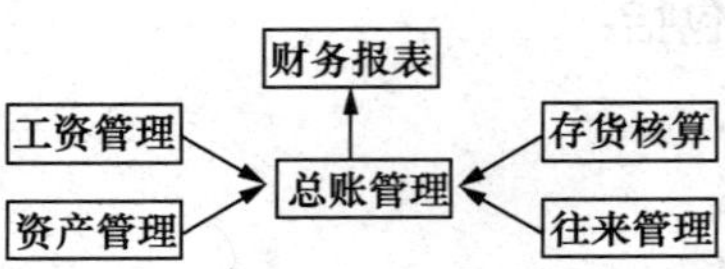

图 4-1 总账与其他系统的主要关系

4.1.3　总账管理系统的业务流程

总账管理系统的业务流程如图4-2所示。

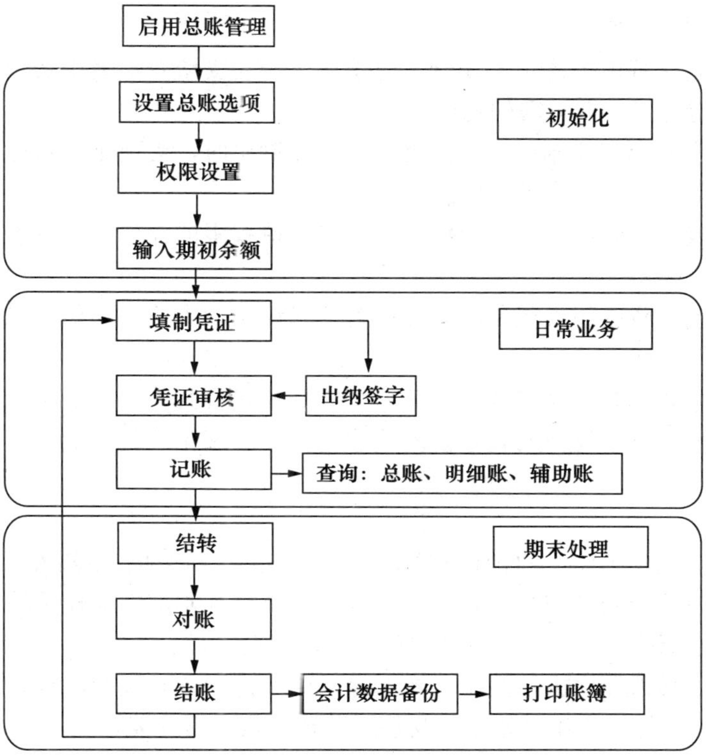

图 4-2　总账管理系统的业务流程

4.2　总账管理系统初始化

总账初始化就是结合企业的具体管理需求和会计信息化管理软件的特点，确定针对企业的业务流程及解决方案，具体体现为设置总账管理系统运行的各项参数及录入初始余额数据。

4.2.1　选项设置

首次使用总账管理系统时，需要确定反映企业具体核算要求的各种参数。通过选项设置定义总账管理系统的输入控制、处理方式、数据流程、输出格式等。总账管理系统中按控制内容将总账选项归并为凭证、账簿、会计日历和其他4类内容。

1. 凭证

(1) 制单控制

制单控制限定了在填制凭证时系统应对哪些操作进行控制。主要包括：

- 制单序时控制：选中该项意味着填制凭证时，随凭证编号的递增凭证日期按由小到大的顺序排列。
- 支票控制：若选择此项，在制单时录入了未在支票登记簿中登记的支票号，系统将提供登记支票登记簿的功能。
- 资金及往来赤字控制：若选择此项，则在制单时，当现金、银行科目的最新余额出现负数时，系统将予以提示。
- 制单权限控制到科目：系统允许设置有制单权限的操作员可以使用某些特定科目制单。
- 允许修改、作废他人填制的凭证：若选择该项，当前操作员可以修改或作废非本人填制的凭证。
- 可以使用其他系统受控科目：某系统的受控科目其他系统是不能用来制单的，如客户往来科目一般为应收系统的受控科目，总账系统是不能使用此类科目进行制单的。

(2) 凭证控制

- 打印凭证页脚姓名：打印凭证时是否打印制单人、出纳、审核人、记账人的姓名。
- 凭证审核控制到操作员：只允许某操作员审核其本部门操作员填制的凭证而不能审核其他部门操作员填制的凭证时，应选择此选项。
- 出纳凭证必须经由出纳签字：若选择了此项，则含有现金、银行科目的凭证必须由出纳人员通过“出纳签字”功能对其核对签字后才能记账。

(3) 凭证编号方式

- 系统编号：根据凭证类别按月由系统自动编制凭证编号。
- 手工编号：在制单时手工录入凭证编号。

(4) 外币核算

- 如果企业有外币业务，则应选择相应的汇率方式为固定汇率或浮动汇率。
- 固定汇率：日常业务按月初汇率处理，月末进行汇兑损益调整。
- 浮动汇率：日常业务按当日汇率折算本位币金额，月末无须进行调整。

2. 账簿

- 打印位数宽度：定义正式账簿打印时摘要、金额、外币、数量、汇率、单价各栏目的宽度。
- 明细账查询权限控制到科目：只允许某操作员查询或打印某科目明细账而不能查询或打印其他科目的明细时。选择此选项后，再到系统菜单“设置”|“明细账权限”中去设置明细账科目查询权限。
- 凭证、账簿套打：打印凭证、正式账簿时是否使用套打纸进行打印。套打纸是指为总账系统专门印制的带格线的各种凭证、账簿，可以提高打印速度。

3. 会计日历

在会计日历标签中，可以查看各会计期间的起始日期与结束日期以及启用会计年度和启用日期。此处仅能查看会计日历的信息，如需修改请到系统管理中进行。

提示：

- 总账管理系统的启用日期不能在系统的启用日期之前。
- 已录入汇率或已输入余额后不能修改总账启用日期。

4. 其他

- 数量、单价小数位设置：在制单或查账时系统对于数量、单价的小数位数。
- 部门/个人/项目排序方式：在查询相关账目时，是按编码排序还是按名称排序。

4.2.2　明细账权限

明细账权限用于在功能菜单之外，提供更明确的权限区分。

1. 明细账科目权限设置

针对每位有账簿查询权限的操作员规定其所能查询的科目范畴。

2. 凭证审核权限设置

针对每位有审核权限的操作员规定其能审核哪些制单人填制的凭证。

3. 制单科目权限设置

针对有制单权限的操作员规定其制单时所能使用的科目。

4.2.3　期初余额

为了保证业务处理的连续性，初次使用总账管理系统时，应将经过整理的总账启用日期前一个月的手工账余额数据录入计算机，以此为起点继续未来的业务处理。

计算机信息系统需要的期初数据包括：各科目的年初数，建账当前月的借、贷方累计发生额，及期末余额4项数据，包括明细科目余额和辅助账余额。

如果企业选择年初建账，由于各科目本年无发生额，因此只需要准备各科目期初余额，大大简化了数据准备工作，同时，全年数据完整，便于今后的数据对比分析。

在输入期初数据的过程中，需要注意以下问题。

1. 不同性质科目的余额输入

- 末级科目：可以输入期末余额。
- 非末级科目：输入末级科目余额后该科目余额自动汇总生成。
- 有辅助核算科目：需要双击该单元格进入辅助账期初余额录入界面，辅助账期初余额输入完成退出后，总账相应期初余额自动生成(设置了辅助核算的科目可以直接录入累计发生额数据)。

2. 关于科目的余额方向

- 在手工科目体系中，允许存在上级科目与明细科目余额方向不一致的情况，而在会计管理软件中，上级科目与明细科目的余额方向必须一致。
- 例如，应交税金科目余额方向为“贷”，而“应交税金—应交增值税—进项税”余额方向为“借”。当期末余额与规定的余额方向不一致时，输入“-”号表示。
- 如果需要改变科目的余额方向，可单击工具栏上的“方向”按钮。

3. 期初试算平衡

- 期初余额输入完成后，单击工具栏上的“试算”按钮进行科目余额的试算平衡，以保证初始数据的正确性。
- 期初余额试算不平衡，可以填制凭证，但不能记账。
- 已经记过账，则不能再输入和修改期初余额，也不能执行“结转上年余额”功能。

实验四　总账管理初始设置

【实验内容】

- 总账系统选项设置
- 明细账权限设置
- 期初余额录入

【实验准备】

- 将系统日期修改为“2013年1月1日”。
- 引入“实验三”账套数据。

【实验要求】

以“刘倩”的身份进行初始设置。

【实验资料】

1. 总账控制参数

表4-1　总账控制参数

选 项 卡	控 制 类 别	参 数 设 置
凭证	制单控制	• 制单序时控制 • 支票控制 • 资金及往来赤字控制 • 允许修改、作废他人填制的凭证 • 可以使用其他系统受控科目
	凭证控制	• 打印凭证页脚姓名 • 出纳凭证必须经由出纳签字
	凭证编号方式	凭证编号方式采用系统编号

(续表)

选　项　卡	控 制 类 别	参 数 设 置
凭证	外币核算	外币核算采用固定汇率
	预算控制	进行预算控制
账簿	打印位数宽度	账簿打印位数、每页打印行数按软件的标准设定
	明细账查询权限控制到科目	是
	明细账打印方式	明细账打印按年排页
会计日历		2013年1月1日～2013年12月31日
其他	排序方式	部门、个人、项目按编码方式排序

2. 明细账科目权限设置

操作员“王静”负责往来核算，只具有应收账款、预付账款、应付账款、预收账款等4个科目的明细账查询权限。

3. 期初余额

(1) 总账期初明细(见第3章实验二)

(2) 辅助账期初明细(表4-2～表4-6)

- 会计科目：122102 其他应收款—应收个人款　余额：借3,500.00元

表4-2　其他应收款—应收个人款

日　期	凭 证 号	部　门	个　人	摘　要	方　向	期 初 余 额
2012-12-6	记-18	行政部	曾毅凡	出差借款	借	2,000.00
2012-12-7	记-16	销售部	李辉	出差借款	借	1,500.00
					合计	3,500.00

- 会计科目：1122 应收账款　余额：借 58,500.00元

表4-3　应收账款

日　期	凭 证 号	客　户	摘　要	方　向	金　额	业 务 员	票　号	票据日期
2012-10-5	记-11	宏发实业	销售商品	借	11,700.00	李辉	P111	2012-10-5
2012-10-8	记-15	北园公司	销售商品	借	25,740.00	李辉	Z111	2012-10-8
2012-10-9	记-21	建翰公司	销售商品	借	21,060.00	李辉	Z115	2012-10-9
			合计		58,500.00			

• 会计科目：2202 应付账款　余额：贷42,120 .00元

表4-4　应付账款

日　期	凭 证 号	供 应 商	摘　要	方　向	金　额	业 务 员	票　号	票 据 日 期
2012-9-8	记-45	朝阳公司	购买材料	贷	23,400.00	白雪	C001	2012-9-8
2012-10-2	记-12	青山公司	购买材料	贷	11,700.00	白雪	Z021	2012-10-2
2012-11-1	记-18	长兴工厂	购买材料	贷	7,020.00	白雪	Z101	2012-11-11
			合计		42,120.00			

• 会计科目：1123预付账款　余额：借 6,000.00 元

表4-5　预付账款

日　期	凭 证 号	供 应 商	摘　要	方　向	金　额	业 务 员	票　号	票 据 日 期
2012-10-6	记-23	长兴公司	预订材料	借	6,000.00	白雪	Z133	2012-12-6
			合计		6,000.00			

• 会计科目：1123预收账款　余额：借 16,493.50元

表4-6　预收账款

日　期	凭 证 号	供 应 商	摘　要	方　向	金　额	业 务 员	票　号	票 据 日 期
2012-12-7	记-8	德源公司	销售产品	贷	10,000.00	李辉	Z356	2012-12-7
2012-12-11	记-11	北园公司	销售产品	贷	3,861.00	李辉	Z371	2012-12-11
2012-12-20	记-28	建翰公司	销售产品	贷	2,632.50	李辉	Z440	2012-12-20
			合计		16,493.50			

【实验指导】

1. 设置总账选项

① 执行“总账” |“设置”|“选项”命令，打开“选项”对话框。

② 选择“凭证”选项卡，按照实验资料的要求进行相应的设置，如图4-3所示。

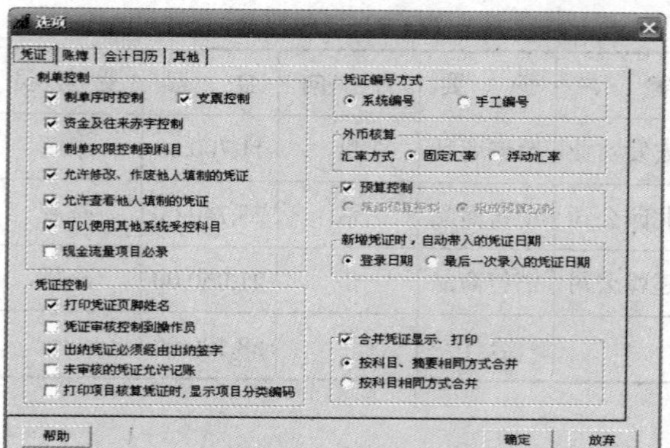

图 4-3　凭证选项

③ 分别单击“账簿”、“会计日历”、“其他”选项卡，按照实验资料的要求进行相应的设置。

④ 设置完成后，单击“确定”按钮返回。

2. 明细账权限设置

① 执行“总账”|“设置”|“明细账权限”命令，打开“明细权限设置”对话框。

② 选择“明细账科目权限设置”选项卡，从“操作员”下拉列表中选择“王静”，将“应收账款”、“预付账款”、“应付账款”、“预收账款”4个科目从“待选科目”列表中选入“已选科目”列表中，如图4-4所示。

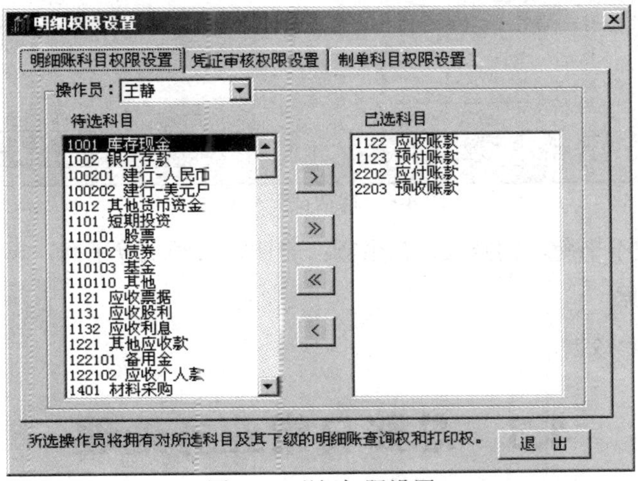

图 4-4　明细权限设置

③ 单击“退出”按钮返回主界面。

3. 输入期初余额

① 执行“总账”|“设置”|“期初余额”命令，进入“客户往来期初”窗口。

② 直接输入末级科目(底色为白色)期初余额，上级科目的余额自动汇总计算。

③ 设置了辅助核算的科目底色显示为蓝色，其累计发生额可直接输入，但期初余额的录入要到相应的辅助账中进行。方法是：双击设置了辅助核算属性的科目的期初余额栏，进入相应的辅助账窗口，按明细输入每笔业务的金额，如图4-5所示。

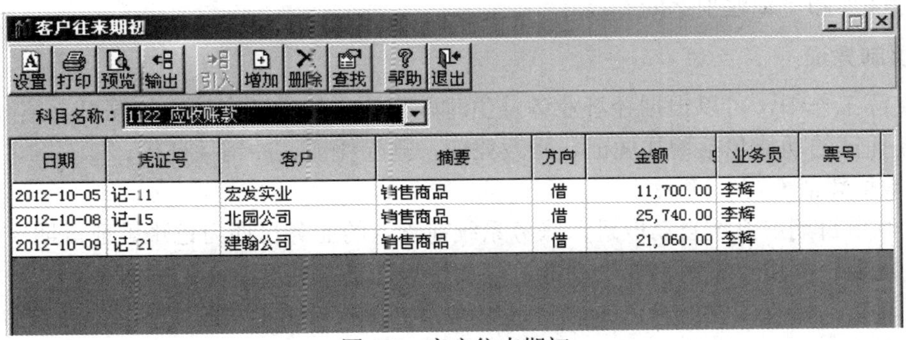

图 4-5　客户往来期初

④ 完成后单击“退出”按钮，辅助账余额自动带到总账。

⑤ 输完所有科目余额后，单击“试算”按钮，打开“期初试算平衡表”对话框，如图4-6所示。

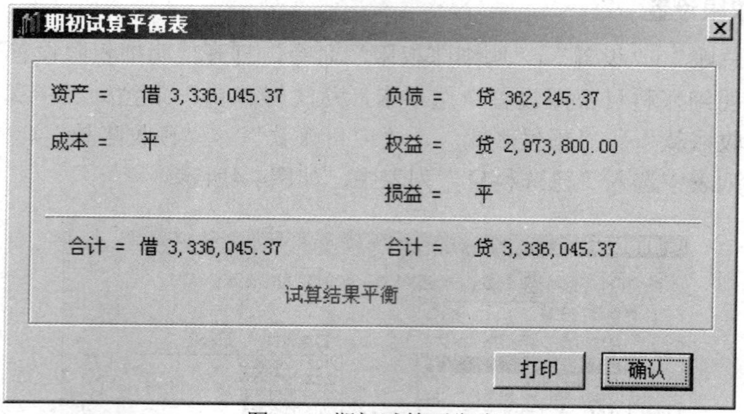

图 4-6 期初试算平衡表

⑥ 若期初余额不平衡，则修改期初余额；若期初余额试算平衡，单击“确认”按钮。

4. 备份账套数据

备份实验四账套数据。

4.3 总账日常业务处理

在总账系统中，当初始设置完成后，就可以开始进行日常业务处理了。日常业务处理主要包括填制凭证、审核凭证、记账，查询和打印输出各种凭证、日记账、明细账、总账和各种辅助账等。

4.3.1 凭证管理

凭证管理是总账日常业务处理的起点，是保证会计信息系统数据正确的关键环节。“填制凭证—审核凭证—记账”是凭证处理的关键步骤。如果在总账选项中选择了“出纳凭证必须经由出纳签字”，则“出纳签字”也成为流程中必须的一项内容，其位置介于“填制凭证”和“记账”之间。

1. 填制凭证

在实际工作中，可以根据经济业务发生时取得的原始凭证直接在计算机上填制记账凭证。填制凭证的功能包括增加凭证、修改凭证、删除凭证、冲销凭证等。

(1) 增加凭证

- 制单日期：系统自动取进入账务系统前输入的业务日期为记账凭证日期。
- 摘要：利用“常用摘要”功能可以加快凭证录入速度。
- 科目：输入或参照输入末级科目编码、中文科目名称、英文科目名称或助记码，系统自动将其转换。

- 辅助信息：对于设置了辅助核算的科目，系统提示输入相应的辅助核算信息。

提示：

- 日期只能随凭证号递增而增加，即不能逆序。
- 凭证日期应大于等于系统启用日期，小于系统日期。

(2) 修改凭证

凭证修改功能，仅限于对已输入未审核状态的凭证。

修改凭证时需要在填制凭证状态下找到需要修改的凭证，直接修改即可。可修改的内容包括摘要、科目、辅助项、金额及方向、增删分录等，凭证类别不能修改。

提示：

- 外部系统传递的凭证只能在生成该凭证的系统中进行修改。
- 修改辅助核算信息时，需要移动鼠标到凭证上的辅助核算区，待鼠标变为笔形时双击，出现辅助核算对话框，按要求修改。

(3) 删除凭证

- 如果出现凭证重复录入或凭证上出现不便修改的错误时，可以利用系统提供的“作废/恢复”功能将错误凭证作废。作废凭证仍保留原有凭证内容及凭证号，作废凭证不能修改、审核，但要参加记账，否则月末无法结账。
- 若当前凭证已作废，可以执行“制单”|“作废/恢复”命令，取消作废标志，将当前凭证恢复为有效凭证。
- 如果无需保留作废凭证，可通过系统提供的“整理”功能将标注有“作废”字样的凭证彻底删除，并对未记账凭证进行重新编号，以保证凭证编号的连续性。

(4) 冲销凭证

对于已记账的凭证，如果发现有错误，可以制作一张红字冲销凭证。执行“制单”|“冲销凭证”命令制作红字冲销凭证。通过红字冲销法增加的凭证视同为正常凭证进行保存管理。

2. 出纳签字

为加强企业现金收入和支出的管理，出纳人员可通过出纳管理功能对制单人填制的带有现金和银行存款科目的凭证进行检查核对，主要核对收付款凭证上填制的金额是否正确。只有出纳确认无误后，才能进行记账处理。

3. 审核凭证

- 审核是由具有审核权限的操作员按照会计制度规定，对凭证进行合规性检查。
- 审核无误的凭证可以进入下一处理过程——记账；审核中如果发现错误，可以利用系统提供的“标错”功能为凭证标注有错标记，便于制单人快速查询和更正，待修正后再重新审核。根据会计制度规定，审核与制单不能为同一人。

- 系统提供了两种审核方式：单张审核和成批审核。

4. 查询凭证

总账系统的填制凭证功能不仅是各账簿数据的输入口，同时也提供了强大的信息查询功能。

(1) 灵活的查询条件

凭证查询对话框如图4-7所示。

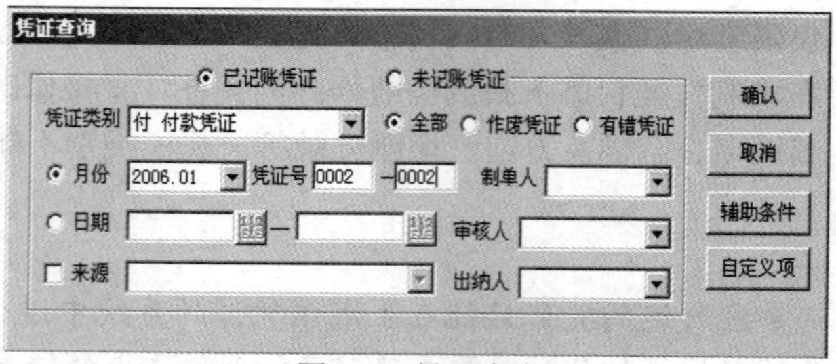

图 4-7　凭证查询

(2) 查看当前科目的最新余额

单击“余额”按钮，屏幕显示当前光标所在科目的最新余额。

(3) 查看外部系统制单信息

若当前凭证为外部系统生成的凭证，可将鼠标移到记账凭证的标题处，单击鼠标左键，系统即显示当前凭证来自哪个子系统、凭证反映的业务类型与业务号。当光标在某一分录上时，用鼠标单击凭证右下方的图标，则显示生成该分录的原始单据类型、单据日期及单据号。

(4) 联查明细账、辅助明细及原始单据

当光标位于凭证某分录科目时，执行“查看”|“联查明细账”命令，系统将显示该科目的明细账。若该科目有辅助核算，执行“查看”|“联查辅助明细”命令，系统将显示该科目的辅助明细账。若当前凭证是由外币系统制单生成，执行“查看”|“联查原始单据”命令，系统将显示生成这张凭证的原始单据。

5. 科目汇总

科目汇总是按条件对记账凭证进行汇总并生成一张凭证汇总表。进行汇总的凭证可以是已记账凭证，也可以是未记账凭证。在凭证未全部记账前，随时查看企业当前的经营状况及其他财务信息。

6. 记账

在总账系统中，记账凭证经审核后就可以执行记账了。

(1) 选择本次记账范围

即确定本次需要记账的凭证范围，包括期间、类别、记账范围。确定记账范围时可以单击“全选”按钮选择所有未记账凭证，可以输入连续编号范围如“1-9”表示对该类别第1～9号凭证进行记账，也可以输入不连续的编号如“3，7”表示仅对第3张和第7张凭证记账。

(2) 记账报告

系统自动记账前，需要进行以下项目的检查：

- 上月未记账或结账，本月不能记账；
- 未审核凭证不能记账；
- 作废凭证不需要审核可直接记账。

检查完成后，系统显示记账报告，如哪些凭证未审核或出纳未签字等。

(3) 记账

记账之前，系统将自动进行硬盘备份，保存记账前的数据，一旦记账过程异常中断，可以利用这个备份将系统恢复到记账前状态。

记账过程由系统自动完成，无需人工干预。

7. 常用摘要和常用凭证

(1) 常用摘要

常用摘要功能，用于将企业经营发生的业务摘要事先存储起来供制单时调用，以加快录入速度、提高规范性。

(2) 常用凭证

对于经常发生的业务，可以预先把凭证类别、摘要、科目等要素存储起来称为常用凭证。待业务发生时，直接调用常用凭证，补充输入其他内容如金额等。

4.3.2　账簿管理

企业发生的经济业务，经过制单、审核、记账等程序后，就形成了正式的会计账簿。账簿管理包括账簿的查询和打印。在用友通管理系统中，账簿分为基本会计核算账簿和辅助核算账簿。

1. 基本会计核算账簿

基本会计核算账簿包括以下几项。

- 总账
- 余额表
- 明细账
- 序时账
- 多栏账
- 综合多栏账
- 日记账
- 日报表
- 现金流量

2. 辅助核算账簿

辅助核算账簿包括以下两项。

- 个人往来辅助账
- 部门辅助账

4.3.3 现金管理

现金管理是总账系统为出纳人员提供的一套管理工具，主要包括现金日记账和银行存款日记账的管理、支票登记簿的管理以及银行对账功能，并可对银行长期未达账提供审计报告。

1. 日记账

现金管理中的日记账包括现金日记账、银行日记账和资金日报表查询。资金日报表可以反映现金、银行存款日发金额及余额情况。

2. 银行对账

银行对账是出纳管理的一项很重要的工作。此项工作通常在期末进行。银行对账的业务流程如下：

(1) 输入银行对账期初数据

(2) 输入银行对账单

(3) 银行对账

(4) 余额调节表的查询输出

(5) 对账结果查询

(6) 核销银行账

(7) 长期未达账审计

3. 支票登记簿

支票登记簿功能，供详细登记支票领用人、领用日期、支票用途、是否报销等情况。使用支票登记簿要注意：

(1) 只有在会计科目中设置了银行账辅助核算的科目才能使用支票登记簿。

(2) 只有在结算方式设置中选择票据控制才能选择登记银行科目。

(3) 领用支票时，银行出纳员须进入“支票登记”功能据实登记领用信息。

(4) 支票支出后，经办人持原始单据(发票)报销，会计人员据此填制记账凭证，在录入该凭证时，系统要求录入该支票的结算方式和支票号。填制完成该凭证后，系统自动在支票登记簿中将支票写上报销日期，该号支票即视为已报销。

(5) 支票登记簿中的报销日期栏，一般是由系统自动填写的；但对于有些已报销而由于人为原因而造成系统未能自动填写报销日期的支票，则可进行手工填写。

(6) 已报销的支票不能进行修改，但可以取消报销标志后再进行修改。

(7) 在实际应用中，如果要求领用人亲笔签字等，最好不使用支票登记簿，这样会增加输入的工作量。

4.3.4 往来管理

往来账款主要发生在企业的购销业务中，包括赊销引起的客户应收往来和赊购引起的供应商应付往来。往来管理主要包括往来账的记录与核销、往来账的查询等内容。

1. 往来账的记录与核销

往来账的记录与核销采用往来账辅助核算方式。往来业务发生时，系统要求记录往来单位信息；待该笔赊销收回时可以按客户及时核销，以掌握最新的往来数据。

2. 往来账的查询

往来账的查询包括以下几项。

- 科目明细账
- 三栏明细账
- 部门明细账
- 项目明细账
- 业务员明细账
- 分类明细账
- 地区分类明细账
- 多栏明细账的查询
- 往来催款单(对账单)
- 往来账龄分析等功能

4.3.5　项目管理

项目管理提供了按项目查询总账、明细账和进行项目统计的功能。

实验五　总账日常业务处理

【实验内容】

- 凭证管理：定义常用摘要、填制凭证、出纳签字、审核凭证、凭证记账
- 账簿管理：总账、科目明细账、明细账、辅助账的查询
- 现金管理：现金、银行存款日记账和资金日报表的查询
- 往来管理：往来账查询
- 项目管理：项目账查询

【实验准备】

- 将系统日期修改为“2013年1月1日”。
- 引入“实验四”账套数据。

【实验要求】

- 以“王静”的身份进行填制凭证和凭证查询操作。
- 以“刘丽丽”的身份进行出纳签字，并进行现金、银行存款日记账和资金日报表的查询及支票登记。
- 以“刘倩”的身份进行审核、记账、账簿查询操作。

【实验资料】

1. 定义常用摘要

定义常用摘要“从建行提取现金”。

【实验指导】

① 以“王静”的身份登录进入T3主界面。

② 执行“总账”|“凭证”|“常用摘要”命令，进入“常用摘要”窗口。

③ 单击“增加”按钮，输入摘要编码“1”，摘要名称“从建行提取现金”，如图4-8所示。

图 4-8　常用摘要

④ 本行输入完成后，按Enter键保存。

2. 凭证填制

以下业务是1月份的业务：

(1) 业务1：无辅助核算项的一般业务。2日，销售部李辉报销业务招待费1,200.00元，以现金支付。(附单据1张)

借：销售费用/业务招待费(560106)　　1,200.00

　贷：库存现金(1001)　　1,200.00

【实验指导】

① 执行“总账”|“凭证”|“填制凭证”命令，进入“填制凭证”窗口。

② 单击“增加”按钮，系统自动增加一张空白收款凭证。

③ 在凭证左上角单击“参照”按钮，选择凭证类型“记账凭证”；输入制单日期、附单据数。

④ 输入摘要“报销招待费”；输入借方科目编码“560106”，借方金额“1,200.00”，按Enter键；摘要自动带到下一行，输入贷方科目编码“1001”，贷方金额“1,200.00”，如图4-9所示。

⑤ 单击“保存”按钮，系统弹出“凭证已成功保存！”信息提示框，单击“确定”按钮。

提示：

- 制单日期不能滞后于系统日期。
- 凭证一旦保存，其凭证类别、凭证编号不能修改。
- 凭证中不同行的摘要可以相同也可以不同，但不能为空。每行摘要将随相应的会计科目在明细账、日记账中出现。

提示：

- 科目编码必须是末级的科目编码。
- 金额不能为“零”；红字以“－”号表示。
- 在英文输入模式下，可按“=”键取当前凭证借贷方金额的差额到当前光标位置。
- 单击“增加”按钮，在保存当前凭证的同时增加一张新凭证。

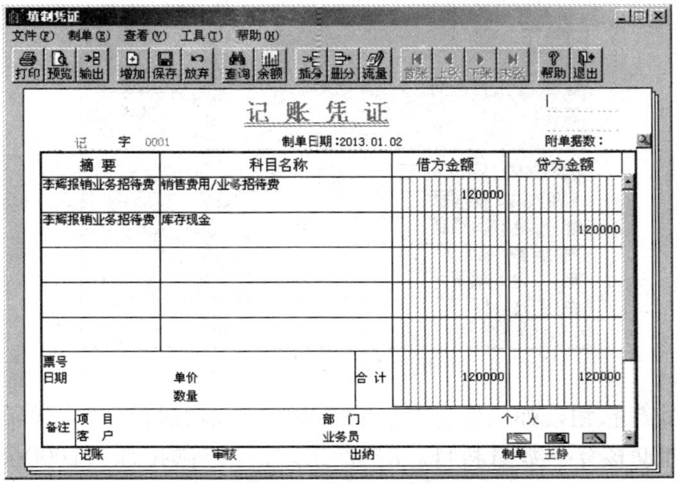

图 4-9　业务 1 凭证

(2) 业务2：辅助核算一银行存款业务。3日，财务部刘丽丽从建行提取现金10,000.00元，作为备用金。(现金支票号XJ0001)

借：库存现金(1001)　　　　　　　　　　　　　　10,000.00

　　贷：银行存款/建行—人民币户(100201)　　　　　　　10,000.00

【实验指导】

① 在总账填制凭证功能中，增加一张付款凭证，输入摘要时，单击“参照”按钮，选择预先设置的常用摘要“从建行提取现金”。

② 输入银行科目“100201”，弹出“辅助项”对话框。

③ 输入结算方式“201”，票号“XJ0001”，输入发生日期，如图4-10所示，单击“确认”按钮。

图 4-10　辅助项—银行存款业务

④ 凭证保存时，若此张支票未登记，则弹出“此支票尚未登记，是否登记？”对话框，如图4-11所示。

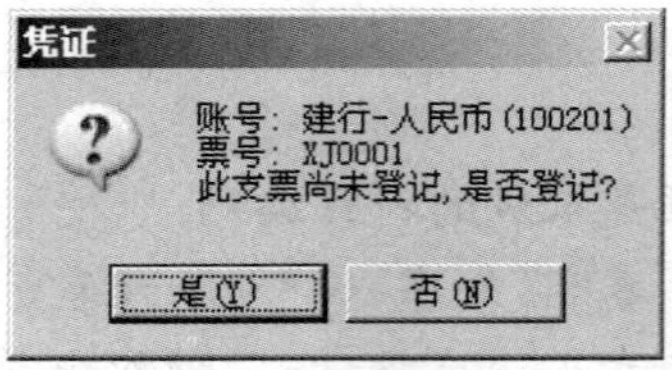

图 4-11　凭证确认

⑤ 单击“是”按钮，弹出“票号登记”对话框。

⑥ 输入领用日期、领用部门、姓名、限额、用途，如图4-12所示。

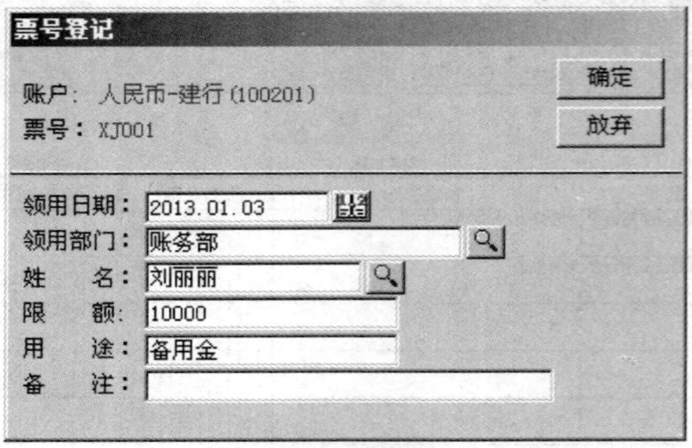

图 4-12　票号登记

⑦ 单击“确定”按钮，弹出信息提示框“凭证已成功保存！”，单击“确定”按钮。

(3) 业务3：辅助核算—数量科目。8日，采购部白雪购C原料1000公斤，每公斤60.00元，材料直接入库，货款以银行存款支付。(转账支票号ZZ0001)

借：原材料/C材料(140303)　　60,000.00

　　应交税费/应交增值税/进项税额(22210101)　　10,200.00

　　贷：银行存款/人民币户(100201)　　70,200.00

【实验指导】

① 在填制凭证过程中，输入数量科目“140303”，弹出“辅助项”对话框。

② 输入数量“1000”，单价“60”，如图4-13所示，单击“确认”按钮。

③ 保存凭证时，登记支票登记簿。

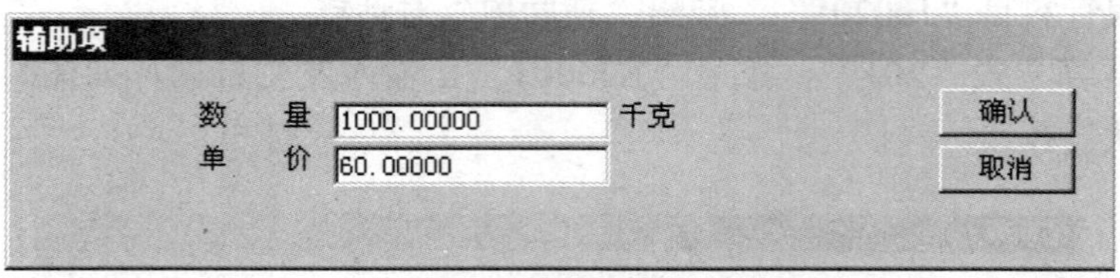

图 4-13　辅助项—数量核算

(4) 业务4：辅助核算—客户往来。11日，销售部李辉收到宏伟实业转来一张转账支票，金额99,600.00元，用以偿还前欠货款。(转账支票号ZZR062)

借：银行存款/建行—人民币户(100201)　　99,600.00

　　贷：应收账款(1122)　　99,600.00

【实验指导】

① 在填制凭证过程中，输入往来科目“1122”，弹出“辅助项”对话框。

② 输入客户“宏发实业”，业务员“李辉”，发生日期“2013.01.11”，如图4-14所示，单击“确认”按钮。

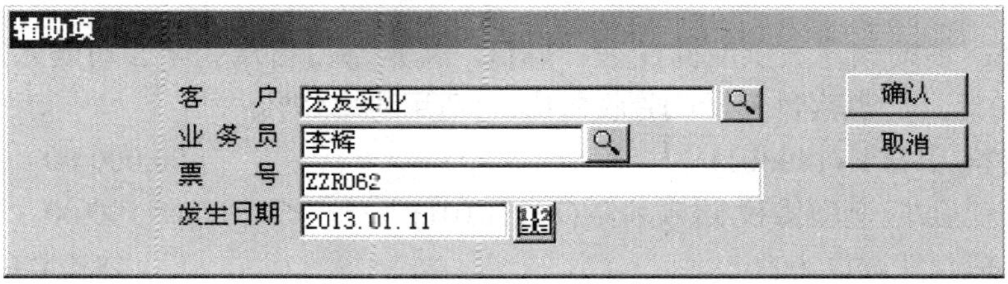

图 4-14　辅助项—客户往来

(5) 业务5：辅助核算—外币业务。16日，收到兴华集团投资资金10,000.00美元，汇率1∶6.2。(转账支票号ZZW031)

借：银行存款/建行—美元户(100202)　　　　62,000.00

　贷：实收资本(4001)　　　　62,000.00

【实验指导】

① 在填制凭证过程中，输入外币科目“100202”，系统自动显示外币汇率“6.2”，输入外币金额“10,000.00”，系统自动算出并显示本币金额“62,000.00”，如图4-15所示。

② 全部输入完后，单击“保存”按钮，保存凭证。

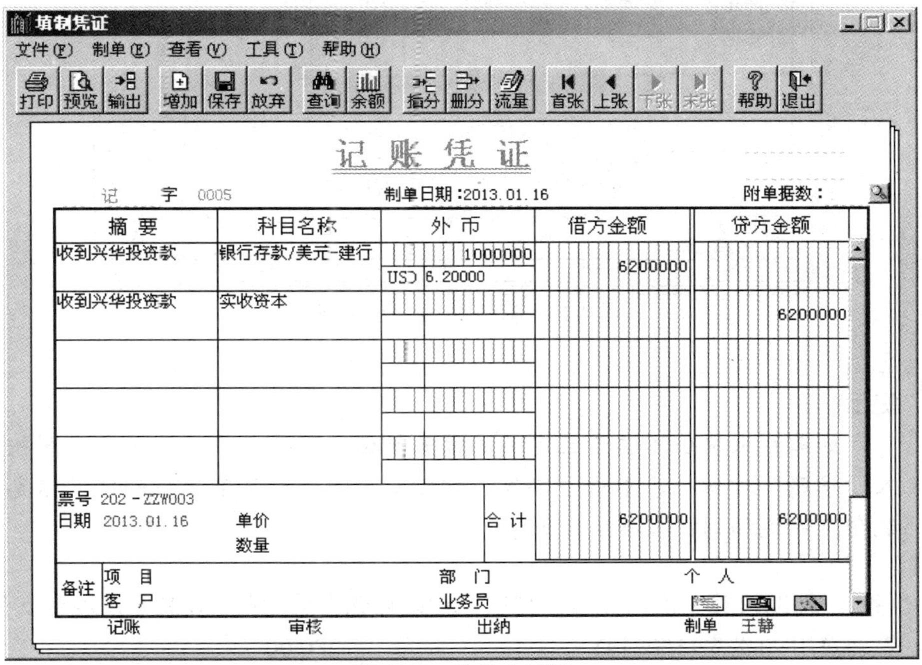

图 4-15　业务 5 凭证

提示：

汇率栏中内容是固定的，不能输入或修改。若使用浮动汇率，汇率栏中则显示最近一次汇率，可以直接在汇率栏中修改。

(6) 业务6：辅助核算—供应商往来。18日，采购部白雪从朝阳公司购入A材料5000公斤，单价10.00元，货税款暂欠，已验收入库。(适用税率17%)

借：原材料/甲材料(140301)　　50,000.00

　　应交税金/应交增值税/进项税额(22210101)　　8,500.00

　　贷：应付账款(2202)　　58,500.00

【实验指导】

① 在填制凭证过程中，输入供应商往来科目“2202”，弹出“辅助项”对话框。

② 输入供应商“朝阳公司”，发生日期“2013.01.18”，如图4-16所示，单击“确认”按钮。

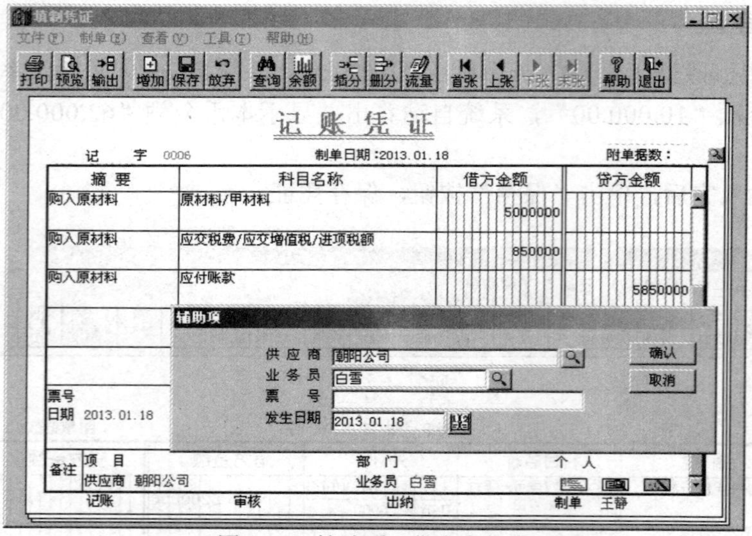

图 4-16　辅助项—供应商往来

提示：

如果往来单位不属于已定义的往来单位，则要单击往来单位参照按钮进入“参照”对话框，单击“编辑”按钮正确输入新往来单位的辅助信息，系统会自动追加到往来单位目录中。

(7) 业务7：辅助核算—部门核算。18日，行政部购办公用品280.00元，现金支付。

借：管理费用/办公费(550214)　　280.00

　　贷：库存现金(1001)　　280.00

【实验指导】

① 在填制凭证过程中，输入部门核算科目“550214”，弹出“辅助项”对话框。

② 输入部门“行政部”，如图4-17所示，单击“确认”按钮。

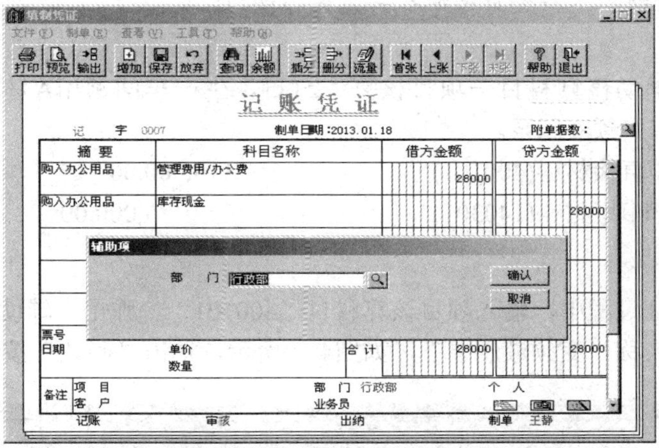

图 4-17　在“填制凭证”窗口输入“业务 7”的相关凭证

(8) 业务8：辅助核算科目—个人往来。18日，行政部曾毅凡出差归来，报销差旅费2,000.00元，交回现金200.00元。

借：管理费用/差旅费(550213)　　1,800.00

　　库存现金(1001)　　200.00

　　贷：其他应收款/应收个人款(122102)　　2,000.00

【实验指导】

① 在填制凭证过程中，输入个人往来科目“122102”，弹出“辅助项”对话框。

② 输入部门“行政部”，个人“曾毅凡”，发生日期“2013.01.18”，如图4-18所示，单击“确认”按钮。

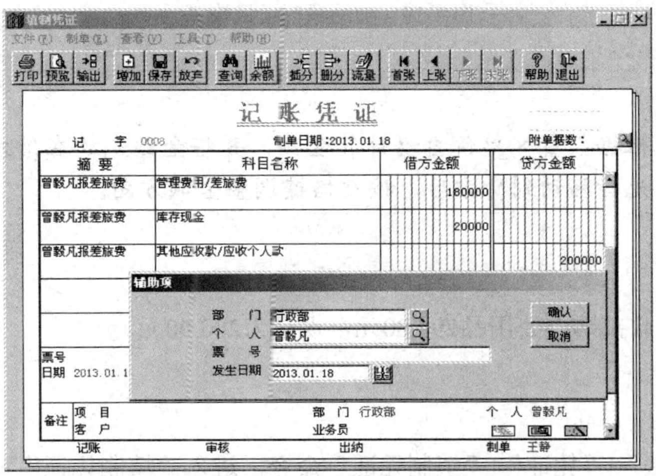

图 4-18　辅助项—个人往来

提示：

在输入个人信息时，不输入“部门名称”只输入“个人名称”时，系统将根据所输个人名称自动输入其所属的部门。

(9) 业务9：辅助核算科目—项目核算。21日，生产车间领用A材料500公斤，单价10.00元，用于生产变频液压泵。

借：生产成本/直接材料(400101)　　　　5,000.00

　　贷：原材料/甲材料(140301)　　　　5,000.00

【实验指导】

① 在填制凭证过程中，输入项目核算科目“400101”，弹出“辅助项”对话框。

② 输入项目名称“变频液压泵”，如图4-19所示，单击“确认”按钮。

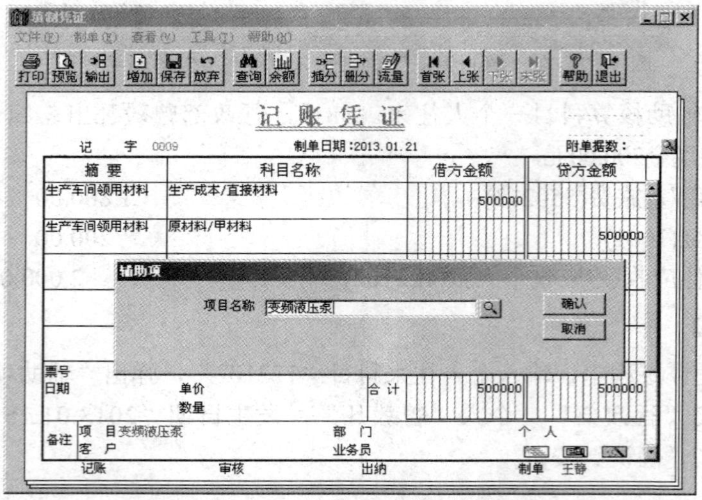

图 4-19　辅助项－项目核算

提示：

系统根据数量×单价自动计算金额，并将金额先放在借方，如果方向不符，可将光标移动到贷方后，按空格键调整金额方向。

3. 修改凭证

经查，18日行政部购办公用品290.00元，误录为280.00元。

【实验指导】

① 删除。

② 执行“总账”|“凭证”|“填制凭证”命令，进入“填制凭证”窗口。

③ 单击首张 上张 下张 末张按钮，找到要修改的凭证。

④ 对于凭证上的基本项目，如金额等，将光标放在要修改的地方就可以直接修改；如果要修改凭证的辅助项信息，则应首先选中辅助核算科目行，然后将光标置于备注栏辅助项，待鼠标变形为✎时双击，弹出“辅助项”对话框，在对话框中修改相关信息。

⑤ 单击“保存”按钮，保存相关信息。

提示：

- 未经审核的错误凭证可通过“填制凭证”功能直接修改；已审核的凭证应先取消审核后再进行修改。
- 若已采用制单序时控制，则在修改当前制单日期时，不能将日期更改为上一张凭证的制单日期之前。
- 若选择“不允许修改或作废他人填制的凭证”权限控制，则不能修改或作废他人填制的凭证。
- 如果涉及银行科目的分录已录入支票信息并对该支票进行过报销处理，修改操作将不影响“支票登记簿”中的内容。
- 外部系统传过来的凭证不能在总账系统中进行修改，只能在生成该凭证的系统中进行修改。

4. 删除凭证

经查，2日李辉报销的业务招待费属个人消费行为，不允许报销，现金已追缴，业务上不再反映。

【实验指导】

① 删除。

② 在“填制凭证”窗口中，执行“制单”|“冲销凭证”命令，打开“冲销凭证”对话框。

③ 输入条件：选择“月份”、“凭证类别”；输入“凭证号”等信息。

④ 单击“确定”按钮，系统自动生成一张红字冲销凭证。

提示：

- 通过红字冲销法增加的凭证，视同正常凭证进行保存和管理。
- 红字冲销只能针对已记账凭证进行。
- 删除凭证后，会出现凭证号断号现象。若想让凭证号连续，使用“整理凭证”。

5. 整理凭证

【实验指导】

① 在“填制凭证”窗口中，执行“制单”|“整理凭证”命令，打开“选择凭证期间”对话框。

② 选择要整理的“月份”，如图4-20所示。

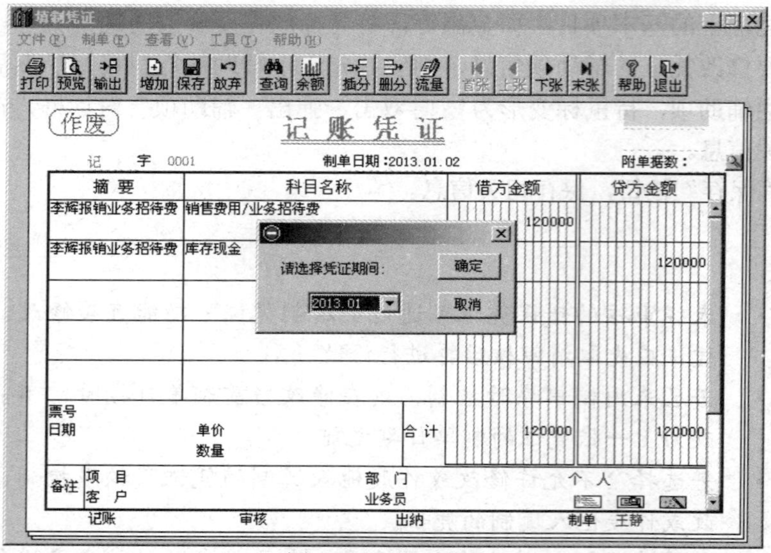

图 4-20　整理凭证

③ 单击“确定”按钮，打开“作废凭证表”对话框。

④ 选择要删除的作废凭证。

⑤ 单击“确定”按钮，系统将弹出“是否还需整理凭证断号”信息提示框，单击“是”按钮，系统将会把这些凭证从数据库中删除并对剩下的凭证重新编号。

提示：

- 不想保留作废凭证时，可以通过“整理凭证”功能将其彻底删除，并对未记账的凭证重新编号。
- 只能对未记账凭证作凭证整理。
- 如果要对已记账凭证作凭证整理，应先恢复到本月月初记账前的状态，再作凭证整理。

6. 作废凭证

将本月5号凭证作废，再恢复。

【实验指导】

① 在“填制凭证”窗口中，先查询到要作废的凭证。

② 执行“制单”|“作废/恢复”命令。

③ 凭证的左上角显示“作废”标志，表示该凭证已作废。

提示：

- 作废凭证仍保留凭证内容及编号，只显示“作废”字样。
- 作废凭证不能修改，不能审核。
- 在记账时，已作废的凭证应参与记账，否则月末无法结账，但不对作废凭证作数据处理，相当于一张空凭证。

提示：

- 账簿查询时，查不到作废凭证的数据。
- 若当前凭证已作废，可执行“编辑”|“作废/恢复”命令取消作废标志，并将当前凭证恢复为有效凭证。

7. 出纳签字

由出纳刘丽丽对所有涉及现金和银行科目的凭证签字。

【实验指导】

① 执行“总账”|“凭证”|“出纳签字”命令，打开“出纳签字”查询条件对话框。
② 输入查询条件：选中“全部”单选按钮，输入月份“2013.01”。
③ 单击“确认”按钮，进入“出纳签字”的凭证列表窗口。
④ 双击某一要签字的凭证或者单击“确定”按钮，进入“出纳签字”的签字窗口。
⑤ 单击“签字”按钮，凭证底部的“出纳”处将自动签上出纳人姓名。
⑥ 单击“下张”按钮，对其他凭证签字，最后单击“退出”按钮。

提示：

- 涉及指定为现金科目和银行科目的凭证才需出纳签字。
- 凭证一经签字，就不能被修改或删除，只有取消签字后才可以修改或删除，取消签字只能由出纳自己进行。
- 凭证签字并非审核凭证的必要步骤。若在设置总账参数时，不选择“出纳凭证必须经由出纳签字”，则可以不执行“出纳签字”功能。
- 可以执行“签字”|“成批出纳签字”命令对所有凭证进行出纳签字。

8. 审核凭证

由账套主管刘倩对凭证进行审核。

【实验指导】

① 以“刘倩”的身份重新登录。
② 执行“总账”|“凭证”|“审核凭证”命令，打开“凭证审核”查询条件对话框。
③ 输入查询条件，单击“确认”按钮，进入“凭证审核”的凭证列表窗口。
④ 双击要审核的凭证或单击“确定”按钮，进入“凭证审核”的审核凭证窗口。
⑤ 检查要审核的凭证，确认无误后，单击“审核”按钮，凭证底部的“审核”处将自动签上审核人姓名。
⑥ 单击“下张”按钮，对其他凭证签字，最后单击“退出”按钮。

提示：

- 审核人必须具有审核权。当通过“凭证审核权限”设置了明细审核权限时，还需要有对制单人所制凭证的审核权。
- 作废凭证不能被审核，也不能被标错。
- 审核人和制单人不能是同一个人，凭证一经审核，不能被修改、删除，只有取消审核签字后才可修改或删除。
- 已标记作废的凭证不能被审核，需先取消作废标记后才能审核。

9. 记账

由账套主管刘倩对凭证进行记账。

【实验指导】

① 执行“总账”|“凭证”|“记账”命令，进入“记账”对话框。

② 第一步选择要进行记账的凭证范围。例如，在记账凭证的“记账范围”栏中输入“2-8”，本例单击“全选”按钮，选择所有凭证，如图4-21所示，单击“下一步”按钮。

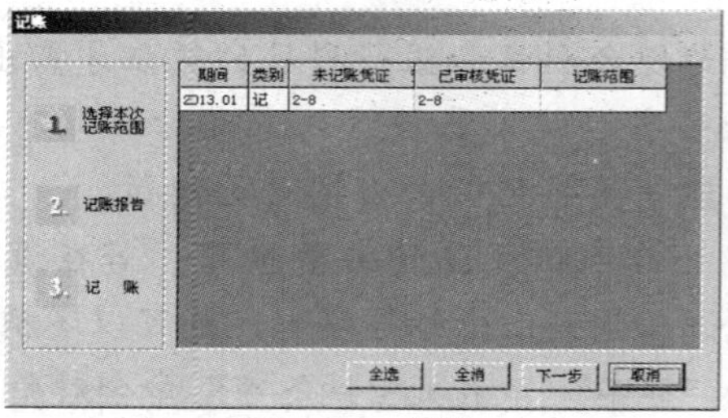

图 4-21　记账

③ 第二步显示记账报告。如果需要打印记账报告，可单击“打印”按钮；如果不打印记账报告，则单击“下一步”按钮。

④ 第三步记账。单击“记账”按钮，打开“期初试算平衡表”对话框，单击“确认”按钮，系统开始登录有关的总账和明细账、辅助账。登记完后，弹出“记账完毕”信息提示对话框。

⑤ 单击“确定”按钮，记账完毕。

提示：

- 第一次记账时，若期初余额试算不平衡，不能记账。
- 上月未记账，本月不能记账。
- 未审核凭证不能记账，记账范围应小于等于已审核范围。
- 作废凭证不需审核可直接记账。
- 记账过程一旦因断电或其他原因中断后，系统将自动调用“恢复记账前状态”恢复数据，然后再重新记账。

激活“恢复记账前状态”菜单：

① 执行“总账”|“期末”|“对账”命令，进入“对账”窗口。

② 按Ctrl+H键，弹出“恢复记账前状态功能已被激活。”信息提示对话框，如图4-22所示，单击“确定”按钮返回，在“凭证”菜单下显示“恢复记账前状态”菜单项。

③ 单击“确定”按钮，再单击“退出”按钮“恢复记账前状态”菜单项，恢复到记账前状态。

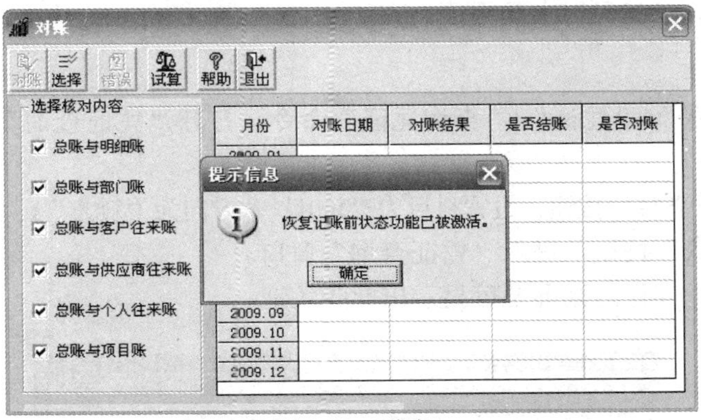

图 4-22　对账

提示：

如果退出系统后又重新进入系统或在“对账”中按Ctrl+H键，将重新隐藏“恢复记账前状态”功能。

取消记账：

① 执行“总账”|“凭证”|“恢复记账前状态”命令，打开“恢复记账前状态”对话框。

② 选中“最近一次记账前状态”单选按钮，如图4-23所示。

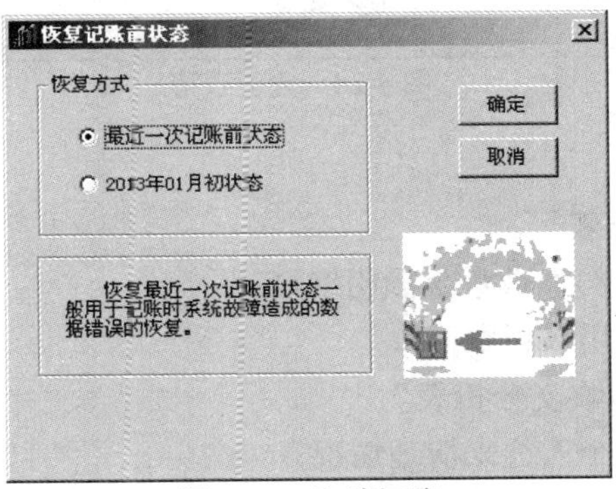

图 4-23　取消记账

③ 单击“确定”按钮，弹出“请输入主管口令”信息提示框。

④ 输入主管口令，单击“确认”按钮，系统弹出“恢复记账完毕！”信息提示对话框，单击“确定”按钮。

提示：

- 已结账月份的数据不能取消记账。
- 取消记账后，一定要重新记账。

10. 查询凭证

查询现金支出在100元以上的凭证。

【实验指导】

① 执行“总账”|“凭证”|“查询凭证”命令，打开“凭证查询”对话框，如图4-24所示。

② 单击“辅助条件”按钮，设置科目为“1001”，方向为“贷方”，金额为“100.00”。

③ 单击“确认”按钮，进入“凭证查询”窗口。

④ 双击某一凭证行，则屏幕可显示出此张凭证。

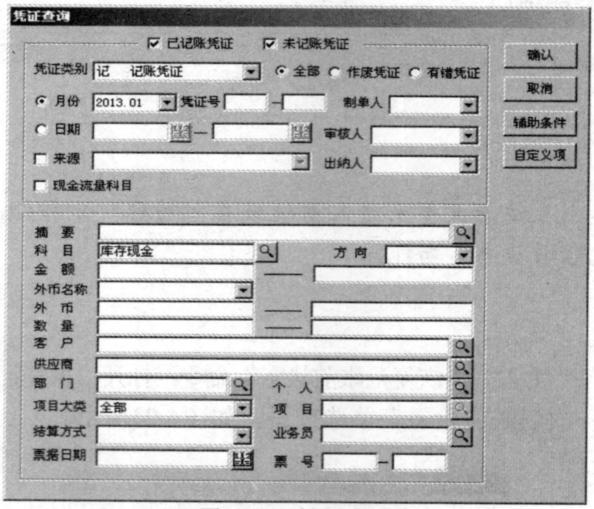

图 4-24 凭证查询

11. 账簿查询

(1) 查询“2013.01余额表”。

(2) 查询“原材料-A材料”数量金额明细账。

(3) 定义并查询管理费用多栏账。

(4) 查询“2013.01部门收支分析表”。

(5) 查询行政部曾毅凡个人往来清理情况。

【实验指导】

(1) 查询余额表

① 执行“总账”|“账簿查询”|“余额表”命令，打开“发生额及余额表查询条件”对话框。

② 选择查询条件，单击“确认”按钮，进入“发生额及余额表”窗口，如图4-25所示。

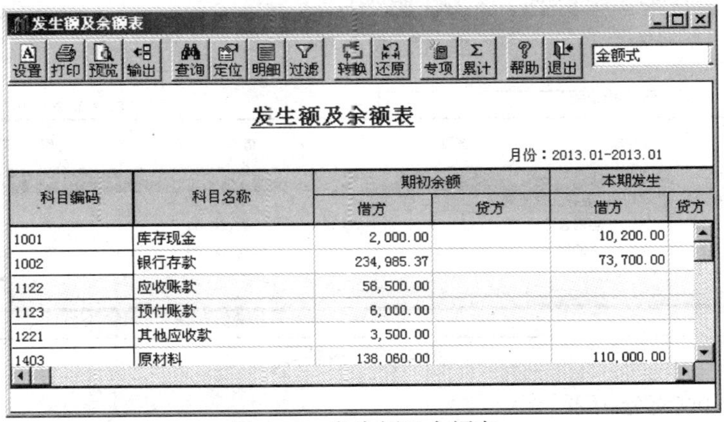

图 4-25　发生额及余额表

③ 单击“累计”按钮，系统自动增加借贷方累计发生额两个栏目。

(2) 查询明细账

① 执行“总账”|“账簿查询”“明细账”命令，打开“明细账查询条件”对话框。

② 选择查询科目“140301”—“140301”，单击“确认”按钮，进入“明细账”窗口。

③ 选择“数量金额式”账页形式，显示如图4-26所示。

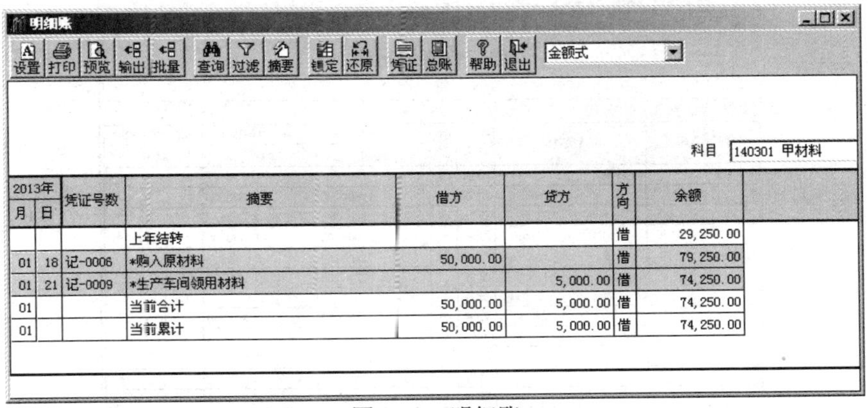

图 4-26　明细账

(3) 定义并查询管理费用多栏账

① 执行“总账”|“账簿查询”|“多栏账”命令，打开“多栏账”对话框。

② 单击“增加”按钮，打开“多栏账定义”对话框。选择核算科目“5602 管理费用”，单击“自动编制”按钮，系统自动将管理费用下的明细科目作为多栏账的栏目。

③ 单击“确定”按钮，完成管理费用多栏账的定义。

④ 单击“查询”按钮，打开“多栏账查询”对话框，单击“确认”按钮，显示管理费用多栏账，如图4-27所示。

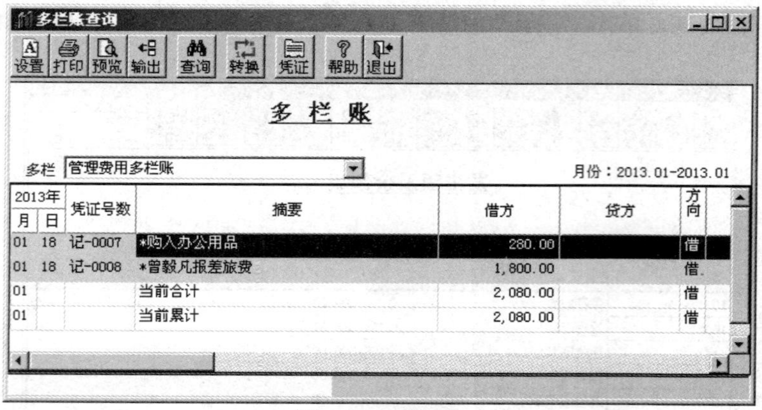

图 4-27　多栏账

(4) 查询部门收支分析表

① 执行“辅助查询”|“部门收支分析”命令，打开“部门收支分析条件”对话框。

② 选择管理费用下的明细科目作为分析科目，单击“下一步”按钮。

③ 选择所有部门作为分析部门，单击“下一步”按钮。

④ 选择“2013.01”作为分析月份，单击“完成”按钮，显示部门收支分析表，如图4-28所示。

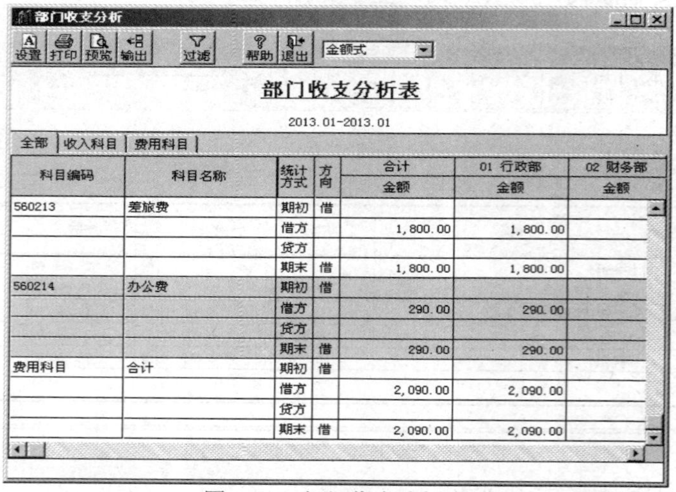

图 4-28　部门收支分析表

(5) 查询行政部曾毅凡个人往来清理情况

① 执行“总账”|“辅助查询”|“个人往来清理”命令，打开“个人往来两清条件”对话框。

② 选择部门“行政部”；个人“曾毅凡”；选中“显示已两清”复选框，单击“确认”按钮，进入“个人往来两清”窗口。

③ 单击“勾对”按钮，系统自动将已达账项打上已结清的标志，如图4-29所示。

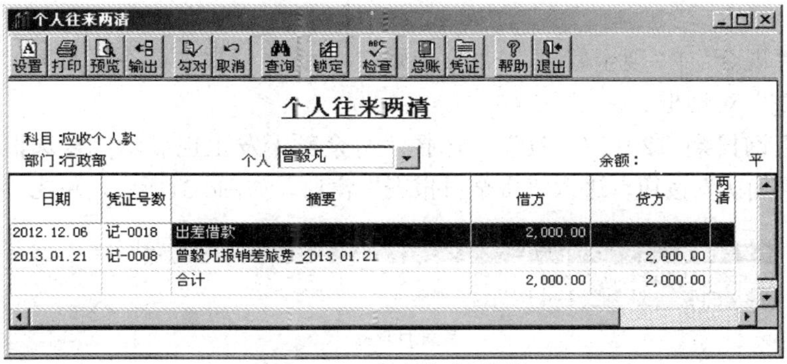

图 4-29　个人往来两清

12. 现金管理

(1) 查询现金日记账。

(2) 查询资金日报表。

(3) 查询支票登记簿。

(4) 20日，采购部白雪借转账支票1张采购原材料，票号155，预计金额5,000.00元。

【实验指导】

(1) 现金日记账

① 执行“现金”|“现金管理”|“日记账”|“现金日记账”命令，打开“现金日记账查询条件”对话框。

② 选择科目“1001库存现金”，默认月份“2013.01”，单击“确认”按钮，进入“现金日记账”窗口，如图4-30所示。

图 4-30　现金日记账

③ 双击某行或将光标定在某行再单击“凭证”按钮，可查看相应的凭证。

④ 单击“总账”按钮，可查看此科目的三栏式总账，单击“退出”按钮。

(2) 资金日报表

① 执行“现金”|“现金管理”|“日记账”|“资金日报”命令，打开“资金日报表查询条件”对话框。

② 输入查询日期“2013.01.21”，选择“有余额无发生也显示”复选框。

③ 单击“确认”按钮，进入“资金日报表”窗口，如图4-31所示，单击“退出”按钮。

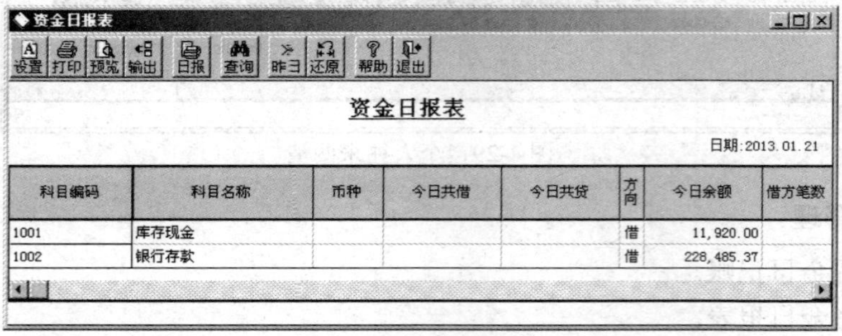

图 4-31　资金日报表

(3) 支票登记簿

① 执行“现金”|“票据管理”|“支票登记簿”命令，打开“银行科目选择”对话框。

② 选择科目：建行-人民币户“100201”，单击“确定”按钮，进入“支票登记”窗口。

③ 单击“增加”按钮。

④ 输入领用日期“2013.01.08”，领用部门“采购部”，领用人“白雪”，支票号“ZZ001”，预计金额“70,200.00”，用途“采购原材料”，单击“保存”按钮，如图4-32所示，单击“退出”按钮。

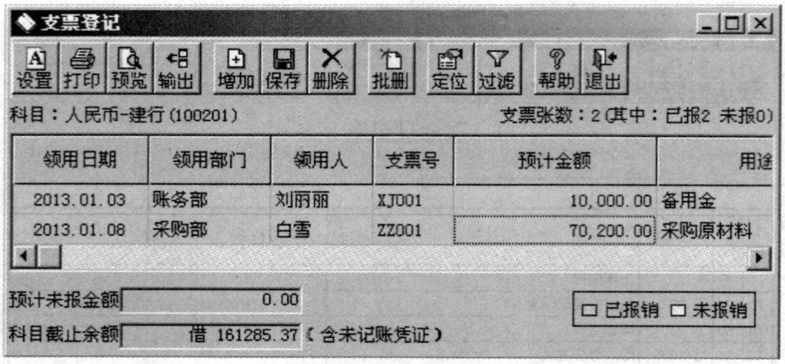

图 4-32　支票登记

提示：

- 只有在结算方式设置中选择“票据管理标志”才能在此选择登记。
- 领用日期和支票号必须输入，其他内容可输可不输。
- 报销日期不能在领用日期之前。
- 已报销的支票可成批删除。

13. 往来账查询

(1) 查询供应商“朝阳公司”明细账。

(2) 进行客户往来账龄分析。

【实验指导】

(1) 查询供应商明细账

① 执行“往来”|“账簿”|“供应商往来明细账”|“供应商明细账”命令，打开“供应商明细账”对话框。

② 选择供应商“朝阳公司”，单击“确定”按钮，显示供应商明细账，如图4-33所示。

图 4-33　供应商明细账

(2) 客户往来账龄分析

① 执行“往来”|“账簿”|“往来管理”|“客户往来账龄分析”命令，打开“客户往来账龄”对话框。

② 选择查询科目“1122 应收账款”，单击“确定”按钮，显示客户往来账龄分析情况，如图4-34所示。

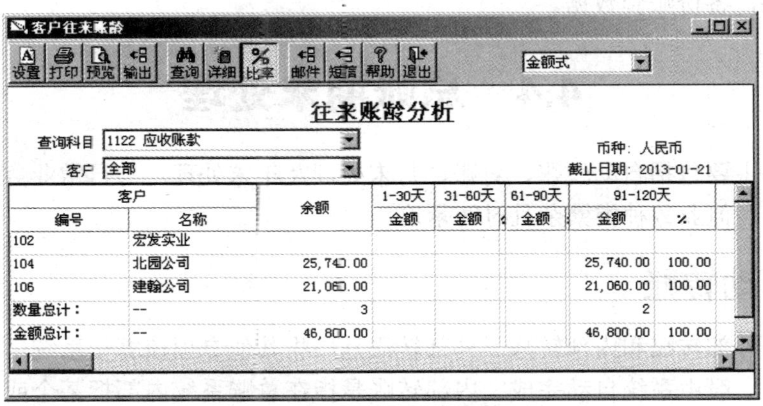

图 4-34　客户往来账龄

14. 项目账查询

(1) 查询“变频液压泵”项目明细账。

(2) 进行项目统计分析。

【实验指导】

(1) 查询项目明细账

① 执行“项目”|“账簿”|“项目明细账”|“项目明细账”命令，打开“项目明细账条件”对话框。

② 选择项目“变频液压泵”，单击“确定”按钮，显示项目明细账。

(2) 项目统计分析

① 执行“项目”|“账簿”|“项目统计分析”命令，打开“项目统计条件”对话框。

② 选择全部统计项目，单击“下一步”按钮。

③ 选择生产成本及其明细科目作为统计科目，单击“下一步”按钮。

④ 选择统计月份“2013.01”，单击“完成”按钮，显示项目统计情况，如图4-35所示。

项目分类及项目名称	项目编号	统计方式	合计		直接材料(400101)	直接人工(400102)
			方向	金额	金额	金额
产品研发(01)		期初	平			
		借方		5,000.00	5,000.00	
		贷方				
		期末	借	5,000.00	5,000.00	
变频液压泵	102	期初	平			
		借方		5,000.00	5,000.00	
		贷方				
		期末	借	5,000.00	5,000.00	
合计		期初	平			
		借方		5,000.00	5,000.00	
		贷方				

图 4-35　项目统计表

实验结束，备份账套数据。

4.4　总账期末处理

期末处理主要包括自动转账、对账、月末处理及年末处理。与日常业务相比，期末处理的数量不多，但业务种类繁杂且时间紧迫。

4.4.1　自动转账

转账分为外部转账和内部转账。外部转账是指将其他专项核算子系统生成的凭证转入总账系统中，一般由系统自动完成。内部转账是指在总账系统内部把某个或某几个会计科目中的余额或本期发生额结转到一个或多个会计科目中。

自动转账包括转账定义和转账生成两部分。

1. 转账定义

转账定义是把凭证的摘要、会计科目、借贷方向以及金额的计算公式预先设置成凭证模板，即自动转账分录，待需要转账时调用相应的自动转账分录生成凭证即可。

自动转账分录可以分为独立自动转账分录和相关自动转账分录。独立自动转账分录要转账的业务数据与本月其他经济业务无关。

系统提供5种类型的转账定义：

(1) 自定义转账设置

自定义转账是适用范围最大的一种转账方式，可以完成的转账业务主要有：

- “费用分配”的结转，如工资分配等；
- “费用分摊”的结转，如制造费用等；
- “税金计算”的结转，如增值税等；
- “提取各项费用”的结转，如提取福利费等；
- 各项辅助核算的结转。

如果使用应收、应付系统，则在总账系统中不能按客户、供应商辅助项进行结转，只能按科目总数进行结转。

(2) 对应结转设置

对应结转不仅可进行两个科目的一对一结转，还提供科目的一对多结转功能。对应结转的科目可为上级科目，但其下级科目的科目结构必须一致，即具有相同的明细科目，若涉及辅助核算，则对应结转的两个科目的辅助账类也必须一一对应。

本功能只结转期末余额，若结转发生额，需在自定义结转中设置。

(3) 销售成本结转设置

销售成本结转设置主要用来辅助没有启用购销存管理的企业完成销售成本的计算和结转。在进行销售成本结转时，库存商品、主营业务收入和主营业务成本三个科目必须设有数量辅助核算，且这三个科目的下级科目必须一一对应。

(4) 汇兑损益结转设置

汇兑损益结转用于期末自动计算外币账户的汇兑损益，并在转账过程中自动生成汇兑损益转账凭证。汇兑损益只处理以下外币账户：外汇存款户，外币现金，外币结算的各项债权、债务，不包括所有者权益类账户、成本类账户和损益类账户。

(5) 期间损益结转设置

期间损益结转设置用于在一个会计期间终了时，将损益类科目的余额结转到本年利润科目中，期间损益结转主要是损益类科目。

损益科目的期末余额将结转到同一行的本年利润科目中去。

若损益科目与本年利润科目都有辅助核算，则辅助账类必须相同。

2. 转账生成

定义完转账凭证后，每月月末只需执行“转账生成”功能即可由计算机快速生成转账凭证。在此生成的转账凭证将自动追加到未记账凭证中去，通过审核、记账后才能真正完成结转工作。

由于转账凭证中定义的公式基本上取自账簿，因此，在进行月末转账之前，必须将所有未记账凭证全部记账。对于一组相关转账分录，必须按顺序依次进行转账生成、审核、记账。

结转月份为当前会计月，且每月只结转一次。在生成结转凭证时，要注意操作日期，一般在月末进行。

若转账科目有辅助核算，但未定义具体的转账辅助项，则可以选择“按所有辅助项结转”或者“按有发生的辅助项结转”。按所有辅助项结转指转账科目的每一个辅助项生成一笔分录。按有发生的辅助项结转指按转账科目下每一个有发生的辅助项生成一笔分录。

4.4.2 对账

对账是指对账簿数据进行核对，以检查记账是否正确以及账簿是否平衡。它主要是通过核对总账与明细账、总账与辅助账数据来完成账账核对。

如果使用了应收、应付系统，则在总账系统中不能对客户往来账、供应商往来账进行对账。

当对账出现错误或记账有误时，系统允许“恢复记账前状态”进行检查、修改，直到对账正确为止。

4.4.3 结账

企业在每月月底都要进行结账处理，结账实际上就是计算和结转各账簿的本期发生额和期末余额，并终止本期的账务处理工作。

结账是一种批量数据处理工作，每月只结账一次，主要是对当月日常处理的终止和对下月账簿的初始化。

1. 结账前检查工作

在结账之前要做下列检查：

(1) 检查本月业务是否全部记账，若有未记账凭证则不能结账。

(2) 月末结转必须全部生成并记账，否则本月不能结账。

(3) 检查上月是否已结账，如果上月未结账，则本月不能记账。

(4) 核对总账与明细账、主体账与辅助账、总账系统与其他子系统数据是否一致，若不一致则不能结账。

(5) 检查损益类账户是否全部结转完毕，若未完成则本月不能结账。

(6) 若与其他子系统联合使用，应检查其他子系统是否已结账，若其他子系统没有结账则本月不能结账。

2. 结账与反结账

结账前系统自动进行数据备份，结账处理就是计算本月各账户发生额合计和本月账户期末余额，并将余额结转到下月作为下月月初余额。结账完成后不得再录入本月凭证。如果结账以后发现本月还有未处理的业务或其他情况，可以进行“反结账”，取消本月结账标记，然后进行修正，再进行结账工作。

实验六　总账期末处理

【实验内容】

- 银行对账
- 自动转账
- 对账
- 结账

【实验准备】

- 将系统日期修改为“2013年1月1日”。
- 引入“实验四”账套数据。

【实验要求】

- 以“刘丽丽”的身份进行银行对账操作。
- 以“王静”的身份进行自动转账操作。
- 以“刘倩”的身份进行审核、记账、对账、结账操作。

【实验资料】

1. 银行对账

(1) 银行对账期初数据

海达公司银行账的启用日期为2013年1月1日，建行—人民币户企业日记账调整前余额为229,785.37元，银行对账单调整前余额为234,785.37元，未达账项1笔，系银行已收企业未收款5,000.00元。

【实验指导】

① 以“刘丽丽”的身份登录进入用友T3主界面。

② 执行“现金”|“设置”|“银行期初录入”命令，打开“银行科目选择”对话框。

③ 选择科目“100201人民币户”，单击“确定”按钮，进入“银行对账期初”窗口。确定启用日期“2013.01.01”。

输入单位日记账的调整前余额“银行对账单调整前余额为234,785.37元”，未达账项1笔，系银行已收企业未收款5,000.00元。

【实验指导】

① 以“刘丽丽”的身份登录进入用友T3主界面。

② 执行“现金”|“设置”|“银行期初录入”命令，打开“银行科目选择”对话框。

③ 输入银行对账单的调整前余额“234,785.37”。

④ 单击“对账单期初未达项”按钮，进入“银行对账期初”窗口。

⑤ 单击“增加”按钮，输入日期“2012.12.31”，结算方式“202”，借方金额“5,000.00”。

⑥ 单击“保存”按钮，如图4-36所示，单击“退出”按钮。

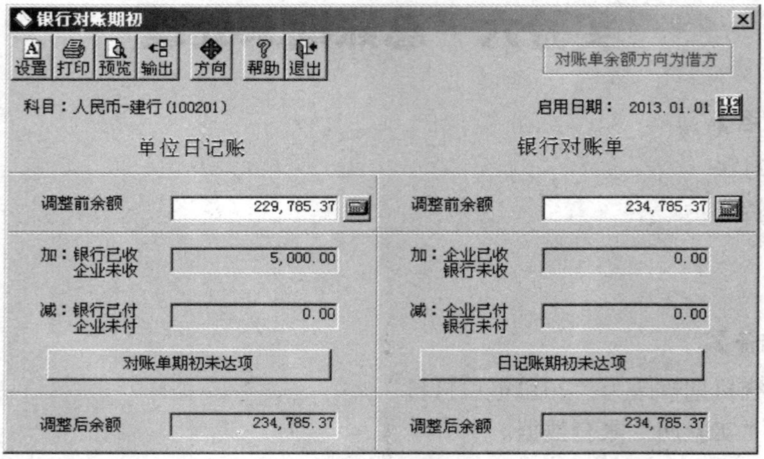

图 4-36　银行对账期初

提示：

- 银行期初录入功能用于第一次使用银行对账功能前，录入日记账及对账单未达账项，在开始使用银行对账之后一般不再使用。
- 在录入完单位日记账、银行对账单期初未达账项后，不要随意调整启用日期，尤其是向前调，这样可能会造成启用日期后的期初数不能再参与对账。

(2) 银行对账单(表4-7)

表4-7　1月份银行对账单

日　　期	结 算 方 式	票　　号	借 方 金 额	贷 方 金 额
2013.01.03	201	XJ001		10,000.00
2013.01.08	202	ZZ001		70,200.00
2013.01.11	202	ZZR62		11,700.00
2013.01.16	202	ZZW003	62,000.00	

【实验指导】

(1) 录入银行对账单

① 执行“现金”|“现金管理”|“银行账”|“银行对账单”命令，打开“银行科目选择”对话框。

② 选择科目“100201人民币户”，月份“2013.01-2013.01”，单击“确定”按钮，进入“银行对账单”窗口。

③ 单击“增加”按钮，输入银行对账单数据，单击“保存”按钮。

(2) 自动对账

① 执行“现金”|“现金管理”|“银行账”|“银行对账”命令，打开“银行科目选择”对话框。

② 选择科目“100201人民币户”，月份截至“2013.01”，单击“确定”按钮，进入“银行对账”窗口。

③ 单击“对账”按钮，打开“自动对账”条件对话框。

④ 输入截止日期“2013.01.31”，默认系统提供的其他对账条件。

⑤ 单击“确定”按钮，显示自动对账结果，如图4-37所示。

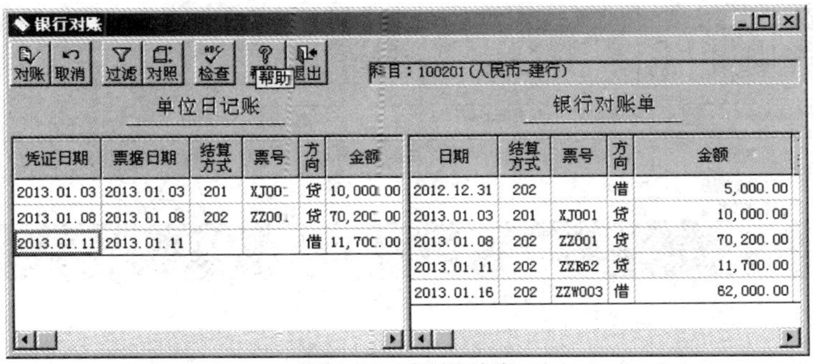

图 4-37　银行对账

(3) 手工对账

① 在银行对账窗口，对于一些应勾对而未勾对上的账项，可分别双击“两清”栏，直接进行手工调整。手工对账的标记为“Y”，以区别于自动对账标记。

② 对账完毕，单击“检查”按钮，检查结果是否平衡，单击“确认”按钮。

(4) 输出余额调节表

① 执行“现金”|“现金管理”|“银行账”|“余额调节表查询”命令，进入“银行存款余额调节表”窗口。选中科目“100201人民币户”。

② 单击“查看”按钮或双击该行，即显示该账户的银行存款余额调节表。

2. 自动转账定义

(1) 自定义结转

计提短期借款利息(年利率6%)

借：财务费用/利息支出(560301)　　　　取对方科目计算结果

　　贷：预提费用/借款利息(2231)　　　　短期借款科目的贷方期末余额×6%/12

【实验指导】

① 以“王静”的身份重新登录总账系统。

② 执行“总账”|“期末”|“转账定义”|“自定义转账”命令，进入“自动转账设置”窗口。

③ 单击“增加”按钮，打开“转账目录”设置对话框。

④ 输入转账序号“0001”，转账说明“计提短期借款利息”，选择凭证类别“记账凭证”。

⑤ 单击“确定”按钮，继续定义转账凭证分录信息。

⑥ 确定分录的借方信息。选择科目编码“560301”，方向“借”，输入金额公式“JG()”。单击“增行”按钮。

⑦ 确定分录的贷方信息。选择科目编码“2231”，方向“贷”，在金额公式栏单击“参照”按钮，打开“公式向导”对话框，选择“期末余额QM()”，单击“下一步”按钮。

⑧ 选择科目“2001”，单击“完成”按钮，返回金额公式栏。

⑨ 继续输入“*0.06/12”，如图4-38所示，单击“保存”按钮。

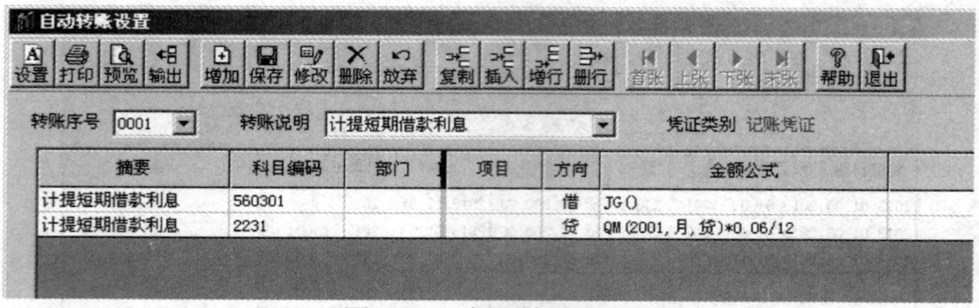

图 4-38　自动转账设置

提示：

- 转账科目可以为非末级科目；部门可为空，表示所有部门。
- 输入转账计算公式有两种方法：一是直接输入计算公式，二是引导方式录入公式。

(2) 期间损益结转

【实验指导】

① 执行“总账”|“期末”|“转账定义”|“期间损益”命令，进入“期间损益结转设置”窗口。

② 选择凭证类别“转账凭证”，选择本年利润科目“4103”，单击“确定”按钮。

3. 自动转账生成

(1) 生成上述定义的自定义凭证审核、记账。

(2) 生成期间损益结转凭证并审核、记账。

【实验指导】

(1) 自定义转账生成

① 执行“总账”|“期末”|“转账生成”命令，进入“转账生成”窗口。

② 选择“自定义转账”单选按钮，单击“全选”按钮。

③ 单击“确定”按钮，系统生成转账凭证。

④ 单击“保存”按钮，系统自动将当前凭证追加到未记账凭证中，凭证左上角出现“已生成”标志，如图4-39所示，由“刘倩”对该凭证进行审核、记账。

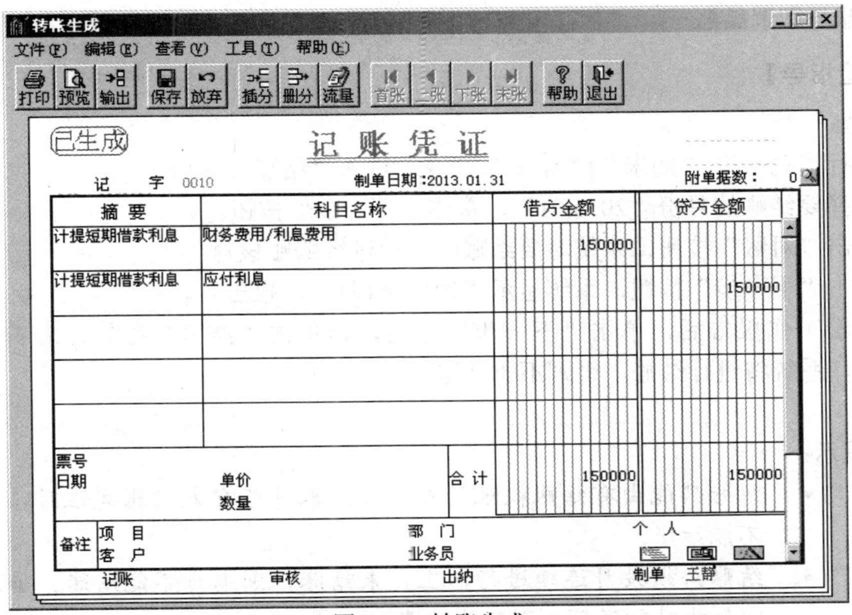

图 4-39　转账生成

提示：

- 转账生成之前，注意转账月份为当前会计月份。
- 进行转账生成之前，先将相关经济业务的记账凭证登记入账。
- 转账凭证每月只生成一次。
- 生成的转账凭证仍需审核才能记账。

(2) 期间损益结转生成

① 以“王静”身份生成期间损益结转凭证。

② 执行“总账”|“期末”|“转账生成”命令，进入“转账生成”窗口。

③ 选中“期间损益结转”单选按钮。

④ 单击“全选”按钮，再单击“确定”按钮，生成转账凭证。

⑤ 单击“保存”按钮，系统自动将当前凭证追加到未记账凭证中。

⑥ 以“刘倩”身份将生成的自动转账凭证审核、记账。

4. 对账

【实验指导】

① 以“刘倩”的身份进行对账、结账。

② 执行“总账”|“期末”|“对账”命令，进入“对账”窗口。

③ 将光标定位在要进行对账的月份“2013.01”，单击“选择”按钮。

④ 单击“对账”按钮，开始自动对账，并显示对账结果。

⑤ 单击“试算”按钮，可以对各科目类别余额进行试算平衡。

5. 结账与取消结账

【实验指导】

(1) 结账

① 执行“总账”|“期末”|“结账”命令，进入“结账”窗口。

② 选择要结账的月份“2013.01”，单击“下一步”按钮。

③ 单击“对账”按钮，系统对要结账的月份进行账账核对。

④ 单击“下一步”按钮，系统显示“2013年1月工作报告”。

⑤ 查看工作报告后，单击“下一步”按钮，再单击“结账”按钮，若符合结账要求，系统将进行结账，否则不予结账。

提示：

- 结账只能由有结账权限的人进行。本月还有未记账凭证时，则本月不能结账。
- 结账必须按月连续进行，上月未结账，则本月不能结账。若总账与明细账对账不符，则不能结账。
- 如果与其他系统联合使用，其他系统未全部结账，则本月不能结账。
- 结账前，要进行数据备份。

(2) 取消结账

① 执行“总账”|“期末”|“结账”命令，进入“结账”窗口。

② 选择要取消结账的月份“2013.01”。

③ 按Ctrl+Shift+F6组合键激活“取消结账”功能。

④ 输入主管口令，单击“确认”按钮，取消结账标记。

提示：

在结账完成后，由于非法操作、计算机病毒或其他原因可能会造成数据被破坏，这时可以使用“取消结账”功能。

全部实验完成后，备份账套数据。

第5章 报表管理

本章学习目标

1. 了解报表管理系统的基本功能
2. 熟悉报表编制的基本流程
3. 理解报表模板的作用，掌握利用报表模板生成报表的方法
4. 识别常用报表公式的含义及定义方式
5. 理解现金流量表的编制思路

主要内容

1. 设计报表格式
2. 编制输出报表
3. 报表审核汇总
4. 生成分析图表

5.1 报表管理系统概述

会计信息系统的目标之一，是向企业内外的信息使用者提供相关会计信息，即财务报告及各类管理报表。

5.1.1 报表的分类

对外报表：三大基本财务报表

- 资产负债表
- 利润表
- 现金流量表

对内报表：各种管理分析表

- 利润对比表
- 费用对比表
- 成本对比表
- ……

5.1.2 报表管理系统的基本功能

报表管理系统的基本功能就是按需求设计报表的格式、编制并输出报表，并对报表进行审核、汇总，挖掘数据的价值，生成各种分析图表。与通用的Excel软件非常相像，具体分为以下几项：

1. 文件管理功能

财务报表系统中提供了各类文件的管理功能，例如新建、复制、导入、导出、格式转换等。

2. 格式设计功能

设置报表尺寸、组合单元、画表格线、调整行高列宽、设置字体和颜色、设置显示比例等。系统内置了11种套用格式和19个行业的标准财务报表模板。

3. 公式设计功能

定义计算公式、审核公式、舍位平衡公式。

4. 数据处理功能

以固定的格式管理不同的表页，包括排序、查询、审核、舍位平衡、汇总等。

5. 图表功能

对数据进行图形组织和分析，制作包括直方图、圆饼图、折线图等多种分析图表。

5.1.3 报表编制的基本概念及基本原理

在编制财务报表之前，先了解一下财务报表系统的相关概念。

1. 报表结构

一般的，报表由4个基本要素组成：标题、表头、表体和表尾。

2. 格式状态和数据状态

编制报表的工作分为两大部分：格式设计和数据处理。

格式状态：完成报表表样的设计。例如，设定表尺寸、行高列宽、画表格线，设置单元属性和单元风格，设置报表关键字及定义组合单元，定义报表的计算公式、审核公式及舍位平衡公式。

数据状态：可以管理报表的数据，如录入关键字、输入数据、自动计算、对表页进行管理、审核、舍位平衡、制作图形、汇总报表等。在数据状态下不能修改报表的格式，看到的是当前报表包括格式和数据的全部内容。

报表工作区的左下角有一个“格式/数据”按钮，单击这个按钮可以在格式状态和数据状态之间切换。

3. 二维表和三维表

将多个相同的二维表叠在一起，找到某一个数据的要素需增加一个，即表页号(z轴)。这一叠表称为一个三维表。

如果将多个不同的三维表放在一起，要从这多个三维表中找到一个数据，又需增加一个要素，即表名。三维表的表间操作即为“四维运算”。因此，在UFO中要确定一个数据的所有要素为表名、列、行、表页。

4. 报表文件和表页

报表在计算机中以文件的形式保存并存放，每个文件都有一个唯一的文件名，例如“利润表.rep”中“rep”就是财务报表管理系统的文件标志。

5. 关键字

关键字是一种特殊的数据单元，可以唯一标识一个表页，用于在大量表页中快速选择表页。报表系统中共提供了以下6种关键字：单位名称、单位编号、年、季、月、日。

关键字的显示位置在格式状态下设置，关键字的值则在数据状态下录入，每张报表都可以定义多个关键字。

5.1.4 报表编制的基本操作流程

报表编制的基本操作流程如图5-1所示。

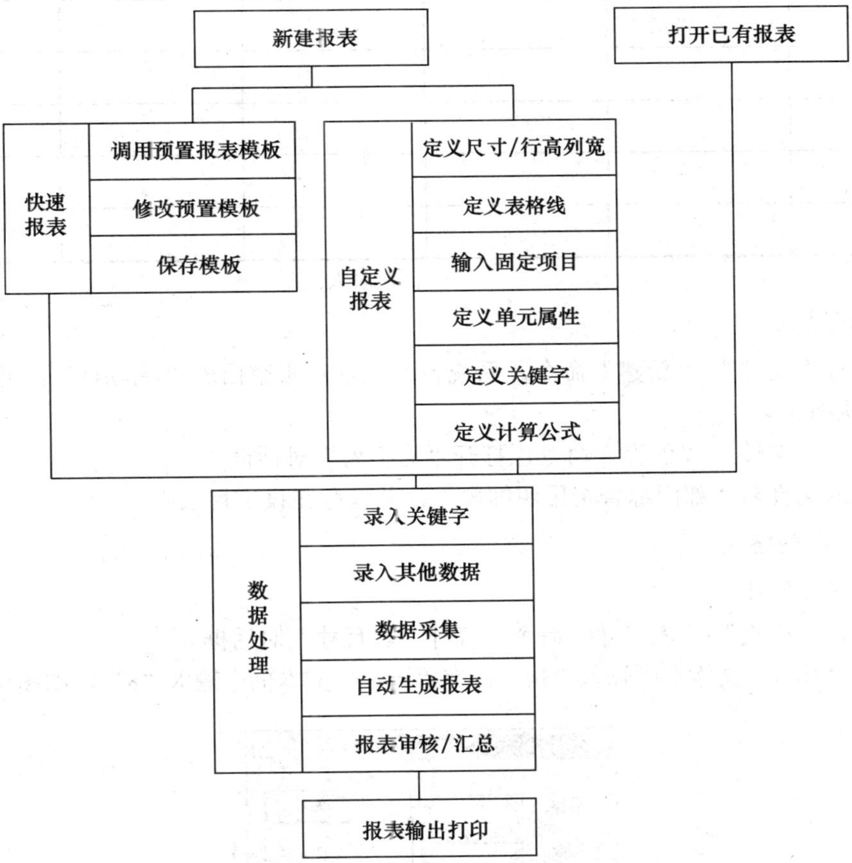

图 5-1　报表编制的基本操作流程

5.2 财务报表编制

从图5-1中可以看出，编制报表时分为两种情况：如果报表此前已定义，则直接打开报表文件进入数据处理状态生成报表即可；如果是第一次利用报表管理系统编制报表，就需要从格式设计开始。根据报表是对外财务报表还是内部管理报表，又分为两种处理方式：自定义会计报表和利用报表模板编制报表，下面将分别进行说明。

5.2.1 自定义会计报表

由于各企业所属行业不同，管理需求不同，内部管理报表差异性很大，这就需要利用报表管理软件自定义会计报表。

以“部门费用明细表”为例来说明自定义会计报表的流程，如表5-1所示。

表5-1 部门费用明细表

编制单位：　　　　　年　月　日　　　　　　　　　　　　　　　　　　　　单位：元

部　　门	办 公 费	差 旅 费	招 待 费	……	合　　计
行政部					
财务部					
销售部					
……					
合计					

会计主管：　　　　　　　　　　　　　　　　　制表人：

1. 创建新表

(1) 执行“文件”|“新建”命令，系统自动显示一张空白表“report1”，并自动进入“格式”状态。

(2) 执行“文件”|“保存”命令，打开“另存为”对话框。

(3) 输入文件名“部门综合费用明细表”，并保存在设定目录中。

2. 设计报表格式

(1) 定义表尺寸

① 执行“格式”|“表尺寸”命令，打开“表尺寸”对话框。

② 在“行数”文本框中输入“14”；在“列数”文本框中输入“8”，如图5-2所示。

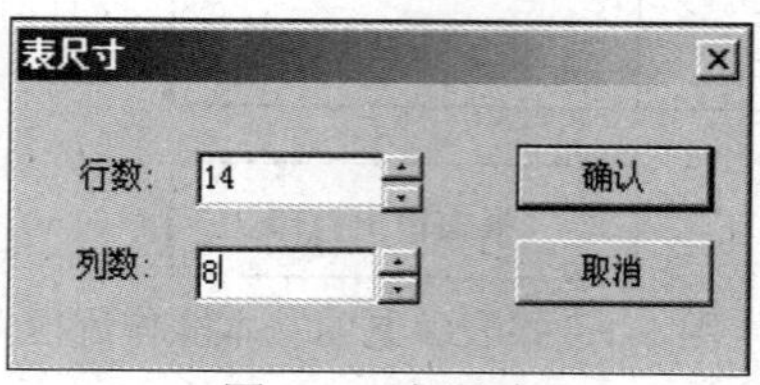

图 5-2　表尺寸

③ 单击“确认”按钮，屏幕上只保留14行8列，其余部分为灰色。

提示：

如果在设计过程中发现表尺寸有误，可以通过“编辑”菜单下的“插入”和“删除”命令增减行列数。

(2) 设置组合单元和报表标题

① 在A1单元输入报表标题“部门综合费用明细表”。

② 单击行号“1”或选择“A1:H1”区域，执行“格式”|“组合单元”命令，系统弹出信息提示框，选择“整体组合”或“按行组合”，将“A1:H1”组合为一个单元。

③ 单击工具栏中的“居中”按钮，将报表标题居中放置。

④ 再执行“格式”|“单元风格”命令，设置表头字体为黑体，16号字，确认后保存。

(3) 设置表头定义关键字

① 组合A2和B2单元，输入“编报单位：嘉乐公司”，单击工具栏中的“左对齐”按钮。

② 在H2单元中，输入“单位：元”，单击工具栏中的“右对齐”按钮。

③ 单击D2单元，执行“数据”|“关键字”|“设置”命令，打开“设置关键字”对话框。选择“年”单选按钮，如图5-3所示，单击“确定”按钮退出，D2单元显示红色字体“年”，其中的××××标注了日期的位置。

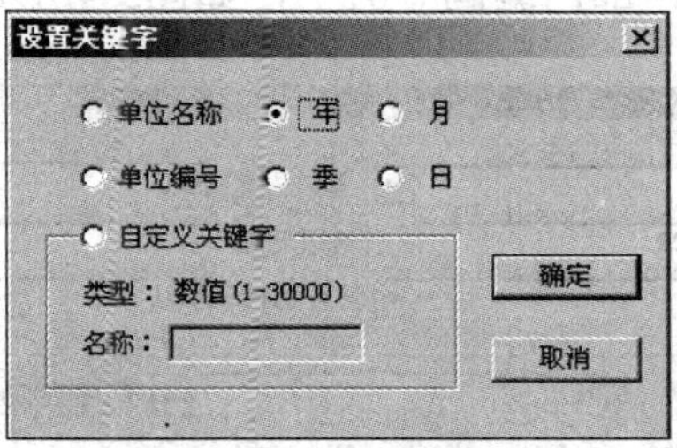

图 5-3　设置关键字

④ 单击E4单元，设置关键字“月”。

提示：

- 如果编报单位和金额单位每月都是固定的，可以直接输入，作为表样型数据固定下来。编报日期是系统从数据库中不同数据表取数的依据，需要作为关键字处理。
- 如果在同一个单元或组合单元中设置了两个关键字，两个关键字会重叠在一起，这时需要对关键字的位置进行调整。执行“数据”|“关键字”|“偏移”命令，打开“定义关键字偏移”对话框，在需要调整位置的关键字后面输入偏移量，输入负数值表示向左偏移，输入正数值表示向右偏移。

(4) 设计表栏，定义行高列宽

① 选中第1行，执行“格式”|“行高”命令，打开“行高”对话框。

② 在“行高”文本框中输入设定的行高值“8”毫米，单击“确认”按钮。

(5) 画表格线

① 选中报表中需要画线的区域，如第3行～第13行或“A3:H13”区域。

② 执行“格式”|“区域画线”命令，打开“区域画线”对话框。

③ 选择“网线”或其他类型，单击“确认”按钮，则表体部分已画上表格线。

(6) 定义单元属性

① 数据类型：数字型、字符型。

② 数据格式：数据的字体、字号及数据的显示样式。

(7) 输入表内其他汉字项目及表尾内容

(8) 设定报表公式

报表公式包括单元公式、审核公式和舍位平衡公式。

① 选择C4单元，单击，打开“定义公式”对话框。

② 单击“函数向导”按钮，打开“函数向导”对话框。

③ 选择左边函数分类下的“用友账务函数”，选择右边“函数名”下的“发生(FS)”，单击“下一步”按钮，进入“用友账务函数”对话框。

④ 单击“参照”按钮，打开“账务函数”对话框。

⑤ 选择科目“560202”，部门编码“01”，如图5-4所示，单击“确定”按钮返回。

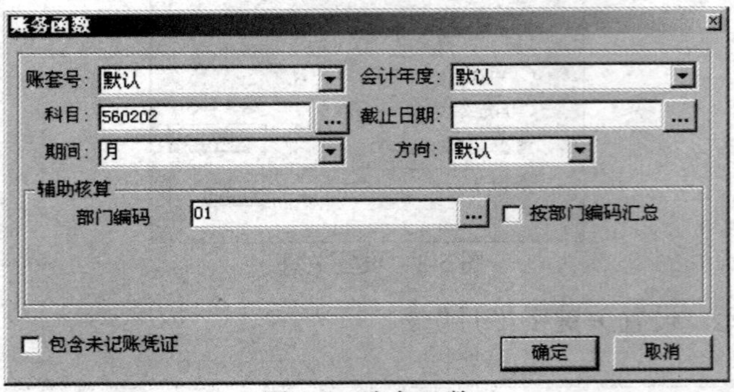

图 5-4　账务函数

⑥ 公式定义完毕返回后，C4单元中显示“单元公式”字样，公式显示在公式栏中。

3. 数据处理

数据处理在数据状态下进行，是输入数据或按照预先设定的计算公式从账簿中取数生成报表的过程。在数据处理状态下需要执行以下几项工作。

(1) 账套初始

如果系统内只有单一账套，无需做账套初始工作；如果存在多个企业账套，则需要在生成报表之前选择账套。

(2) 录入关键字

在数据状态下，选择“数据”|“关键字”|“录入”命令，打开“录入关键字”对话

框，录入关键字“2013”年“1”月，单击“确认”按钮，系统弹出“是否重算第1页”信息提示框，单击“是”按钮，系统自动获得“企管办办公费”数据。

(3) 生成报表

在数值单元或字符单元中输入数据，设置了公式的单元将自动显示结果。

(4) 报表汇总

报表汇总是将具有相同结构的几张报表进行数据汇总生成汇总报表，主要用于主管单位对基层单位的上交报表进行汇总或将同一企业不同时期的报表数据进行阶段汇总。

5.2.2 利用模板快速编制财务报表

报表系统中一般都预置了分行业的常用会计报表格式，称为报表模板。

1. 套用格式

从自定义报表的过程中可以看出，格式设计占用了大量的时间。实际上，系统中提供了11种常用报表格式，如果企业制作的报表与系统内置的报表格式相近，可以选择“套用格式”以节省报表格式设计过程。

提示：

区域套用格式后，区域中原有的格式和数据将全部丢失。

2. 报表模板

报表系统提供的报表模板包含了19个行业的70多张标准财务报表(包括“现金流量表”)，还包含用户自定义模板。用户可以根据企业所在行业挑选相应的报表，套用其格式及计算公式。

提示：

当前报表套用报表模板后，原有的格式和数据将全部丢失

3. 自定义模板

用户可以根据本单位的实际需要定制内部报表模板，并可将自定义的模板加入到系统提供的模板库中，供今后生成报表使用。

5.2.3 报表公式定义

报表公式主要有计算公式、审核公式和舍位平衡公式。

1. 计算公式

计算公式可以直接定义在报表单元中，这样的公式称为“单元公式”。单元公式定义在报表中的数值型或字符型单元内，用来建立表内各单元之间、报表与报表之间或报表系统与其他系统之间的运算关系。

财务报表中的很多数据都来自于账簿，从账簿中获取数据是通过函数实现的。函数可分为账务函数、其他业务系统取数函数、统计函数、数学函数、日期时间函数、本表他页取数函数等。

(1) 账务函数

账务函数通常用来采集总账中的数据，因此使用得较为频繁。常用账务取数函数如表5-2所示。

表5-2 常用账务取数函数

函数意义	中文函数名	函数名
取对方科目发生数	对方科目发生	DFS( )
取某科目本期发生数	发生	FS( )
取汇率	汇率	HL( )
取某科目借、贷方发生净额	净额	JE( )
取某科目累计发生额	累计发生	LFS( )
取某科目期初数	期初	QC( )
取某科目期末数	期末	QM( )
取对方科目数量发生数	数量对方科目发生	SDFS( )
取某科目本期数量发生数	数量发生	SFS( )
取某科目借、贷方数量发生净额	数量净额	SJE( )
取某科目数量累计发生额	数量累计发生	SLFS( )
取某科目数量期初数	数量期初	SQC( )
取某科目数量期末数	数量期末	SQM( )
取符合指定条件的数量发生数	数量条件发生	STFS( )
取符合指定条件的发生数	条件发生	TFS( )
取对方科目外币发生数	外币对方科目发生	WDFS( )
取某科目本期外币发生数	外币发生	WFS( )
取某科目借、贷方外币发生净额	外币净额	WJE( )
取某科目外币累计发生额	外币累计发生	WLFS( )
取某科目外币期初数	外币期初	WQC( )
取某科目外币期末数	外币期末	WQM( )
取符合指定条件的外币发生数	外币条件发生	QTFS( )

(2) 统计函数

统计函数一般用来完成报表数据的统计工作，如报表中的“合计”项。常用统计函数如表5-3所示。

表5-3　常用统计函数

函　　数	固　定　区	可　变　区	立 体 方 向
合计函数	PTOTAL	GTOTAL	TOTAL
平均值函数	PAVG	GAVG	AVG
计数函数	PCOUNT	GCOUNT	COUNT
最小值函数	PMIN	GMIN	MIN
最大值函数	PMAX	GMAX	MAX

(3) 本表他页取数函数

① 取确定页号表页的数据:<目标区域> = <数据源区域> @ <页号>

② 按一定关键字取数:SELECT( )

(4) 从其他报表取数计算

① 取他表确定页号表页的数据:<目标区域> = “<他表表名>” -> <数据源区域>[@ <页号>]

② 用关联条件从他表取数:RELATION <单元 | 关键字 | 变量 | 常量> WITH “<他表表名>” -> <单元 | 关键字 | 变量 | 常量>

2. 审核公式

将报表数据之间的勾稽关系用公式表示出来，称为审核公式。

<表达式><逻辑运算符><表达式>[MESS “说明信息”]

3. 舍位平衡公式

数据按现有金额单位衡量过大的情况下，需要将报表的数据单位进行转换。例如，将“元”转化为“千元”或“万元”，称为舍位操作。舍位之后，报表中原有的平衡关系可能会因为小数位的四舍五入而被破坏，因此需要对数据重新进行调整。

定义舍位平衡公式时，需要指明要“舍位表名”、“舍位范围”、“舍位位数”和“平衡公式”几项，如图5-5所示。

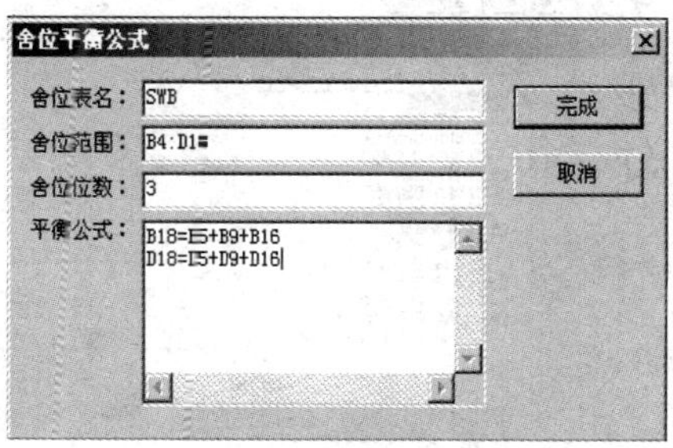

图 5-5　定义舍位平衡公式

提示：

等号左边只能为一个单元，且该单元不带页号和表名。舍位公式中只能使用“+”、“-”符号，不能使用其他运算符及函数。

5.2.4 编制现金流量表

现金流量表的编制与资产负债表和利润表不同。资产负债表和利润表的数据直接来自总账科目，或是余额，或是发生额，而现金流量表上的数据与账簿上的科目没有直接对应关系。

1. 初始设置

(1) 设置现金流量科目

首先，在建立会计科目时需要指定现金流量科目。在会计科目界面选择“编辑”|“指定科目”命令，打开“指定科目”对话框，指定“1001现金”、“1002银行存款”、“1009其他货币资金”为现金流量科目，如图5-6所示。

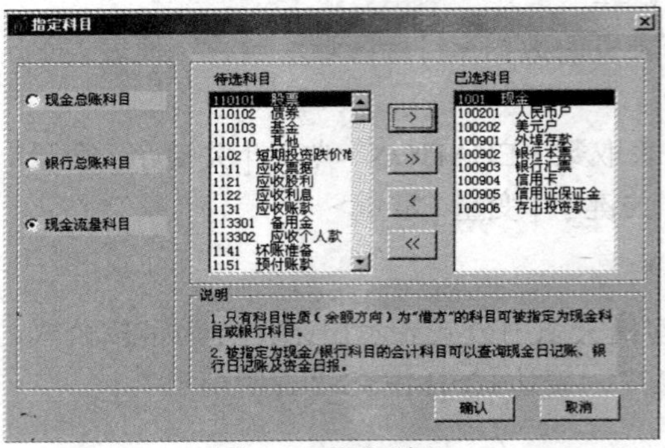

图 5-6 指定科目

(2) 设置现金流量辅助核算

在项目目录定义时，增加“现金流量”项目大类，项目属性为“现金流量项目”，系统自动设定项目分类及项目目录，如图5-7和图5-8所示。

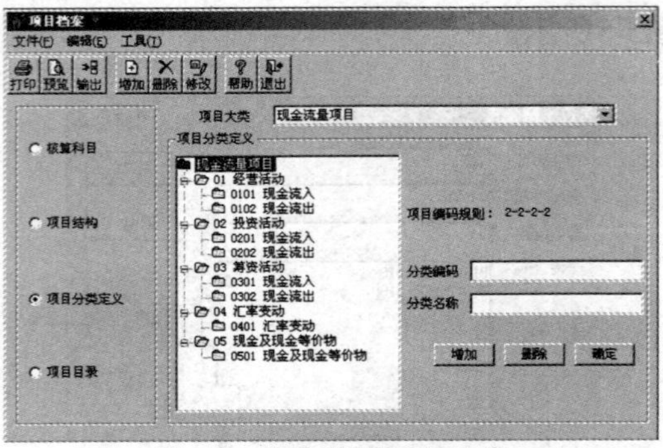

图 5-7 现金流量项目分类

图 5-8 现金流量项目目录

2. 日常业务处理

日常业务的发生是通过填制凭证在系统中记录的。如果制单科目涉及现金科目，系统要求将该现金流量指定到具体的项目上，如图5-9所示。这样就把每一笔现金收支准确地记录到现金流量对应项目上。

图 5-9 指定现金流量项目

3. 编制现金流量表

编制现金流量表时，在格式状态下调用现金流量表模板，利用公式向导引导输入公式。选择函数中的“现金流量项目金额(XJLL)”函数，接下来选择对应的现金流量项目。定义完成后，保存报表，在数据状态下生成。

5.3 报表输出

5.3.1 报表查询

报表查询是最常用的数据输出形式。利用计算机系统存储容量大、检索快速等优势，可以方便地实现对计算机内报表数据的查询。

1. 查找表页

利用“编辑”|“查找”命令，指定查找条件，即可快速定位到要查找的表页；也可以利用财务报表提供的表页排序功能，首先按照表页关键字的值或者按照报表中的任何一个单元的值重新排列表页，再进行查找。

2. 账证联查

在财务报表系统中，可以实现从报表数据追溯到明细账，进而追溯到凭证的功能，实现“账证表”联查。

提示：

- 必须在数据处理状态才能使用联查明细账的功能。
- 必须在设置了单元公式的单元中才能使用联查功能。

5.3.2 图表分析

图表是财务报表系统提供的一种对报表数据的直观展示方式，方便用户对报表数据进行深入分析。图表是根据报表文件中的数据生成的，不能脱离报表数据独立存在。报表数据发生变化时，图表也随之动态地变化。财务报表系统提供了直方图、圆饼图、折线图、面积图4类图表格式。

实验七 财务报表管理

【实验内容】

- 自定义一张报表
- 利用报表模板生成报表

【实验准备】

- 将系统日期修改为“2013年1月1日”。
- 引入“实验五”账套数据。

【实验要求】

以账套主管的身份进行报表管理操作。

【实验资料】

1. 自定义报表——简易资产负债表

(1) 格式设计

简易资产负债表如表5-4所示。

表5-4　简易资产负债表

编制单位：　　　　　　　　　　　　年　月　日　　　　　　　　　　　　单位：元

资　　产	期　末　数	负债和所有者权益	期　末　数
货币资金			
应收账款			
…			
合　　计			

会计主管：　　　　　　　　　　　　制表人：

要求报表标题居中；报表各列等宽，宽度为40毫米；D8单元设置为字符型。

(2) 生成2013年1月简易资产负债表

增加两张表页，生成报表并进行报表审核。

(3) 定义审核公式

检查资产合计是否等于负债和所有者权益合计，如果不等，系统将提示“报表不平”提示信息。

【实验指导】

① 以账套主管“刘倩”的身份登录财务报表系统。

② 执行“文件”|“新建”命令，建立一张空白报表，报表名默认为“report1”。

报表格式定义：

单击空白报表底部左下角的“格式/数据”按钮，使当前状态为“格式”状态。

设置报表尺寸：

① 执行“格式”|“表尺寸”命令，打开“表尺寸”对话框。

② 输入行数“8”，列数“4”，单击“确认”按钮。

定义组合单元：

① 选择需合并的区域“A1:D1”。

② 执行“格式”|“组合单元”命令，打开“组合单元”对话框。

③ 选择组合方式“整体组合”或“按行组合”，即合并成一个组合单元。

画表格线：

① 选中报表需要画线的区域“A3:D7”。

② 执行“格式”|“区域画线”命令，打开“区域画线”对话框。

③ 选择“网线”，单击“确认”按钮，将所选区域画上表格线。

输入报表项目：

① 选中需要输入内容的单元或组合单元。

② 在该单元或组合单元中输入相关文字内容。例如，在A1组合单元输入“简易资产负债表”，居中。

定义报表列宽：

① 选中需要调整的A～D列。

② 执行“格式”|“列宽”命令，打开“列宽”对话框。

③ 输入列宽“40”，单击“确定”按钮。

定义单元属性：

① 选定单元“D8”。

② 执行“格式”|“单元属性”命令，打开“单元属性”对话框。

③ 选择“单元类型”选项卡，选中“字符”选项，单击“确定”按钮。

设置关键字：

① 选中需要输入关键字的单元“B2”。

② 执行“数据”|“关键字”|“设置”命令，打开“设置关键字”对话框。

③ 选择“年”单选按钮，单击“确定”按钮。

④ 同理，在C2中分别设置“月”和“日”关键字，并设置“月”向左偏移“-30”。

(4) 报表公式定义

定义单元公式——账务取数函数定义：

① 选定需要定义公式的单元“B4”，即“货币资金”的期末数。

② 单击，或执行“数据”|“编辑公式”|“单元公式”命令，打开“定义公式”对话框。

③ 按文中所述步骤，首先设置取现金科目的期末数，返回“定义公式”对话框后，由于货币资金的期末值由现金、银行存款、其他货币资金三个科目的期末数组成，因此需要输入“+”号。然后继续设置取银行存款科目的期末数和货币资金科目的期末数。设置完成后，“定义公式”对话框中的内容为：

QM("1001",月,,,,,,,,,)+QM("1002",月,,,,,,,,,)+QM("1012",月,,,,,,,,,)

④ 同样，定义应收账款科目的期末数公式。

定义单元公式——统计函数：

① 选定被定义单元“B7”，即“合计”期末数。

② 单击，打开“定义公式”对话框。

③ 单击“函数向导”按钮，打开“函数向导”对话框。

④ 在函数分类列表框中选择“统计函数”，在右边的函数名列表中选中“PTOTAL”，单击“下一步”按钮，打开“固定区统计函数”对话框。

⑤ 输入固定区区域“B4:B6”，单击“确认”按钮。

定义审核公式：

① 执行“数据”|“编辑公式”|“审核公式”命令，打开“审核公式”对话框。

② 输入审核公式，如图5-10所示。

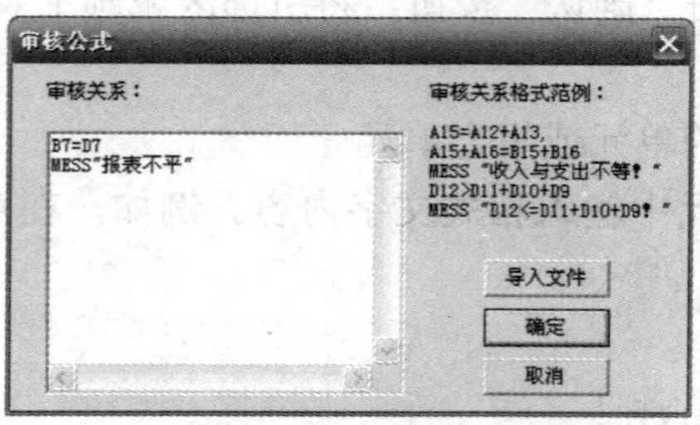

图 5-10　审核公式

保存报表格式：

① 执行“文件”|“保存”命令。如果是第一次保存，则打开“另存为”对话框。

② 选择保存文件夹，输入报表文件名“简易资产负债表”。选择保存类型“*.rep”，单击“保存”按钮。

③ 格式定义完成后，如图5-11所示。

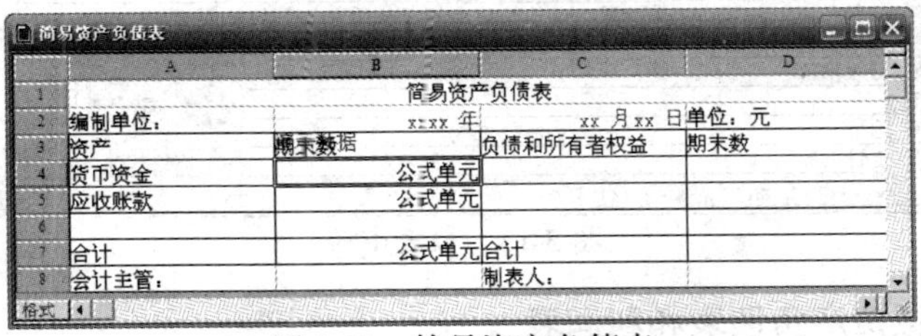

图 5-11　简易资产负债表

(5) 报表数据处理

打开报表：

① 启动财务报表系统，执行“文件”|“打开”命令。

② 选择文件夹，选中报表文件“简易资产负债表.rep”，单击“打开”按钮。

③ 单击空白报表底部左下角的“格式/数据”按钮，使当前状态为“数据”状态。

④ 执行“数据”|“账套初始[Y]”命令，弹出“账套及时间初始”对话框，选择“002”账套，“2013”年，如图5-12所示，单击“确认”按钮。

图 5-12　账套及时间初始

增加表页：

① 执行“编辑”|“追加”|“表页”命令，打开“追加表页”对话框。

② 输入需要增加的表页数“2”，单击“确认”按钮。

输入关键字值

① 执行“数据”|“关键字”|“录入”命令，打开“录入关键字”对话框。

② 输入年“2013”，月“1”，日“31”。

③ 单击“确认”按钮，弹出“是否重算第1页？”提示框。

④ 单击“是”按钮，系统会自动根据单元公式计算1月份数据；单击“否”按钮，系统不计算1月份数据，以后可利用“表页重算”功能生成1月数据。

生成报表：

① 执行“数据”|“表页重算”命令，弹出“是否重算第1页？”提示框。

② 单击“是”按钮，系统会自动在初始的账套和会计年度范围内根据单元公式计算生成数据。

报表审核：

① 执行“数据”|“审核”命令。

② 系统会自动根据前面定义的审核公式进行审核，如图5-13所示。

图 5-13　报表审核

2. 调用报表模板资产负债表和利润表

利用报表模板生成资产负债表、利润表。

【实验指导】

(1) 调用资产负债表模板

① 在格式状态下，执行“格式”|“报表模板”命令，打开“报表模板”对话框。

② 选择您所在的行业“小企业会计准则(2013)”，财务报表“资产负债表”。

③ 单击“确认”按钮，弹出“模板格式将覆盖本表格式！是否继续？”提示框。

④ 单击“确定”按钮，即可打开“资产负债表”模板。

(2) 调整报表模板

① 在格式状态下，根据本单位的实际情况调整报表格式，修改报表公式。

② 保存调整后的报表模板。

(3) 生成资产负债表数据

① 在数据状态下，执行“数据”|“关键字”|“录入”命令，打开“录入关键字”对话框。

② 输入关键字，年“2013”，月“1”，日“31”。

③ 单击“确认”按钮，弹出“是否重算第1页？”提示框。

④ 单击“是”按钮，系统会自动根据单元公式生成1月份资产负债表。

⑤ 单击工具栏中的“保存”按钮，将生成的报表数据保存，如图5-14所示。

图 5-14　资产负债表

第6章　工资管理

本章学习目标

1. 掌握工资管理系统的主要功能
2. 掌握工资管理系统的业务流程
3. 掌握工资管理系统初始化设置的主要内容
4. 学会利用工资管理系统进行日常工资核算
5. 掌握工资计提及个人所得税计算

主要内容

1. 系统初始化
2. 工资变动
3. 个人所得税处理
4. 工资分摊
5. 银行代发
6. 系统期末处理

6.1　工资管理系统概述

6.1.1　工资管理的主要功能

工资管理系统的主要功能包括以下几个方面：

- 工资类别管理
- 人员档案管理
- 工资数据管理
- 工资报表管理

6.1.2　工资管理系统与其他系统的关系

工资管理系统将工资分摊的结果生成转账凭证，传递到总账系统、报表管理系统。

- 工资管理系统与总账系统

工资管理系统将工资计提、分摊结果自动生成转账凭证，传递到总账系统，如图6-1所示。

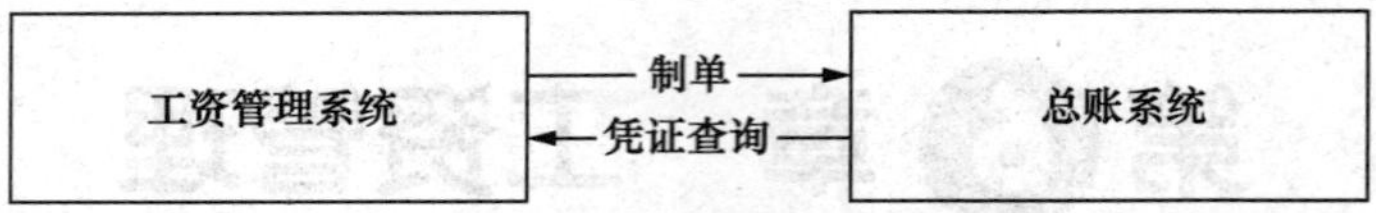

图 6-1　工资管理与总账系统的关系

- 工资管理系统与报表管理系统

工资管理系统向报表管理系统传递数据，如图6-2所示。

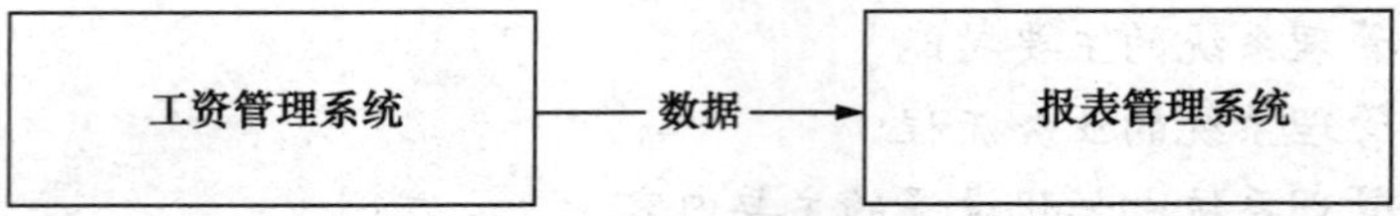

图 6-2　工资管理与报表管理系统的关系

6.1.3　工资管理系统操作流程

工资核算管理操作流程可按如下步骤。

(1) 启动工资管理系统。

(2) 设置工资账参数。

(3) 设置所涉及的部门、工资项目、人员类别等。

(4) 建立第一个工资类别，选择所管理的部门。

(5) 录入人员档案。

(6) 选择第一个工资类别所涉及的工资项目并设置工资计算公式。

(7) 录入工资数据。

(8) 建立第二个工资类别，选择所管理的部门。

(9) 后续操作同第一个工资类别

(10) 工资类别汇总。

(11) 月末处理。

提示：

- 支持企业按周或一月多次发放工资，或者有多种不同类别的人员，工资发放项目可以不同。
- 离职、退休人员，建议单独作为一个部门来处理。

6.2　工资管理初始化

使用计算机处理工资业务之前，必须对通用工资系统进行必要的基础设置，如对部门、人员类别、工资项目、计算公式等进行定义。工资管理系统初始化包括建立工资账套和基础信息设置两部分。

6.2.1　建立工资账套

工资账套与系统管理中的账套是不同的概念。系统管理中的账套针对整个核算系统，而工资账套只针对工资子系统。要建立工资账套，首先要在系统管理中建立本单位的核算账套。建立工资账套时可以根据建账向导分以下4步进行。

- 参数设置
- 扣税设置
- 扣零设置
- 人员编码

6.2.2　基础信息设置

建立工资账套以后，要对整个系统运行所需的一些基础信息进行设置。账套基础信息的设置应该在关闭工资类别的情况下进行。

- 部门设置
- 人员类别设置
- 人员附加信息设置
- 工资项目设置
- 银行名称设置

6.2.3　工资类别管理

工资系统是按照工资类别来进行管理的。每个工资类别下有职工档案、工资变动、工资数据、报税处理、银行代发等。

1. 人员档案

- 增加/修改/删除人员档案
- 人员调离与停发处理
- 查找人员

2. 设置工资项目和计算公式

- 建立本工资类别的工资项目
- 设置计算公式

提示：

- 定义公式时要注意先后顺序，先得到的数据应先设置公式。
- 应发合计、扣款合计、实发合计，应是公式定义框的最后三个公式。
- 固定的项目，如“应发合计”、“扣款合计”、“实发合计”等的计算公式，系统根据工资项目设置的“增减项”自动给出。

6.2.4 录入期初工资数据

第一次使用工资系统前必须将所有人员的基本工资数据录入计算机，作为工资计算的基础数据。

6.3 工资管理日常业务处理

工资管理系统的日常业务主要包括对职工档案的维护、职工工资变动数据的录入与计算、个人所得税计算与申报和银行代发工资处理等。

6.3.1 工资变动

根据职工考勤、业绩等考核项目，每个月都要对工资数据进行调整。为了快速、准确地录入工资数据，系统提供以下功能：

- 筛选和定位
- 页编辑
- 替换
- 过滤器

6.3.2 个人所得税的计算与申报

用户只需自定义所得税的税率，系统就能自动计算个人所得税。

1. 设置个人所得税税率表

可参照国家规定的九级超额累进税率计算表进行设置计算。

2. 计算与申报个人所得税

系统默认以“实发工资”作为扣税基数，可以自行选择其他工资项目作为扣税标准。

提示：

如果修改了“税率表”或重新选择了“收入额合计”项，必须在工资变动中重新计算。

6.3.3 工资分摊

对工资费用进行工资总额的计提、分配及各种经费的计提，并编制转账会计凭证。

6.3.4 工资分钱清单

按工资发放分钱票面额清单，会计人员根据此表从银行取款并发给各部门。

6.3.5　银行代发

银行代发业务处理，是指每月末单位应向银行提供银行给定文件格式的文件。

6.3.6　工资数据查询统计

工资系统提供了主要的工资报表，报表的格式由系统提供。

1. 工资表

工资表包括以下几项：

- 工资发放签名表
- 工资发放条
- 工资卡
- 部门工资汇总表
- 人员类别工资汇总表

2. 工资分析表

工资分析表用于对职工的工资进行综合分析。

6.4　工资管理期末处理

6.4.1　月末结转

月末处理是将当月数据经过处理后结转至下月，每月的工资数据处理完毕后均可进行月末结转。

提示：

- 月末处理功能只有主管人员才能执行。
- 如果处理多个工资类别，则应按照工资类别分别进行月末结转，若本月工资数据未汇总，系统将不允许进行月末结转。
- 进行期末处理后，当月数据将不允许变动。

6.4.2　年末结转

年末结转是将工资数据经过处理后结转至下年。进行年末结转后，新的年度账将自动建立。

只有处理完所有工资类别的工资数据，对多工资类别应关闭所有工资类别，然后在系统管理中选择“年度账”菜单，才能进行上年数据结转。其他操作与月末处理类似。

实验八　工资管理

【实验内容】

- 工资管理系统初始设置
- 工资管理系统日常业务处理
- 工资分摊及月末处理
- 工资系统数据查询

【实验准备】

- 将系统日期修改为“2013年1月1日”。
- 引入“实验三”账套数据。

【实验要求】

- 以账套主管“刘倩”的身份进行工资账套建立及初始设置。
- 以工资类别主管“王静”的身份进行工资日常业务处理。

【实验资料】

1. 建立工资账套

工资类别个数设置为“多个”，核算币种设置为“人民币RMB”，要求代扣个人所得税，不进行扣零处理，人员编码长度设置为“3”位，启用日期设置为“2013年1月1日”。

【实验指导】

(1) 在系统管理中启用工资管理系统

① 执行“开始”|“程序”|“用友T3系列管理软件”|“用友T3”|“系统管理”命令，以账套主管身份注册系统管理。

② 执行“账套”|“启用”命令，打开“系统启用”对话框，选中“WA 工资管理”复选框，弹出“日历”对话框，选择工资系统启用日期为“2013年1月1日”，单击“确定”按钮，系统弹出“确实要启用当前系统吗？”信息提示框，单击“是”按钮返回。

(2) 建立工资账套

① 以账套主管身份注册进入用友T3主界面。单击“工资”菜单项，打开“建立工资套”对话框。

② 在“参数设置”中，选择本账套所需处理的工资类别个数“多个”，默认币别名称为“人民币RMB”，如图6-3所示，单击“下一步”按钮。

提示：

本例中对正式人员和临时人员分别进行核算，所以工资类别应选择“多个”。

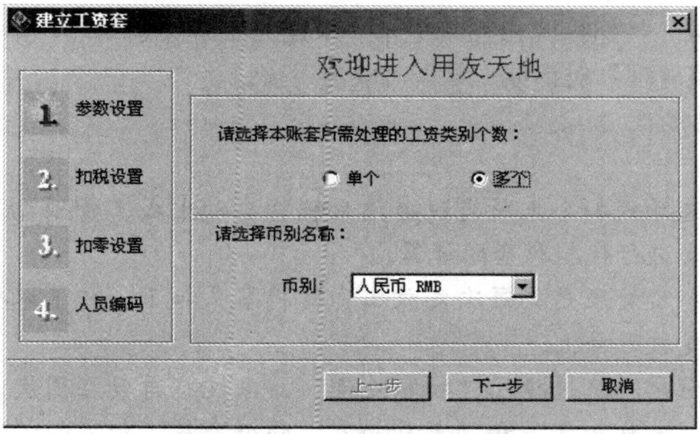

图 6-3　建立工资套—参数设置

③ 在“扣税设置”中，选中“是否从工资中代扣个人所得税”复选框，如图6-4所示，单击“下一步”按钮。

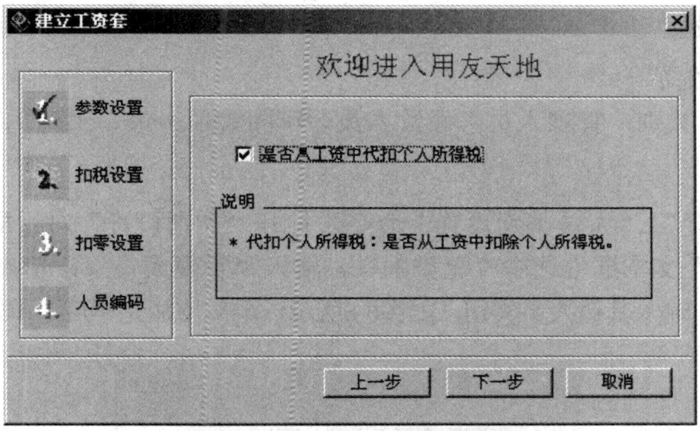

图 6-4　建立工资套—扣税设置

④ 在“扣零设置”中，不做选择，直接单击“下一步”按钮。

⑤ 在“人员编码”中，单击“人员编码长度”增减器的下箭头将人员编码长度设置为“4”，本账套的启用日期为“2013年1月1日”，如图6-5所示。

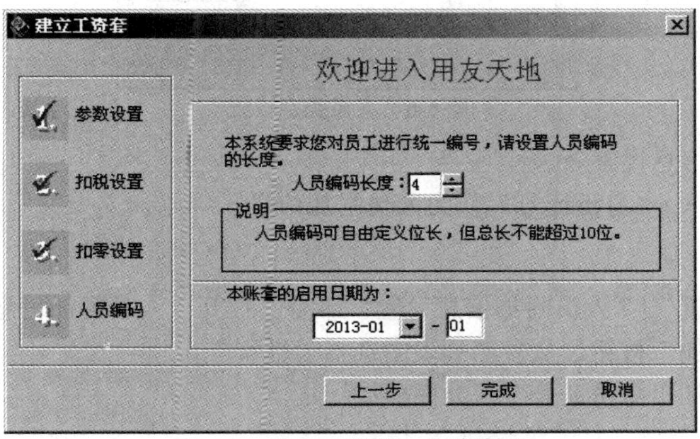

图 6-5　建立工资套—人员编码

⑥ 单击“完成”按钮，弹出系统提示“未建立工资类别！”，单击“确定”按钮，打开“工资管理”对话框，单击“取消”按钮。

提示：

- 选择代扣个人所得税后，系统将自动生成工资项目“代扣税”并自动进行代扣税金的计算。
- 扣零处理是指每次发放工资时将零头扣下，积累取整，于下次工资发放时补上。
- 用户一旦选择了“扣零处理”，系统将自动在固定工资项目中增加“本月扣零”和“上月扣零”两个项目。扣零的计算公式由系统自动定义，不需要设置。
- 建账完毕后，部分参数可以通过“设置”|“选项”命令进行修改。

2. 基础信息设置

(1) 人员类别设置

设置几个人员类别：管理人员、经营人员、车间管理人员、生产工人。

【实验指导】

① 执行“设置”|“人员类别设置”命令，打开“类别设置”对话框。

② 在“类别”文本框中选中“无类别”，输入“管理人员”，单击“增加”按钮。

③ 依此类推，输入其他人员类别，如图6-6所示，全部增加完毕后，单击“返回”按钮。

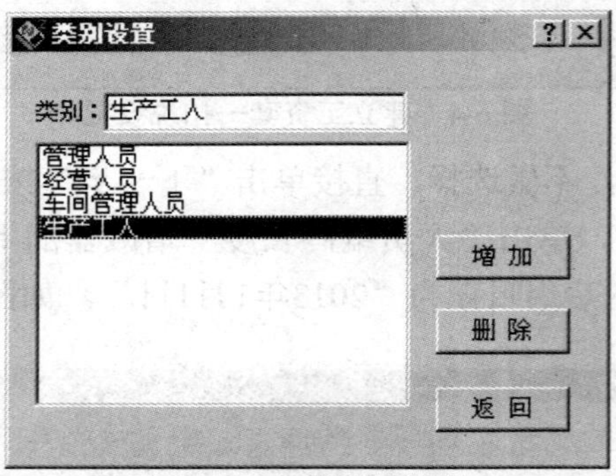

图 6-6　人员类别设置

(2) 人员附加信息设置

增加“性别”、“身份证号”作为人员附加信息。

【实验指导】

① 执行“设置”|“人员附加信息设置”命令，打开“人员附加信息设置”对话框。

② 单击“增加”按钮，从参照列表中选择“性别”。

③ 同样，增加“身份证号”，如图6-7所示。

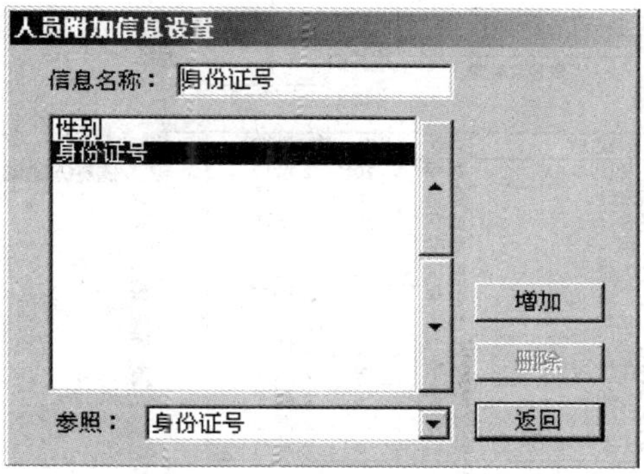

图 6-7　人员附加信息设置

(3) 工资项目设置

工资项目设置如表6-1所示。

表6-1　工资项目设置

项 目 名 称	类　　型	长　　度	小 数 位 数	增　减　项
基本工资	数字	8	2	增项
岗位工资	数字	8	2	增项
餐补	数字	8	2	增项
交补	数字	8	2	增项
应发合计	数字	10	2	增项
请假扣款	数字	8	2	减项
养老保险金	数字	8	2	减项
住房公积金	数字	8	2	减项
扣款合计	数字	10	2	减项
实发合计	数字	10	2	增项
代扣税	数字	10	2	减项
请假天数	数字	8	2	其他

【实验指导】

① 执行“设置”|“工资项目设置”命令，打开“工资项目设置”对话框。

② 单击“增加”按钮，在工资项目列表中增加一空行。

③ 参照图6-8所示进行设置。

④ 单击“确认”按钮，出现系统提示“工资项目已经改变，请确认各工资类别的公式是否正确”，单击“确定”按钮。

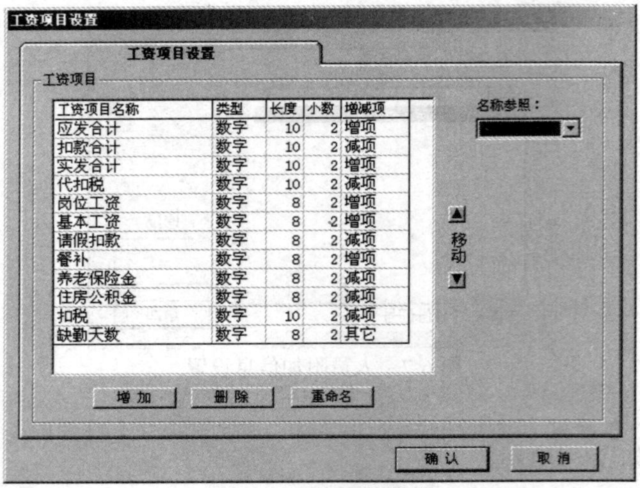

图 6-8　工资项目设置

(4) 工资类别及相关信息

工资类别一：正式人员。

部门选择：所有部门。

工资项目：基本工资、岗位工资、餐补、应发合计、请假扣款、养老保险金、住房公积金、扣款合计、实发合计、代扣税、缺勤天数。

计算公式如表6-2所示。

表6-2　计算公式

工 资 项 目	定 义 公 式
请假扣款	请假天数×20
养老保险金	基本工资×0.05
住房公积金	基本工资×0.08
餐补	iff(人员类别=“管理人员”or 人员类别=“车间管理人员”，300，150)

人员档案如表6-3所示。

表6-3　人员档案

员 工 编 码	员 工 姓 名	所 属 部 门	人 员 类 别	账　　号	是 否 计 税
0101	曾毅凡	行政部	否	10001	是
0102	赵宏伟	行政部	否	10002	是
0201	刘　倩	财务部	否	10003	是
0202	王　静	财务部	否	10004	是
0203	刘丽丽	财务部	否	10005	是
0301	白　雪	采购部	是	10006	是

(续表)

员工编码	员工姓名	所属部门	人员类别	账　号	是否计税
0401	李　辉	销售部	是	10007	是
0501	王胜利	仓管部	是	10008	是
0601	管　军	生产车间	否	10009	是
0602	王国强	生产车间	否	10010	是
0603	李　明	生产车间	否	10012	是
0604	杨　光	生产车间	否	10013	是
0605	何利欣	生产车间	否	10014	是
0606	崔　晓	生产车间	否	10015	是

工资类别二：临时人员。

部门选择：生产部。

工资项目：基本工资、请假扣款、请假天数。

临时人员档案如表6-4所示。

表6-4　临时人员档案

人员编号	人员姓名	部门名称	人员类别	是否计税
0607	罗江	生产车间	生产工人	是
0608	刘青	生产车间	生产工人	是

【实验指导】

(1) 建立“正式人员”工资类别

① 执行“工资类别”|“新建工资类别”命令，打开“新建工资类别”对话框。

② 在文本框中输入工资类别“正式人员”，单击“下一步”按钮。

③ 选取“企管办”、“财务部”、“采购部”、“销售部”、“生产部”，如图6-9所示。

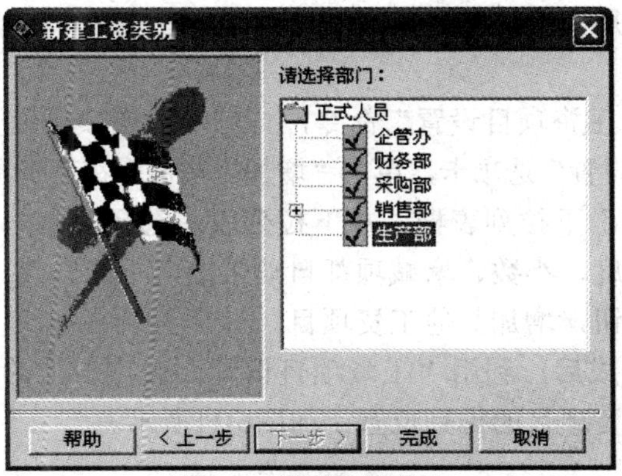

图 6-9　新建工资类别

④ 单击“完成”按钮，弹出系统提示“是否以2013-01-01为当前工资类别的启用日期？”，单击“是”按钮返回。

⑤ 执行“工资类别”|“关闭工资类别”命令，关闭“正式”工资类别。

(2) 建立“临时人员”工资类别

① 执行“工资类别”|“新建工资类别”命令，打开“新建工资类别”对话框。

② 在文本框中输入第二个工资类别“临时人员”，单击“下一步”按钮。

③ 单击鼠标左键，选取“生产部”。

④ 单击“完成”按钮，弹出系统提示“是否以2013-01-01为当前工资类别的启用日期？”，单击“是”按钮返回。

⑤ 执行“工资类别”|“关闭工资类别”命令，关闭“临时”工资类别。

(3) 设置人员档案

① 执行“工资类别”|“打开工资类别”命令，打开“工资类别”对话框。

② 选择“001 正式人员”工资类别，单击“确认”按钮。

③ 执行“设置”|“人员档案”命令，进入“人员档案”窗口。

④ 单击工具栏中的“增加”按钮，打开“人员档案”对话框。

⑤ 在“基本信息”选项卡中，参照图6-10所示录入，单击“确认”按钮。

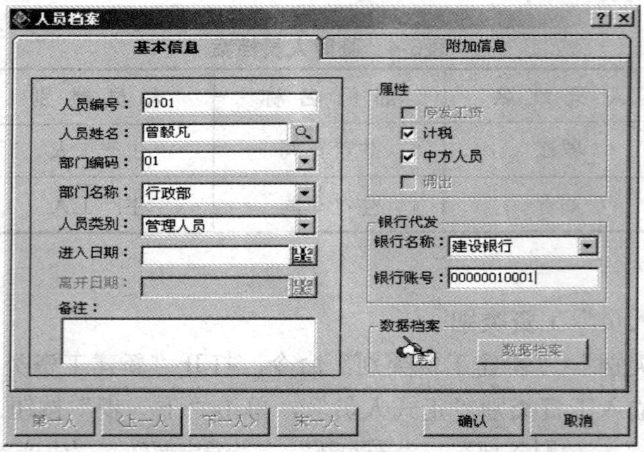

图 6-10　人员档案

⑥ 依上述顺序输入所有人员档案，最后单击工具栏中的“退出”按钮。

(4) 设置工资项目

① 执行“设置”|“工资项目设置”命令，打开“工资项目设置”对话框。

② 选择“工资项目设置”选项卡，单击“增加”按钮，在工资项目列表中增加一空行。

③ 单击“名称参照”下拉列表框，从下拉列表中选择“基本工资”选项，工资项目名称、类型、长度、小数、增减项都自动带出，不能修改。

④ 单击“增加”按钮，增加其他工资项目。

⑤ 所有项目增加完成后，利用“工资项目设置”选项卡上的上下箭头按照实验资料所给顺序调整工资项目的排列位置，如图6-11所示。

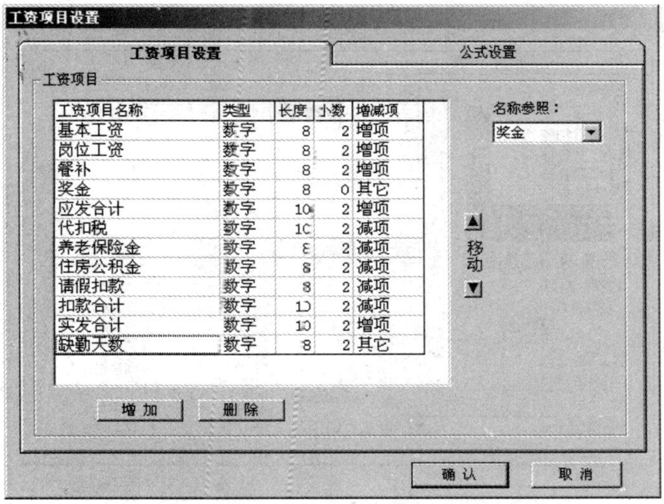

图 6-11　正式人员工资类别和工资项目选择

(5) 设置计算公式

① 在“工资项目设置”对话框中选择“公式设置”选项卡。

② 单击“增加”按钮，在工资项目列表中增加一空行，单击下拉列表框选择“请假扣款”选项。

③ 选中“公式定义”文本框，单击工资项目列表中的“请假天数”。

④ 单击运算符“*”，在“*”后单击，输入数字“20”，单击“公式确认”按钮。

⑤ 在“工资项目设置”对话框中选择“公式设置选项卡”。

⑥ 单击“增加”按钮，在工资项目列表中增加一空行，单击下拉列表框选择“交补”选项。

⑦ 选中“公式定义”文本框，单击“函数公式向导输入”按钮，打开“函数向导-步骤之1”对话框。

⑧ 从“函数名”列表中选择“iff”，单击“下一步”按钮，打开“函数向导-步骤之2”对话框。

⑨ 单击“逻辑表达式参照”按钮，打开“参照”对话框，从“参照”下拉列表中选择“人员类别”选项，从下面的列表中选择“管理人员”，单击“确认”按钮。

⑩ 在逻辑表达式文本框中的公式后单击鼠标，输入“or”后，再次单击“逻辑表达式”参照按钮，出现“参照”对话框，从“参照”下拉列表中选择“人员类别”选项，从下面的列表中选择“车间管理人员”，单击“确认”按钮，返回“函数向导-步骤之2”对话框。

⑪ 在“数学表达式1”文本框中输入“300”，在“数学表达式2”文本框中输入“150”，单击“完成”按钮，返回“公式设置”选项卡，如图6-12所示，单击“公式确认”按钮。

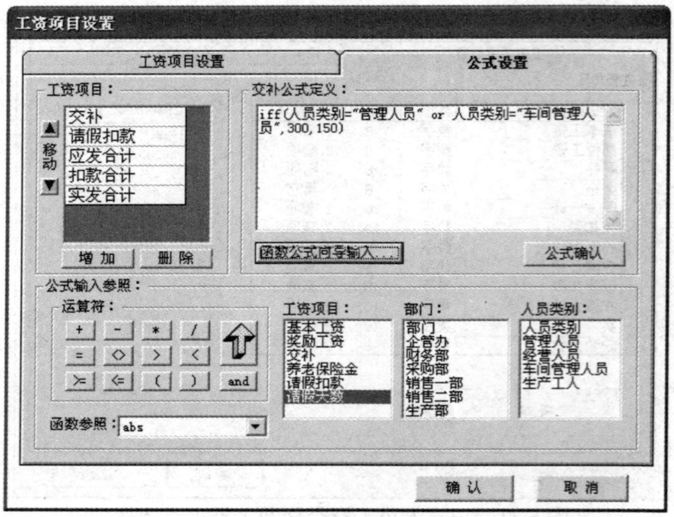

图 6-12　公式设置

- 单击“确认”按钮，退出公式设置。
- 养老保险金计算公式可按以上步骤自行设置。

(6) 设置所得税纳税基数

① 执行“业务处理”|“扣缴所得税”命令，弹出系统提示，单击“确定”按钮，打开“栏目选择”对话框。

② 默认各项设置，单击“确认”按钮。

③ 单击工具栏中的“税率表”按钮，修改所得税纳税基数为“3,500.00”，如图6-13所示。

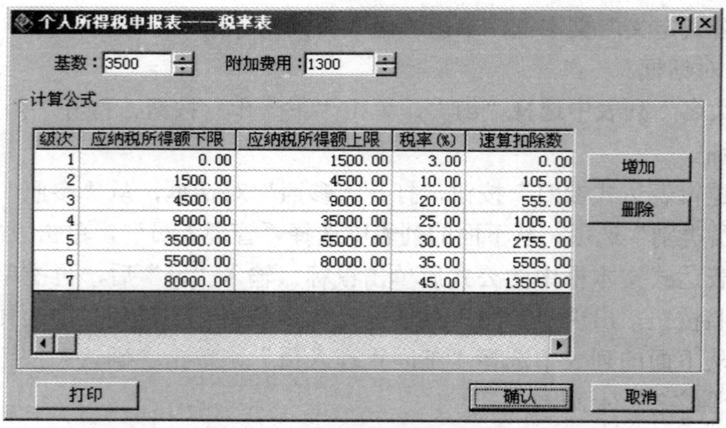

图 6-13　设置所得税纳税基数

④ 单击“确认”按钮，弹出系统提示，单击“否”按钮退出。

⑤ 在“个人所得税扣缴申报表”窗口中，单击工具栏中的“退出”按钮。

(7) 录入正式人员基本工资数据

① 单击“业务处理”|“工资变动”命令，进入“工资变动”窗口。

② 单击“过滤器”下拉列表框，选择“过滤设置”，打开“项目过滤”对话框。

③ 单击“工资项目”列表中的“基本工资”和“奖励工资”，单击“>”按钮将其选入“已选项目”列表中。

④ 单击“确认”按钮，返回“工资变动”窗口，此时每个人的工资项目只显示两项。

⑤ 输入“正式人员”工资类别的工资数据。

⑥ 单击“过滤器”下拉列表框，选择“所有项目”选项，屏幕上显示所有工资项目。

(8) 银行名称

建设银行海珠市山场支行，账号定长为11。

【实验指导】

① 执行“设置”|“银行名称设置”命令，打开“银行名称设置”对话框。

② 单击“增加”按钮，在“银行名称”文本框中输入“建设银行海珠市山场支行”，默认账号定长且账号长度为“11”。

③ 单击列表中的“建设银行”，单击“删除”按钮，弹出系统提示“删除银行将相关文件及设置一并删除，是否继续？”，单击“是”按钮。同样，删除其他无效银行。

④ 单击“返回”按钮。

(9) 权限设置

设置“王静”为两个工资类别的主管。

【实验指导】

① 执行“设置”|“权限设置”命令，打开“权限设置”对话框。

② 选择操作员“王静”，单击“修改”按钮，选择“001(正式人员)”工资类别，选中“工资类别主管”复选框，单击“保存”按钮，如图6-14所示。

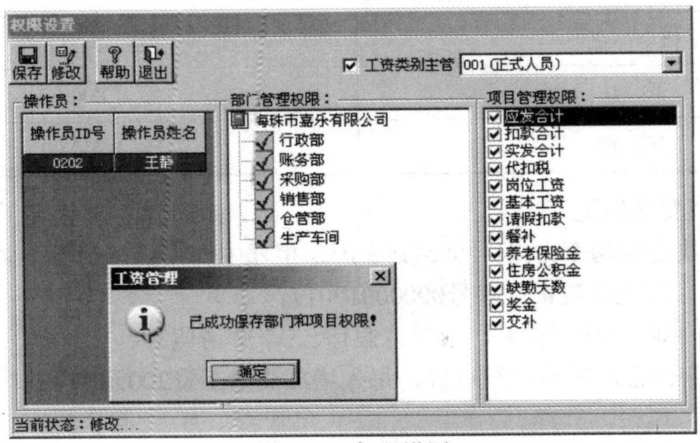

图 6-14　权限设置

③ 同样，设置“王静”为“002(临时人员)工资类别主管。

3. 工资数据

(1) 1月初人员工资情况

正式人员工资情况(表6-5)：

表6-5 正式人员工资

姓　　名	基本工资	岗位工资
曾毅凡	5,000.00	500.00
赵宏伟	2,500.00	300.00
刘　倩	3,000.00	300.00
王　静	2,000.00	300.00
刘丽丽	1,800.00	300.00
白　雪	2,000.00	300.00
李　辉	2,000.00	300.00
王胜利	1,500.00	200.00
管　军	3,000.00	400.00
王国强	1,600.00	600.00
李　明	1,600.00	600.00
杨　光	1,600.00	600.00
何利欣	1,600.00	600.00
崔　晓	1,600.00	600.00

临时人员工资情况(表6-6)：

表6-6 临时人员工资

姓　　名	基本工资
罗　江	1,800.00
刘　青	1,200.00

(2) 2月份工资变动情况

① 因需要，决定招聘李力(编号505)到生产部担任生产人员，基本工资2,000.00元，无奖励工资，代发工资银行账号00000010017。

② 出勤情况：刘丽丽请假2天，白雪请假1天，李辉请假3天。

③ 因去年销售部推广产品业绩较好，每人增加奖励工资200元。

【实验指导】

以“王静”身份进行工资日常业务处理。

(1) 人员变动

① 执行“设置”|“人员档案”命令，进入“人员档案”窗口。

② 单击“增加”按钮，输入新增人员“李力”的详细档案资料。

③ 单击“确认”按钮，返回人员档案窗口，单击工具栏中的“退出”按钮。

(2) 输入正式人员工资变动数据

① 打开“工资项数据替换”对话框，单击工具栏中的“替换”按钮，单击“将工资项目”下拉列表框，选择“奖金”选项，在“替换成”文本框中输入“奖金+200”。

② 在替换条件处分别选择“部门”、“=”、“销售部”，如图6-15所示。

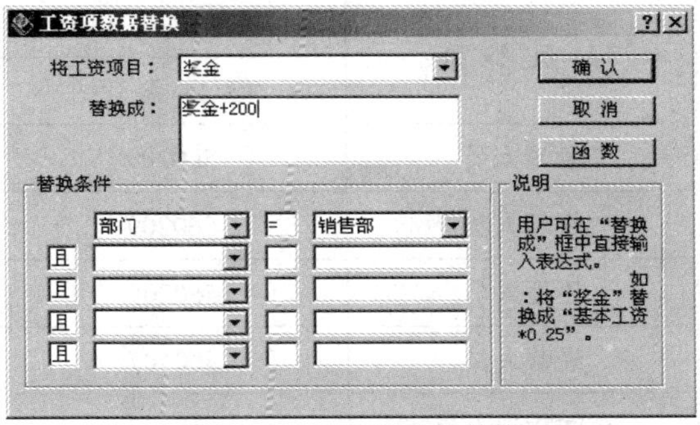

图 6-15　工资项数据替换

③ 单击“确认”按钮，弹出系统提示：“数据替换后将不可恢复。是否继续？”，单击“是”按钮，系统提示：“1条记录被替换，是否重新计算？”，单击“是”按钮，系统自动完成工资计算。

(3) 数据计算与汇总

① 在“工资变动”窗口中，单击工具栏中的“计算”按钮，计算工资数据。

② 单击工具栏中的“汇总”按钮，汇总工资数据。

③ 单击工具栏中的“退出”按钮，退出“工资变动” 窗口。

4. 代扣个人所得税

计税基数3500。

【实验指导】

① 执行“业务处理”|“扣缴个人所得税”命令，打开“栏目选择”对话框。

② 单击“确认”按钮，进入“个人所得税扣缴申报表”窗口，如图6-16所示。

个人所得税-(工资类别：正式人员)

个人所得税扣缴申报表

2013年1月

只显示需要纳税人员　　总人数：14

员编	姓名	收入额合计	减费用额	应纳税所得额	税率(%)	速算扣除数	扣缴所得税额
010	曾毅凡	5,150.00	3,500.00	1,650.00	10.00	105.00	60.00
010	赵宏伟	2,775.00	3,500.00	0.00	0.00	0.00	0.00
020	刘倩	3,210.00	3,500.00	0.00	0.00	0.00	0.00
020	王静	2,340.00	3,500.00	0.00	0.00	0.00	0.00
020	刘丽丽	2,166.00	3,500.00	0.00	0.00	0.00	0.00
030	白雪	2,340.00	3,500.00	0.00	0.00	0.00	0.00
040	李辉	2,190.00	3,500.00	0.00	0.00	0.00	0.00
050	王胜利	1,805.00	3,500.00	0.00	0.00	0.00	0.00
060	管军	3,310.00	3,500.00	0.00	0.00	0.00	0.00
060	王国强	2,142.00	3,500.00	0.00	0.00	0.00	0.00
060	李明	2,142.00	3,500.00	0.00	0.00	0.00	0.00
060	杨光	2,142.00	3,500.00	0.00	0.00	0.00	0.00
060	何利欣	2,142.00	3,500.00	0.00	0.00	0.00	0.00
060	崔晓	2,142.00	3,500.00	0.00	0.00	0.00	0.00
	合计	35,996.00	49,000.00	1,650.00			60.00

制单：王静

图 6-16　个人所得税扣缴申报表

5. 工资分摊

应付工资总额等于工资项目“应发合计”。

工资费用分配的转账分录(表6-7)：

表6-7　工资费用分配

部　门	人员类别	应付工资	
		借方科目	贷方科目
行政部	管理人员	560209	221101
财务部	管理人员	560209	221101
采购部	管理人员	560209	221101
销售部	经营人员	560107	221101
生产车间	车间管理人员	410106	221101
生产车间	生产工人	400102	221101

【实验指导】

(1) 工资分摊类型设置

① 执行“业务处理”|“工资分摊”命令，打开“工资分摊”对话框。

② 单击“工资分摊设置”按钮，打开“分摊类型设置”对话框。

③ 单击“增加”按钮，打开“分摊计提比例设置”对话框。

④ 输入计提类型名称“应付工资”，单击“下一步”按钮，打开“分摊构成设置”对话框。按实验资料内容进行设置，如图6-17所示。

图 6-17　分摊构成设置

⑤ 返回“分摊类型设置”对话框。

(2) 进行工资分摊

① 执行“业务处理”|“工资分摊”命令，打开“工资分摊”对话框。

② 选择需要分摊的计提费用类型，确定分摊计提的月份为“2013.01”。

③ 选择核算部门：企管办、财务部、采购部、销售部、生产部。

④ 选择“明细到工资项目”复选框。

⑤ 单击“确定”按钮，打开“应付工资一览表”窗口，如图6-18所示。

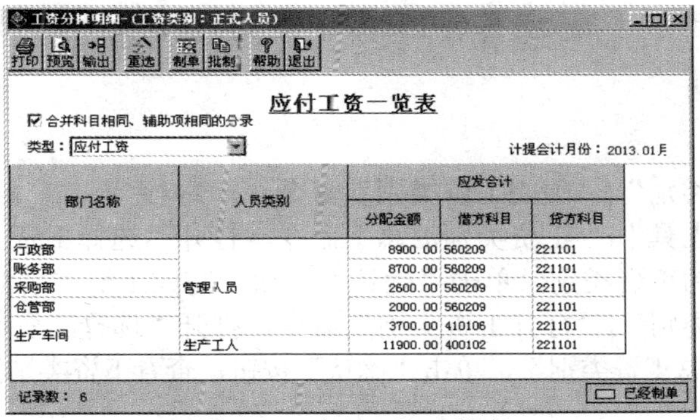

应付工资一览表

☑ 合并科目相同、辅助项相同的分录

类型：应付工资　　　　计提会计月份：2013.01月

部门名称	人员类别	应发合计		
		分配金额	借方科目	贷方科目
行政部	管理人员	8900.00	560209	221101
账务部		8700.00	560209	221101
采购部		2600.00	560209	221101
仓管部		2000.00	560209	221101
生产车间		3700.00	410106	221101
	生产工人	11900.00	400102	221101

记录数：6　　已经制单

图 6-18　应付工资一览表

⑥ 选择“合并科目相同、辅助项相司的分录”复选框，单击“制单”按钮。

⑦ 将光标分别移至“制造费用/职工薪酬”和“生产成本/直接人工”分录行，补充辅助核算项目为“JD液压阀”，单击“保存”按钮，凭证左上角出现“已生成“标志，代表该凭证已传递到总账，如图6-19所示。

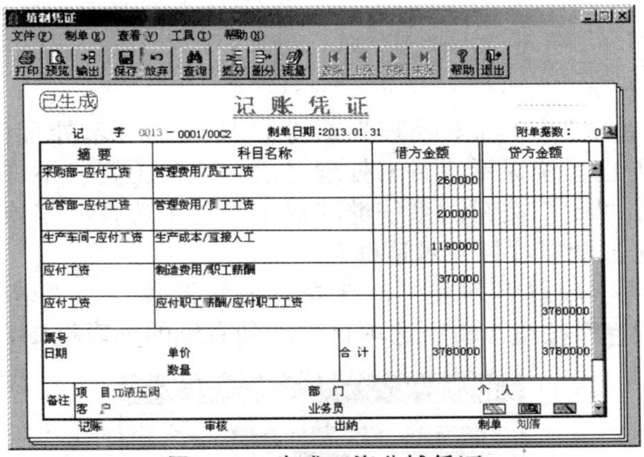

已生成　记 账 凭 证

记　字 0013 – 0001/0002　制单日期：2013.01.31　附单据数：0

摘要	科目名称	借方金额	贷方金额
采购部-应付工资	管理费用/员工工资	260000	
仓管部-应付工资	管理费用/员工工资	200000	
生产车间-应付工资	生产成本/直接人工	1190000	
应付工资	制造费用/职工薪酬	370000	
应付工资	应付职工薪酬/应付职工工资		3780000
票号 日期	单价 数量　合计	3780000	3780000

备注　项目 JD液压阀　部门　个人　客户　业务员

记账　审核　出纳　制单 刘清

图 6-19　生成工资分摊凭证

⑧ 单击工具栏中的“退出”按钮，返回。

6. 临时人员工资处理

在完成正式人员工资数据的处理后，打开临时人员工资类别，参照正式人员工资类别初始设置及数据处理方式完成临时人员工资处理。

(1) 人员档案设置

按实验资料增加人员档案。

(2) 工资项目选择

选择基本工资、请假扣款、请假天数三个工资项目。

(3) 公式设置

同样设置“请假扣款＝请假天数×20”。

(4) 工资变动处理

① 在“业务处理”|“扣缴所得税”中设置扣税基数“3,500.00”。

② 按实验资料在“业务处理”|“工资变动”中进行工资变动处理。

③ 在“业务处理”|“工资分摊”中进行工资分摊设置及工资分摊处理。

7. 汇总工资类别

【实验指导】

① 执行“工资类别”|“关闭工资类别”命令。
② 执行“系统工具”|“工资类别汇总”命令，打开“选择工资类别”对话框。
③ 选择要汇总的工资类别，单击“确认”按钮，完成工资类别汇总。
④ 执行“工资类别”|“打开工资类别”命令，打开“选择工资类别”对话框。
⑤ 选择“998汇总工资类别”，单击“确认”按钮，查看工资类别汇总后的各项数据。

8. 账表查询

【实验指导】

① 打开“正式人员”工资类别查看个人所得税扣缴申报表和其他各种工资表。
② 在“工资变动”窗口中，单击工具栏中的“计算”按钮，计算工资数据。
③ 单击工具栏中的“汇总”按钮，汇总工资数据。
④ 单击工具栏中的“退出”按钮，退出“工资变动” 窗口。

9. 月末处理

【实验指导】

① 执行“业务处理”|“月末处理”命令，打开“月末处理”对话框。单击“确认”按钮，弹出系统提示“月末处理之后，本月工资将不许变动，继续月末处理吗？”，单击“是”按钮，系统继续提示“是否选择清零项？”，单击“是”按钮，打开“选择清零项目”对话框。
② 在“请选择清零项目”列表中，选择“请假天数”、“请假扣款”和“奖励工资”，单击“>”按钮，将所选项目移动到右侧的列表框中，如图6-20所示。

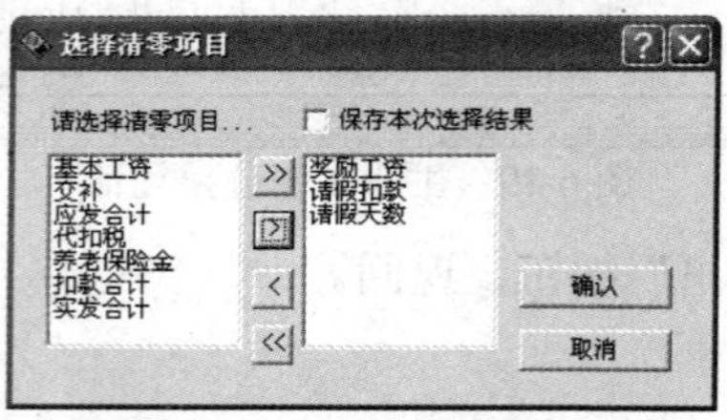

图 6-20 选择清零项目

③ 单击“确认”按钮，弹出系统提示“月末处理完毕！”，单击“确定”按钮返回。
④ 依此类推，完成“临时人员”工资类别月末处理。

提示：

- 月末结转只有在会计年度的1月至11月进行。
- 若设置多个工资类别，则应打开各个工资类别，分别进行月末结转。
- 若本月工资数据未汇总，系统将不允许进行月末结转。
- 进行期末处理后，当月数据将不再允许变动。
- 月末处理功能只有主管人员才能执行。

第7章　固定资产管理

本章学习目标

1. 了解固定资产管理系统的基本功能
2. 熟悉固定资产管理系统的工作原理和工作流程
3. 掌握固定资产初始化
4. 卡片管理及资产增减变动的处理方法
5. 掌握固定资产折旧的相关处理

主要内容

1. 参数设置
2. 资产变动
3. 计提折旧
4. 期末处理

7.1　固定资产管理概述

7.1.1　固定资产管理功能概述

T3—用友通企业管理软件可以帮助企业进行固定资产日常业务的核算和管理，生成固定资产卡片，按月反映固定资产的增加、减少、原值变化及其他变动并输出相应的增减变动明细账，按月自动计提折旧，生成折旧分配凭证。

7.1.2　固定资产与其他系统的关系

固定资产管理系统中资产的增加、减少以及原值和累计折旧的调整、折旧计提都要将有关数据通过记账凭证的形式传输到总账系统，同时通过对账保持固定资产账目与总账的平衡。财务报表系统也可以通过相应的取数函数从固定资产系统中提取分析数据，如图7-1所示。

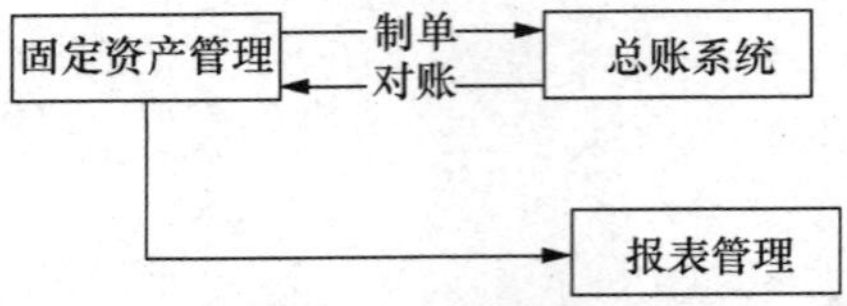

图 7-1　固定资产与其他系统的关系

7.1.3　固定资产管理的业务流程

固定资产管理系统的业务流程如图7-2所示。

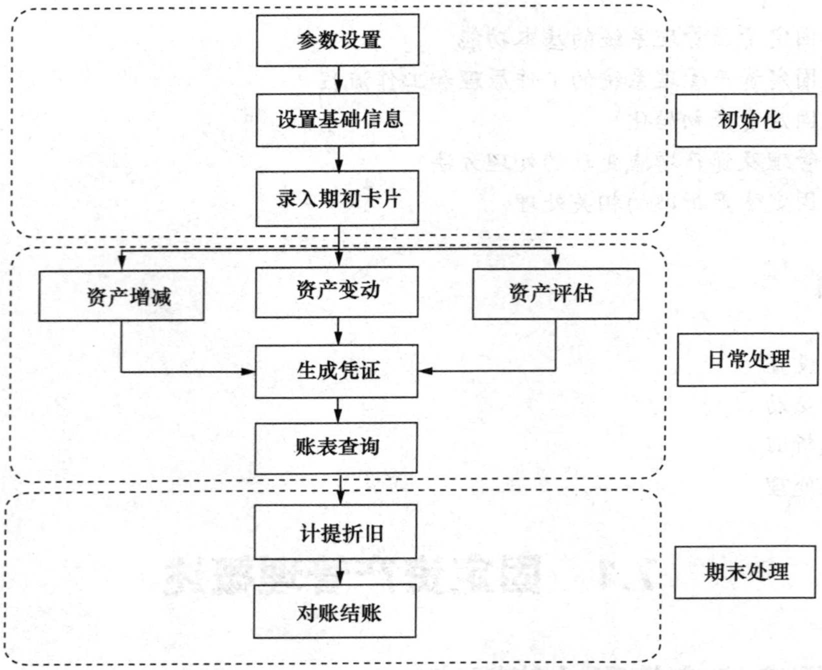

图 7-2　固定资产管理系统的业务流程

7.2　固定资产管理系统初始化

初始化设置包括固定资产参数设置、基础数据设置和输入期初固定资产卡片。

7.2.1　固定资产参数设置

在系统管理中已经建立了企业核算账套，在固定资产系统中还需要针对固定资产设置相应的控制参数，包括以下几项。

- 约定
- 启用月份
- 折旧信息

- 编码方式
- 账务接口
- 其他参数

这些参数在初次启动固定资产管理系统时设置，其他参数可以在“选项”中补充。

7.2.2　基础数据设置

- 资产类别设置
- 部门设置
- 部门对应折旧科目设置
- 增减方式设置
    - 增加方式：直接购买、投资者投入、捐赠、盘盈、在建转入、融资租入
    - 减少方式：出售、盘亏、投资转出、捐赠转出、报废、毁损、融资租出
- 折旧方法设置
    - 不提折旧法
    - 平均年限法
    - 工作量法
    - 年数总和法
    - 双倍余额递减法
    - 自定义折旧
- 使用状况设置
    - 在用
    - 季节性停用
    - 经营性出租
    - 大修理停用
    - 未使用
- 卡片项目设置
- 卡片样式定义

系统默认的卡片样式有通用样式、土地房屋类卡片样式、机械设备类卡片样式、运输设备类卡片样式等，用户可以定义新的卡片样式

7.2.3　输入期初固定资产卡片

建账日期以前的固定资产卡片要录入到系统中，原始卡片上所记录的资产的开始使用日期一定小于固定资产系统的启用日期。

7.3　固定资产管理日常业务

固定资产在日常使用过程中，会发生资产增减、变动等，也需要每月正确计算固定资产折旧，为企业的成本费用核算提供依据。

7.3.1 资产增减

资产增加是指以购进或通过其他方式增加企业资产。资产增加需要输入一张新的固定资产卡片，与固定资产期初输入相对应。

资产减少是指资产在使用过程中，由于各种原因(如毁损、出售、盘亏等)退出企业，此时要做资产减少处理。资产减少需输入资产减少卡片并说明减少原因。

只有当账套开始计提折旧后才可以使用资产减少功能，否则，减少资产只能通过删除卡片来完成。

7.3.2 资产变动

资产的变动包括原值变动、部门转移、使用状况变动、使用年限调整、折旧方法调整、净残值(率)调整、工作总量调整、累计折旧调整、资产类别调整和变动单管理等。其他项目，如名称、编号、自定义项目等的变动可直接在卡片上进行。

资产变动要求输入相应的“变动单”来记录资产调整结果。

- 原值变动
- 部门转移
- 资产使用状况的调整
- 资产使用年限的调整
- 资产折旧方法的调整
- 变动单管理

7.3.3 卡片管理

卡片管理是对固定资产系统中所有卡片进行的综合管理，包括如下几项。

- 卡片查询和打印
- 卡片修改与删除

提示：

非本月录入的卡片不能删除，卡片做过一次月末结账后不能删除。

7.3.4 资产评估

随着市场经济的发展，企业在经营活动中，经常会根据业务需要或国家要求对部分资产或全部资产进行评估和重估，而其中固定资产评估是资产评估中很重要的部分。

1. 资产评估的功能

- 将评估机构的评估数据手工录入或定义评估公式
- 根据要求手工录入评估结果，或根据评估公式生成评估结果
- 对评估单的管理

- 本系统资产评估功能提供可评估的资产内容，包括原值、累计折旧、净值、使用年限、工作总量和净残值率等

2. 资产评估的步骤

- 选择要评估的项目
- 选择要评估的资产
- 制作评估单

7.3.5　生成凭证

固定资产系统可以通过记账凭证向总账系统传递数据，资产增加、资产减少、累计折旧调整以及折旧分配等都可生成记账凭证。生成记账凭证可以采取“立即制单”或“批量制单”的方法实现。

7.3.6　账簿管理

系统提供的账表包括账簿、折旧表、统计表、分析表4类。用户可以根据实际要求进行自定义账簿设置。

1. 账簿

系统自动生成的账簿包括：

- (单个)固定资产明细账
- 部门(类别)资产明细账
- 固定资产登记簿
- 固定资产总账

2. 折旧表

系统提供了4种折旧表：

- (部门)折旧计提汇总表
- 固定资产及累计折旧表(一)
- 固定资产及累计折旧表(二)
- 固定资产折旧计算明细表

3. 统计表

系统提供了7种统计表：

- 固定资产原值一览表
- 固定资产统计表
- 评估汇总表
- 评估变动表
- 盘盈盘亏报告表
- 逾龄资产统计表
- 役龄资产统计表

4. 综合分析表

系统提供了4种综合分析表：

- 价值结构分析表
- 固定资产使用状况分析表
- 部门构成分析表
- 类别构成分析表

5. 自定义报表

当系统提供的报表不能满足企业要求时，用户也可以自己定义报表。

7.4 固定资产管理期末处理

固定资产管理系统的期末处理工作主要包括计提减值准备、计提折旧、对账和结账等。

7.4.1 计提减值准备

《企业会计准则》要求固定资产减值准备必须按单项资产计提。如果已计提的固定资产价值又得以恢复，应在原计提的减值准备范围内转回。

《小企业会计准则》要求小企业不计提减值准备。

7.4.2 计提折旧

系统提供的折旧计提功能对各项资产每期计提一次折旧，并自动生成折旧分配表，然后制作记账凭证，将本期的折旧费用自动登账。

折旧分配表是制作记账凭证，把计提折旧额分配到有关成本和费用的依据。折旧分配表有两种类型：类别折旧分配表和部门折旧分配表。

提示：

- 在一个期间内可以多次计提折旧，每次计提折旧后，只将计提的折旧累加到月初的累计折旧上，不会重复累计。
- 若上次计提折旧已制单并传递到总账系统，则必须删除该凭证才能重新计提折旧。
- 计提折旧后又对账套进行了影响折旧计算或分配的操作，必须重新计提折旧，否则系统不允许结账。
- 若自定义的折旧方法使月折旧率或月折旧额出现负数，系统自动中止计提。
- 资产的使用部门和资产折旧要汇总的部门可能不同。

7.4.3　对账

固定资产的参数设置中有一项“与账务系统对账”，对账是为了保证固定资产系统的资产价值与总账系统中固定资产科目的数值相等。系统在执行月末结账时自动对账一次，并给出对账结果。

7.4.4　月末结账

当固定资产系统完成了本月全部制单业务后，可以进行月末结账。

结账后当期数据不能修改。如果有错必须修改，可通过系统提供的“恢复月末结账前状态”功能反结账，再进行相应修改。

实验九　固定资产管理

【实验内容】

- 固定资产系统参数设置、原始卡片录入
- 日常业务：资产增减、资产变动、资产评估、生成凭证、账表查询
- 月末处理：计提减值准备、计提折旧、对账和结账

【实验准备】

- 将系统日期修改为“2013年1月1日”。
- 引入“实验三”账套数据。

【实验要求】

以固定资产管理员“王静”登录进行操作处理。

【实验资料】

1. 初始设置

(1) 控制参数(表7-1)

表7-1　控制参数

控 制 参 数	参 数 设 置
约定与说明	我同意
启用月份	2013.01
折旧信息	本账套计提折旧； 折旧方法：平均年限法； 折旧汇总分配周期：1个月； 当(月初已计提月份=可使用月份-1)时，将剩余折旧全部提足

(续表)

控 制 参 数	参 数 设 置
编码方式	资产类别编码方式：2112； 固定资产编码方式：按“类别编码+部门编码+序号”自动编码，卡片序号长度为“3”
财务接口	与账务系统进行对账； 对账科目： 固定资产对账科目：1601固定资产； 累计折旧对账科目：1602累计折旧
补充参数	业务发生后立即制单； 月末结账前一定要完成制单登账业务； 固定资产默认入账科目：1601，累计折旧默认入账科目：1602

【实验指导】

(1) 启用固定资产管理系统

① 执行“开始”|“程序”|“用友T3系列管理软件”|“用友T3”|“系统管理”命令，以账套主管身份登录系统管理。

② 执行“账套”|“启用”命令，打开“系统启用”对话框，选中“FA 固定资产管理”复选框，弹出“日历”对话框，选择固定资产系统启用日期为“2013年1月1日”，单击“确定”按钮，系统弹出“确实要启用当前系统吗？”信息提示框，单击“是”按钮返回。

提示：

- 如果是行政事业单位，若不选择“本账套计提折旧”复选框，则账套内所有与折旧有关的功能将被屏蔽，该选项在初始化设置完成后不能修改。
- 本操作选择的折旧方法可以在设置资产类别或定义具体固定资产时进行更改。

(2) 固定资产系统初始化

① 单击“固定资产”按钮，弹出“这是第一次打开此账套，还未进行过初始化，是否进行初始化？”信息提示框，单击“是”按钮，打开“固定资产初始化向导”对话框。

② 在“固定资产初始化向导——约定及说明”对话框中，仔细阅读相关条款，选中“我同意”单选按钮。

③ 单击“下一步”按钮，打开“固定资产初始化向导——启用月份”对话框，选择账套启用月份“2013.01”。

④ 单击“下一步”按钮，打开“固定资产初始化向导——折旧信息”对话框。选中“本账套计提折旧”复选框；选择主要折旧方法“平均年限法(一)”，折旧汇总

分配周期“1个月”；选中“当(月初已计提月份=可使用月份－1)时将剩余折旧全部提足(工作量法除外)”复选框，如图7-3所示。

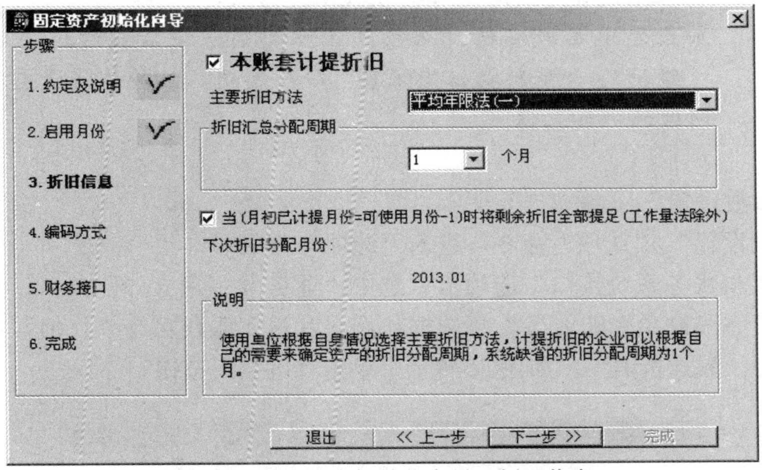

图 7-3　固定资产初始化向导—折旧信息

⑤ 单击“下一步”按钮，打开“固定资产初始化向导——编码方式”对话框。确定资产类别编码长度“2112”；选中“自动编码”单选按钮，选择固定资产编码方式“类别编号+部门编号+序号”，选择序号长度“3”，如图7-4所示。

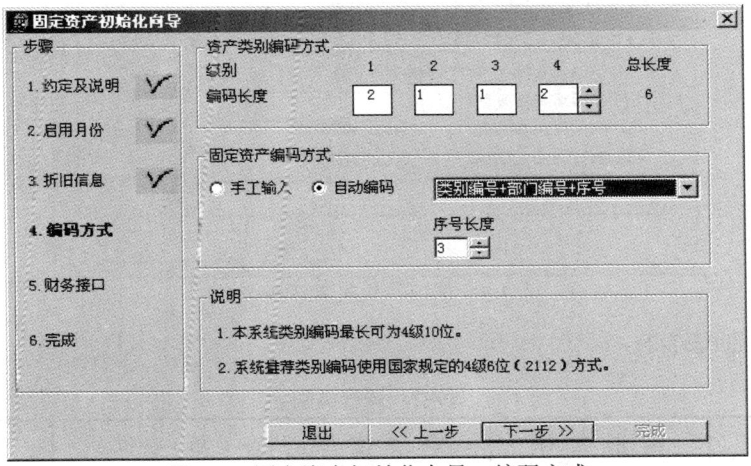

图 7-4　固定资产初始化向导—编码方式

⑥ 单击“下一步”按钮，打开“固定资产初始化向导——账务接口”对话框。选中“与账务系统进行对账”复选框；选择固定资产的对账科目“1601固定资产”，累计折旧的对账科目“1602累计折旧”。

⑦ 单击“下一步”按钮，打开“固定资产初始化向导——完成”对话框。单击“完成”按钮，完成本账套的初始化，系统弹出“是否确定所设置的信息完全正确并保存对新账套的所有设置”提示框。

⑧ 单击“是”按钮，弹出“已成功初始化本固定资产账套”提示框，单击“确定”按钮。

提示：

- 初始化设置完成后，有些参数不能修改，所以要慎重。
- 如果发现参数有错，必须改正；否则，将只能通过固定资产系统“维护”|“重新初始化账套”命令实现，该操作将清空对该子账套所做的一切工作。

(3) 其他参数设置

① 执行“设置”|“选项”命令，进入“选项”对话框。

② 选择“与账务系统接口”选项卡。选中“业务发生后立即制单”、“月末结账前一定要完成制单登账业务”复选框；选择默认入账科目为“1601，固定资产”、“1602，累计折旧”，如图7-5所示，单击“确定”按钮。

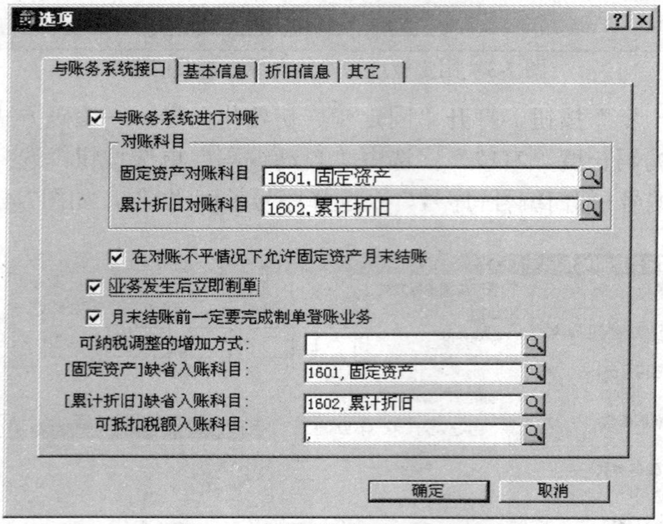

图 7-5　选项—与账务系统接口

(2) 资产类别(表7-2)

表7-2　资产类别

编　　码	类别名称	净残值率	单　　位	计提属性
01	房屋	4%	栋	正常计提
011	生产厂房	4%	栋	正常计提
03	机器	4%	台	正常计提
031	车床	4%	台	正常计提
032	钻床	4%	台	正常计提
033	铣床	4%	台	正常计提

(续表)

编　码	类别名称	净残值率	单　位	计提属性
034	镗床	4%	台	正常计提
05	运输设备	4%	台	正常计提
051	轿车	4%	台	正常计提
06	设备	4%	台	正常计提
061	电脑	4%	台	正常计提

【实验指导】

① 执行“设置”|“资产类别”命令，进入“类别编码表”窗口。

② 单击“增加”按钮，输入类别名称“交通运输设备”，净残值率“4%”；选择计提属性“正常计提”，折旧方法“平均年限法(一)”，卡片样式“通用样式”。单击“保存”按钮。

③ 同样，完成其他资产类别的设置。

提示：

- 资产类别编码不能重复，同一级的类别名称不能相同。
- 类别编码、名称、计提属性、卡片样式不能为空。
- 已使用过的类别不能设置其下级类别。

(3) 部门及对应折旧科目(表7-3)

表7-3　部门及对应折旧科目

部　门	对应折旧科目
行政部、财务部、采购部	管理费用/折旧费
销售部	销售费用/折旧费
生产部	制造费用/折旧费

【实验指导】

① 执行“设置”|“部门对应折旧科目设置”命令，进入“部门编码表”窗口。

② 选择部门“行政部”，单击“操作”按钮。

③ 选择折旧科目“560210 管理费用/折旧费”，单击“保存”按钮。

④ 同样，完成其他部门折旧科目的设置。

(4) 增减方式的对应入账科目(表7-4)

表7-4　增减方式对应入账科目

增减方式目录	对应入账科目
增加方式：直接购入	100201，银行存款—人民币户
减少方式：毁损	1606，固定资产清理

【实验指导】

① 执行“设置”|“增减方式”命令，进入“增减方式”窗口。

② 在左边列表框中，单击增加方式“直接购入”，单击“操作”按钮。

③ 输入对应入账科目“100201 人民币户”，单击“保存”按钮。

④ 同样，输入减少方式“毁损”的对应入账科目“1606固定资产清理”。

(5) 原始卡片(表7-5)

表7-5　原始卡片

资产名称	类别编号	所在部门	可用年限	启用日期	原　值	累计折旧	对应折旧科目名称
房屋	011	生产车间	20	2010-05-01	2,000,000.00	101,800.00	制造费用、折旧费
车床	031	生产车间	10	2010-06-01	150,000.00	18,000.00	制造费用、折旧费
钻床	031	生产车间	10	2010-06-01	35,000.00	4,200.00	制造费用、折旧费
铣床	031	生产车间	10	2010-06-01	200,000.00	24,000.00	制造费用、折旧费
镗床	031	生产车间	10	2010-06-01	250,000.00	30,000.00	制造费用、折旧费
计算机	061	行政部	5	2010-10-01	5,000.00	1,000.00	管理费用、折旧费
计算机	061	财务部	5	2010-12-01	5,000.00	1,000.00	管理费用、折旧费
轿车	051	行政部	10	2010-02-01	150,000.00	20,000.00	管理费用、折旧费
合计					2,795,000.00	200,000.00	
公共信息	增加方式：直接购入 净残值率：4% 使用状况：在用 折旧方法：平均年限法(一)						

【实验指导】

① 执行“卡片”|“录入原始卡片”命令，进入“资产类别参照”窗口。

② 选择固定资产类别“051 交通运输设备”，单击“确认”按钮，进入“固定资产卡片录入”窗口。

③ 输入固定资产名称“轿车”；双击部门名称选择“行政部”，双击增加方式选择“直接购入”，双击使用状况选择“在用”；输入开始使用日期“2010-02-01”；输入原值“150,000.00”，累计折旧“20,000.00”；输入可使用年限“10年0月”；其他信息自动算出，如图7-6所示。

④ 单击“保存”按钮，弹出“数据成功保存”提示框，单击“确定”按钮。

⑤ 同样，完成其他固定资产卡片的录入。

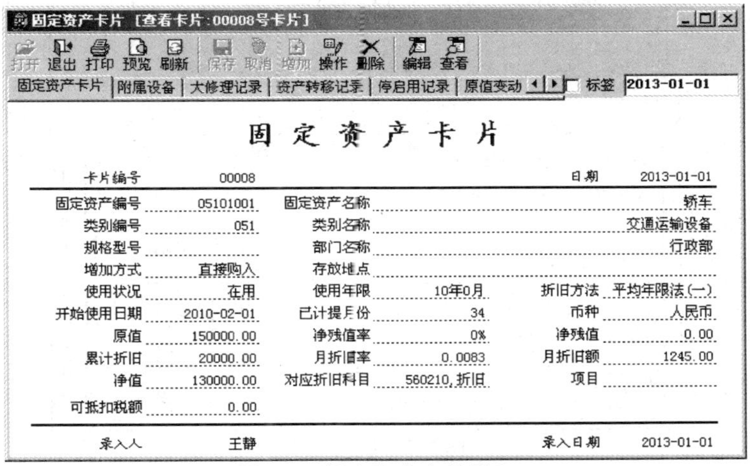

图 7-6　固定资产卡片录入

提示：

- 卡片编号由系统根据初始化时定义的编码方案自动设定，不能修改。如果删除的卡片不是最后一张，系统将保留空号。
- 已计提月份由系统根据开始使用日期自动算出，可以修改，并能将使用期间停用等不计提折旧的月份扣除。

2. 日常及期末业务

(1) 1月21日，财务部购买扫描仪一台，价值1,500.00元，净残值率为4%，预计使用年限为5年。

(2) 1月23日，对轿车进行资产评估，评估结果：原值为200,000.00元，累计折旧为45,000.00元。

(3) 1月25日，行政部毁损计算机一台。

(4) 1月31日，计提本月折旧费用。

【实验指导】

业务1：固定资产增加

① 执行“卡片”|“资产增加”命令，进入“资产类别参照”窗口。

② 选择类别：“061”，单击“确认”按钮，进入“固定资产新增”窗口。

③ 输入固定资产名称“扫描仪”；部门选择“财务部”，增加方式选择“直接购入”，使用状况选择“在用”；输入原值“1,500.00”，可使用年限“5年0月”，开始使用日期“2013-01-21”。

④ 单击“保存”按钮，进入“填制凭证”窗口。

⑤ 选择凭证类型“记账凭证”，修改制单日期、附件数，单击“保存”按钮生成凭证，如图7-7所示。

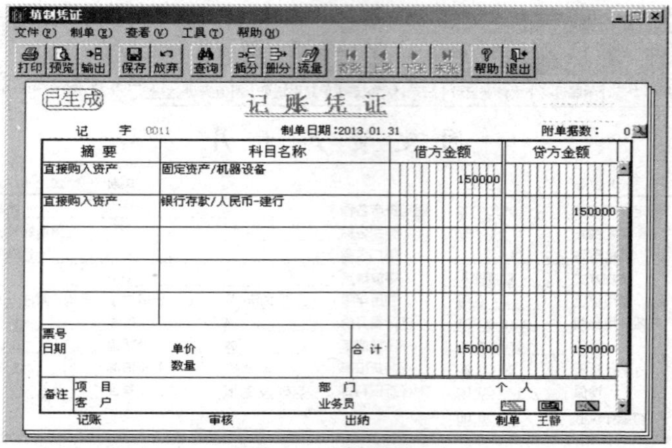

图 7-7　填制凭证

提示：

- 固定资产原值一定要输入卡片录入月月初的价值，否则会出现计算错误。
- 新卡片第一个月不提折旧，累计折旧为空或为零。
- 卡片输入完后，也可以不立即制单，到月末批量制单。

业务2：固定资产评估

① 执行“卡片”|“资产评估”命令，进入“资产评估管理”窗口。

② 单击“增加”按钮，打开“资产评估选择”对话框。

③ 选择要评估的项目“原值”和“累计折旧”，单击“确定”按钮。

④ 在“资产评估”窗口中选择要评估资产“轿车”的卡片编号，输入评估后的数据。

⑤ 单击“保存”按钮，系统弹出“是否确认要进行资产评估？”提示框，单击“是”按钮，弹出“填制凭证”窗口。

⑥ 在“填制凭证”窗口中，空白科目选择“560215管理费用/其他”，部门核算选择“行政部”。

⑦ 单击“保存”按钮。

业务3：折旧计提

① 执行“处理”|“计提本月折旧”命令，弹出“本操作将计提本月折旧，并花费一定时间，是否要继续？”提示框，单击“是”按钮，弹出“是否要查看折旧清单？”提示框，单击“否”按钮。

② 系统计提折旧完成后进入“折旧分配表”窗口，单击“凭证”按钮，进入“填制凭证”窗口。选择“记账凭证”，选择“410105制造费用/固定资产折旧”的辅助项目为“JD液压泵”，修改其他项目，单击“保存”按钮，如图7-8所示。

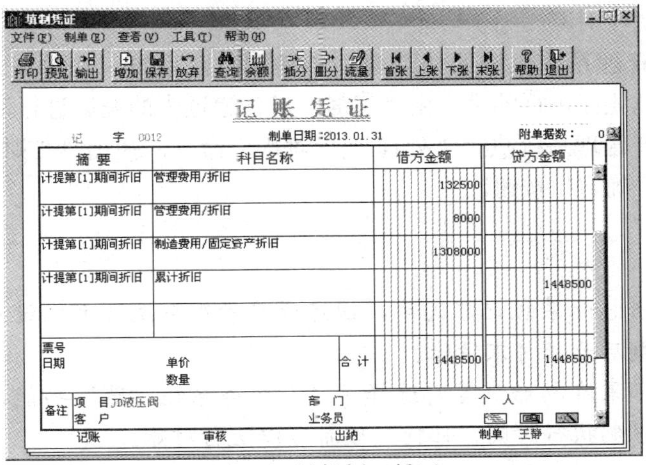

图 7-8　计提折旧凭证

提示：

- 如果上次计提折旧已通过记账凭证把数据传递到总账系统，则必须删除该凭证才能重新计提折旧。
- 计提折旧后又对账套进行了影响折旧计算或分配的操作，必须重新计提折旧，否则系统不允许结账。

业务4：固定资产减少

① 执行“卡片”|“资产减少”命令，进入“资产减少”窗口。

② 选择卡片编号“00006”，单击“增加”按钮。

③ 选择减少方式“毁损”，单击“确定”按钮，进入“填制凭证”窗口。

④ 选择“转账凭证”，修改其他项目，单击“保存”按钮。

提示：

- 本账套需要进行计提折旧后，才能减少资产。
- 如果要减少的资产较少或没有共同点，则通过输入资产编号或卡片号，单击“增加”按钮，将资产添加到资产减少表中。
- 如果要减少的资产较多，通过单击“条件”按钮，输入一些查询条件，将符合该条件的资产挑选出来进行批量减少操作。

业务5：固定资产账表

① 执行“账表”|“我的账表”命令，进入“报表”窗口。

② 单击“折旧表”，选择“(部门)折旧计提汇总表”。

③ 单击“打开”按钮，打开“条件”对话框。

④ 选择期间“2013.01”，汇总部门“1-3”，单击“确定”按钮。

业务6：固定资产对账

① 固定资产管理系统生成的凭证自动传递到总账系统。在总账系统中，由“刘丽丽”对出纳凭证进行签字，由“王静”对传递过来的凭证进行审核和记账。

② 在固定资产管理系统执行“处理”|“对账”命令，弹出“与财务对账结果”提示框。单击“确定”按钮。

提示：

- 当总账系统记账完毕，固定资产管理系统才可以进行对账。对账平衡后开始月末结账。
- 如果在初始设置时选择了“与账务系统对账”功能，对账的操作不限制执行时间，任何时候都可以进行对账。
- 若在财务接口中选中“在对账不平情况下允许固定资产月末结账”复选框，则可以直接进行月末结账。

业务7：固定资产月末结账

① 执行“处理”|“月末结账”命令，打开“月末结账”对话框。

② 单击“开始结账”按钮，系统自动检查与总账系统的对账结果，单击“确定”按钮后，弹出“月末结账成功完成！”提示框。

③ 单击“确定”按钮。

提示：

- 本会计期间做完月末结账工作后，所有数据资料将不能再进行修改。
- 本会计期间不做完月末结账工作，系统将不允许处理下一个会计期间的数据。

业务8：取消结账

① 执行“处理”|“恢复月末结账前状态”命令，弹出“是否继续？”提示框。

② 单击“是”按钮，弹出“成功恢复月末结账前状态！”提示框。

③ 单击“确定”按钮。

提示：

- “反结账”功能可以恢复结账前状态，结账时所做的所有工作都被无痕迹删除。
- 在总账系统未进行月末结账时才可以使用恢复结账功能。
- 一旦成本系统提取了某期的数据，则该期不能反结账。如果当前的账套已经做了年末处理，那么就不允许再执行恢复月初状态功能。

3. 下月业务

(1) 2月16日，行政部的轿车添置新配件10,000.00元(转账支票号ZZR005)。

(2) 2月27日，行政财务部的传真机扫描仪转移到采购行政部。

【实验指导】

业务1：原值增加

① 执行“卡片”|“变动单”|“原值增加”命令，进入“固定资产变动单”窗口。

② 选择输入卡片编号“00001”，输入增加金额“10,000.00”，输入变动原因“增加配件”，如图7-9所示。

图 7-9　固定资产变动单

③ 单击“保存”按钮，进入“填制凭证”窗口。

④ 选择凭证类型“付款凭证”，填写修改其他项目，单击“保存”按钮。

提示：

- 资产变动主要包括原值变动、部门转移、使用状况变动、使用年限调整、折旧方法调整、净残值(率)调整、工作总量调整、累计折旧调整、资产类别调整等。
- 资产变动时，输入相应的变动单来记录资产调整结果。
- 变动单不能修改，只有当月可删除重做。
- 必须保证变动后的净值大于变动后的净残值。

业务2：资产部门转移

① 执行“卡片”|“变动单”|“部门转移”命令，进入“固定资产变动单”窗口。

② 输入卡片编号“00009”，双击变动后部门选择“行政部”，输入变动原因“调拨”。

③ 单击“保存”按钮。

第8章　采购与应付管理

本章学习目标

1. 了解采购和应付管理系统与其他系统的关系
2. 掌握采购与应付管理初始化的基本方法
3. 了解采购与应付管理系统的基本功能
4. 能够处理采购与应付管理日常业务及典型业务

主要内容

1. 系统初始化
2. 填制/生成采购订单
3. 填制/生成采购发票
4. 填制运费发票
5. 填制/生成采购入库单
6. 采购结算
7. 填制付款单

8.1　采购与应付管理系统概述

8.1.1　采购与应付管理系统的基本功能

采购与应付管理系统的主要功能包括：

1. 系统初始

- 采购参数设置
- 基础信息设置
- 采购期初数据

2. 采购订单管理

采购订单管理包括录入采购订单、订单审核、订单执行及订单关闭。

3. 采购日常业务处理

- 采购发票录入
- 采购入库单录入
- 采购结算
- 供应商往来

4. 采购账簿及采购分析

采购账簿及采购分析提供了各种明细账的查询及统计分析。

5. 月末结账

8.1.2 采购和应付管理系统与其他系统的关系

采购和应付管理系统是企业供应链管理系统的起点，在采购管理系统中录入采购发票，填制采购入库单，再进行采购结算，库存管理系统对采购入库单进行审核，核算系统对已记账的采购入库单生成记账凭证，生成的记账凭证自动传到总账系统。

采购管理系统与其他系统的关系如图8-1所示。

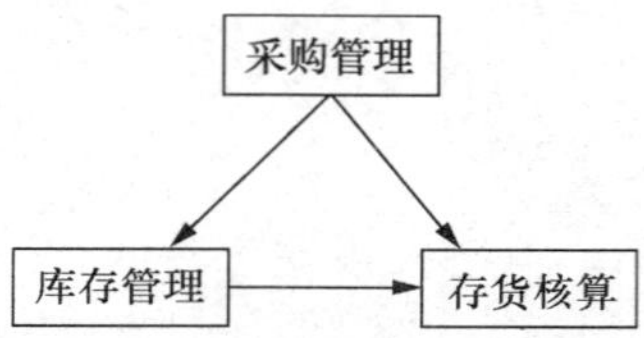

图 8-1 采购管理系统与其他系统的关系

采购管理系统业务操作流程如图8-2所示。

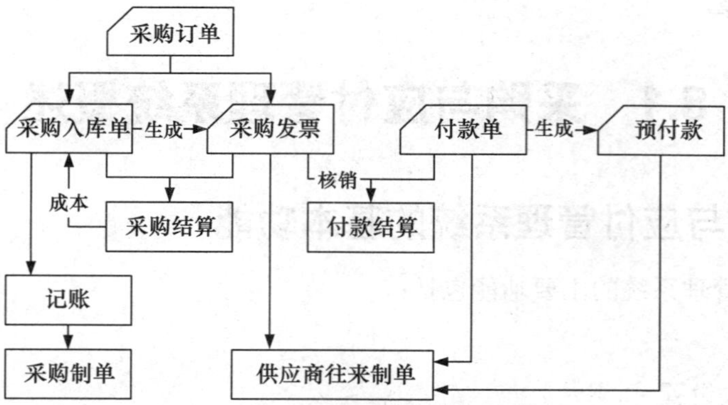

图 8-2 采购管理系统业务操作流程

购销存系统初始化包括购销存系统业务参数设置、基础档案信息设置及期初数据录入工作。

8.2 采购日常业务处理

采购业务主要包括采购订单管理、普通采购业务、采购退货业务、现付业务等内容。

这里重点介绍普通采购业务。

按货物和发票到达的先后，将普通采购业务划分为单货同行、货到票未到(暂估入库)、票到货未到(在途存货)3种类型，不同的业务类型相应的处理方式有所不同。

8.2.1　单货同行业务

当采购、库存、核算、总账集成使用时，单货同行的采购业务处理流程如图8-3所示。

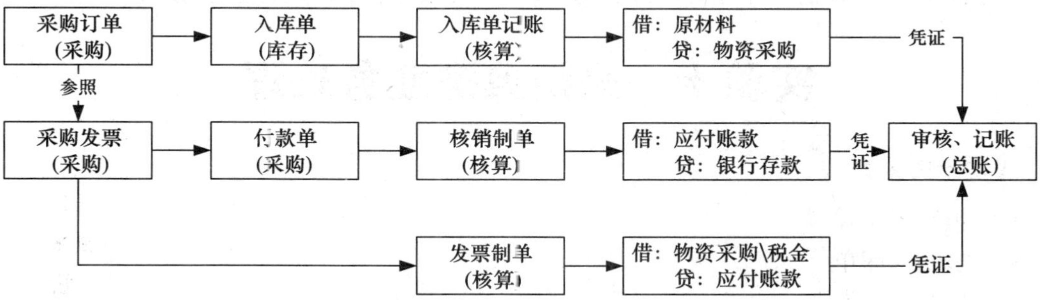

图 8-3　单货同行的采购业务处理流程

8.2.2　货到票未到(暂估入库)业务

暂估是指本月存货已经入库，但采购发票尚未收到，不能确定存货的入库成本。月底时为了正确核算企业的库存成本，需要将这部分存货暂估入账，形成暂估凭证。对暂估业务，系统提供了三种不同的处理方法。

- 月初回冲
- 单到回冲
- 单到补差

以单到回冲为例，暂估处理的业务流程如图8-4和图8-5所示。

当月，货到票未到：

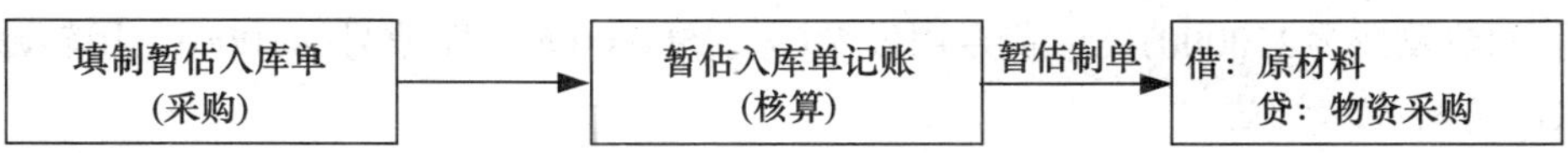

图 8-4　暂估处理业务发生

下月，发票到：

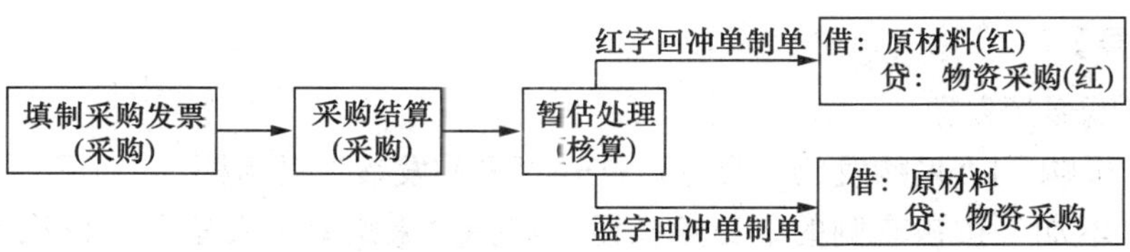

图 8-5　单到回冲暂估处理的业务流程

对于暂估业务，要注意在月末暂估入库单记账前要对所有的没有结算的入库单填入暂估单价，然后才能记账。

8.2.3　票到货未到(在途存货)业务

如果先收到了供货单位的发票，而没有收到供货单位的货物，可以对发票进行压单处理，待货物到达后，再一并输入计算机做报账结算处理。但如果需要实时统计在途货物的情况，就必须将发票输入计算机，待货物到达后，再填制入库单并做采购结算。

实验十　采购典型业务处理

【实验内容】

- 填制采购发票
- 填制入库单
- 填制运费发票
- 现付并复核发票
- 生成记账凭证
- 单据审核、记账

【实验准备】

- 将系统日期修改为"2013年1月1日"。
- 引入"实验四"账套数据。

【实验要求】

以操作员"刘丽丽"登录进行操作处理。

【实验资料】

1. 业务1："发票先到，材料未到，现付"

1月1日，从中沙市长兴工厂采购A材料2000千克，不含税单价为10元/千克，收到增值税专用发票(发票号210000)，运费专用发票(运费500.00元，发票号641000)，用转账支票支付货款，材料尚未到达。

借：在途物资　　20,465.00(10×2000＋500×93%)
　　应交税费——应交增值税(进项税额)　　3,435.00(10×2000×17%＋500×7%)
　　贷：银行存款　　23,900.00

【实验指导】

(1) 填制采购专用发票

① 执行"采购"|"采购发票"命令，打开"采购发票"对话框。

② 单击"增加"按钮右侧的下三角按钮，选择"采购专用发票"，依次录入采购专用发票中的各项目内容，再单击"保存"按钮，如图8-6所示。

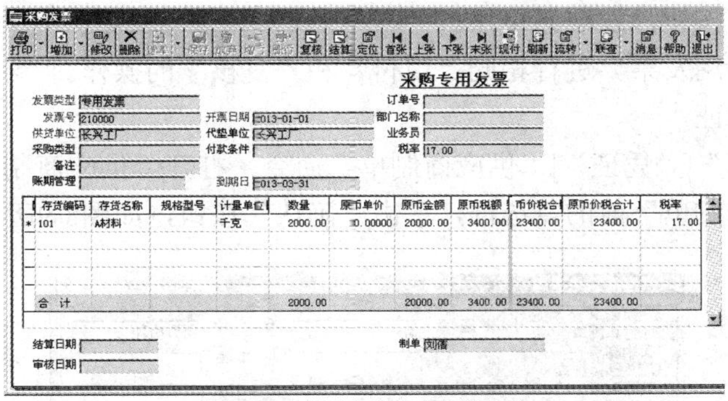

图 8-6　填制采购专用发票

(2) 填制运费发票

① 在“采购发票”对话框中，单击“增加”按钮右侧的下三角按钮，选择“采购运费发票”。

② 依次录入采购运费发票中的各项内容，填制一张运费发票并保存，如图8-7所示。

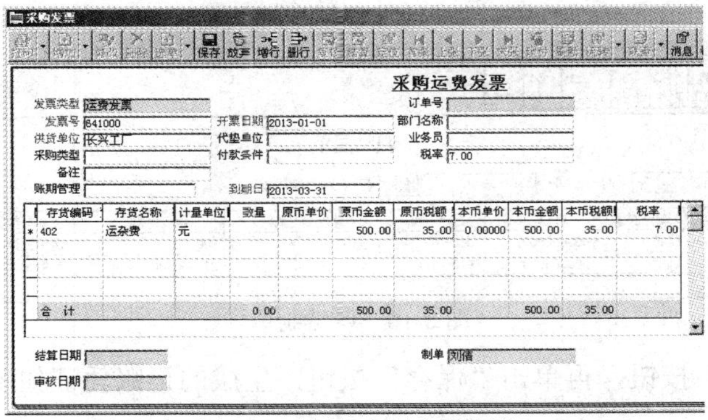

图 8-7　填制采购运费发票

(3) 现付并复核发票

① 在“采购运费发票”窗口中，单击“现付”按钮，打开“采购现付”对话框。

② 选择结算方式，再依次输入结算金额、银行账号等信息，单击“确定”按钮。

③ 单击“复核”按钮，如图8-8所示。

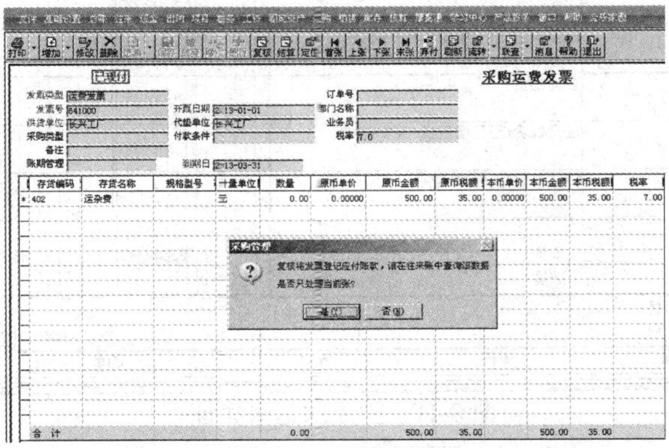

图 8-8　复核发票

④ 单击“是”按钮，发票已复核。

⑤ 对“采购专用发票”进行相同“现付”和“复核”的操作。

(4) 生成记账凭证

① 执行“核算”|“凭证”|“供应商制单”命令，打开“供应商制单查询”对话框。

② 选中“现结制单”前的复选框，单击“确认”按钮，如图8-9所示。

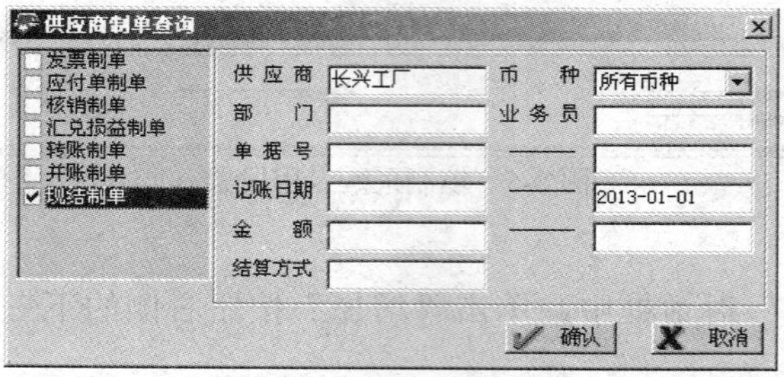

图 8-9 供应商制单查询

③ 在“现结制单”窗口中，单击“全选”按钮，再单击“合并”按钮，如图8-10所示。

图 8-10 现结制单

④ 单击“制单”按钮，再单击“保存”按钮，生成的记账凭证如图8-11所示。

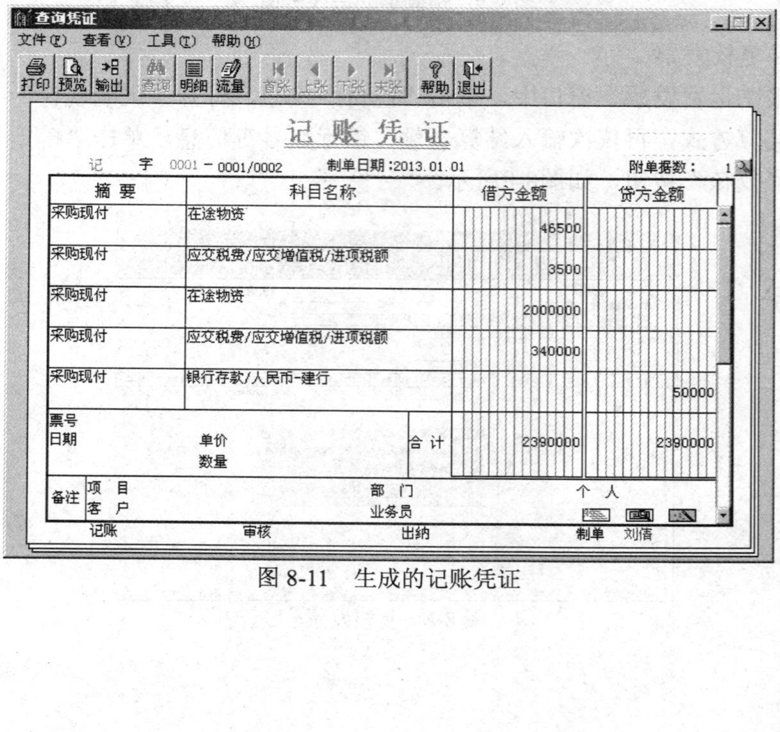

图 8-11 生成的记账凭证

提示：

- 如果当本张发票上的金额全部或部分付款时，就要单击“现付”按钮，以便生成“贷：银行存款或库存现金”的记账凭证，否则，“贷方”将是“应付账款”科目。
- 在“现付”时，结算金额不能大于“采购付现”对话框左上角所显示的应付金额。
- 发票填制完毕，需单击“复核”按钮，相当于审核采购发票。
- 如果发现发票中所填的信息有错误，可以单击“弃复”和“弃付”按钮后再进行修改。

2. 业务2：“材料验收入库，进行采购结算”

1月3日，从中沙市长兴工厂采购的A材料2000千克验收入库。

借：原材料——A材料　　　　20,465.00

　　贷：在途物资　　　　　　　20,465.00　(10×2000＋500×93%)

【实验指导】

(1) 填制采购入库单

① 执行“采购”|“采购入库单”命令，打开“采购入库”对话框。

② 单击“增加”按钮右侧的下三角按钮，选择“采购入库单”。

③ 选择仓库“原材料库”，依次录入采购入库单中的各项目内容，再单击“保存”按钮，如图8-12所示。

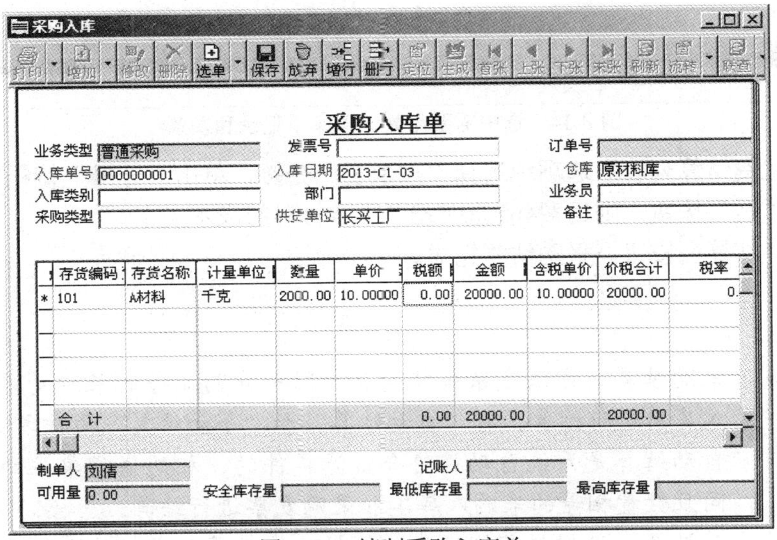

图 8-12　填制采购入库单

(2) 进行采购结算(手动结算)

① 执行“采购”|“采购结算”|“手动结算”命令，打开“手动结算”对话框。

② 输入过滤条件：供应商信息，如图8-13所示。

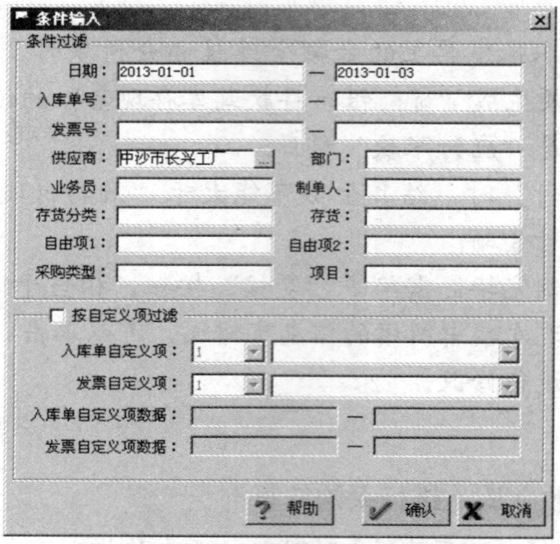

图 8-13　输入手动结算的过滤条件

③ 单击“确认”按钮，打开“入库单和发票选择”对话框，双击选中需要结算的入库单记录及对应的专用发票和运费发票记录，再单击“确认”按钮，如图8-14所示。

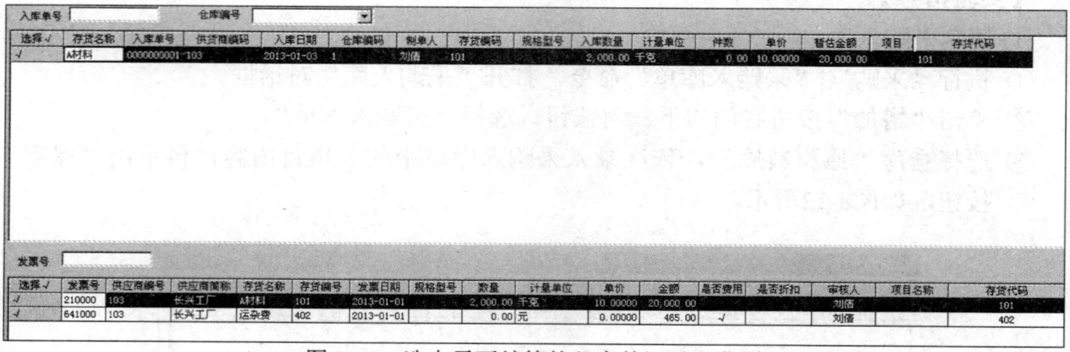

图 8-14　选中需要结算的入库单记录和发票

④ 在“运费结算列表”选项中选择“按数量”分摊，单击“分摊”按钮。

⑤ 单击“是”按钮，则运费465.00元分摊到A材料的成本当中。

⑥ 单击“结算”按钮，采购结算完成。

提示：

- 采购结算的方法是系统将同属于同一采购业务的采购发票和其材料入库单进行结算，有“自动结算”和“手动结算”两种方法。
- 自动结算是系统自动将符合过滤条件的、相同供货单位的、存货相同且数量相等的采购入库单和采购发票进行结算。
- 如果是一种材料分摊运费，选择“按数量”或“按金额”分摊结果是一样的。

(3) 审核采购入库单

① 执行“库存”|“采购入库单”命令，打开“采购入库单”对话框。

② 单击“审核”按钮，则“审核”按钮变为“弃审”按钮，即表示此单据已审核过，如图8-15所示。

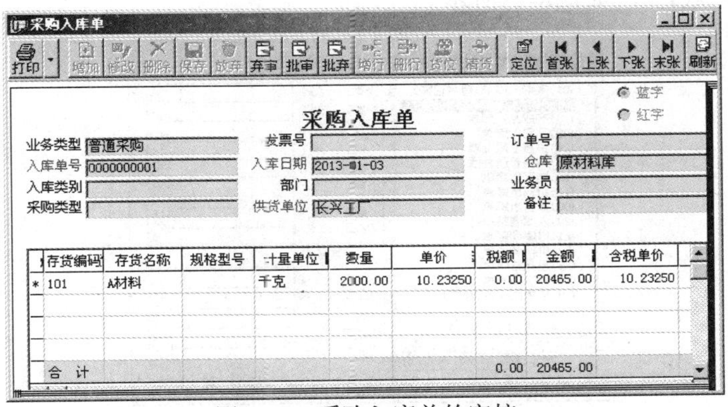

图 8-15　采购入库单的审核

(4) 正常单据记账

① 执行“核算”|“核算”命令，打开“正常单据记账条件”对话框。

② 选择仓库和单据类型，如图8-16所示。

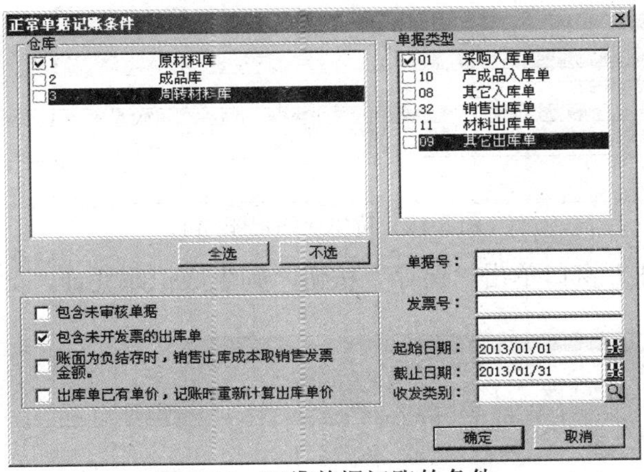

图 8-16　正常单据记账的条件

③ 单击“确定”按钮，在“正常单据记账”窗口中，单击“全选”按钮，如图8-17所示。

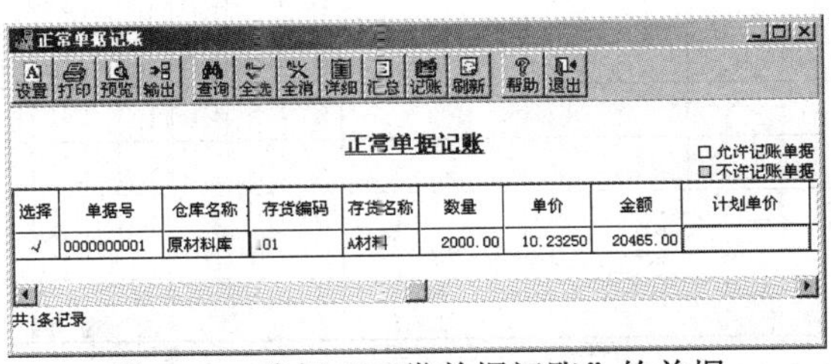

图 8-17　选择“正常单据记账”的单据

④ 单击“记账”按钮，并“退出”。

(5) 生成记账凭证

① 执行“核算”|“凭证”|“购销单据制单”命令，打开“购销单据制单”对话框。

② 单击“选择”按钮，在“查询条件”对话框中选择查询条件：“√ (01)采购入库单(报销记账)”，如图8-18所示。

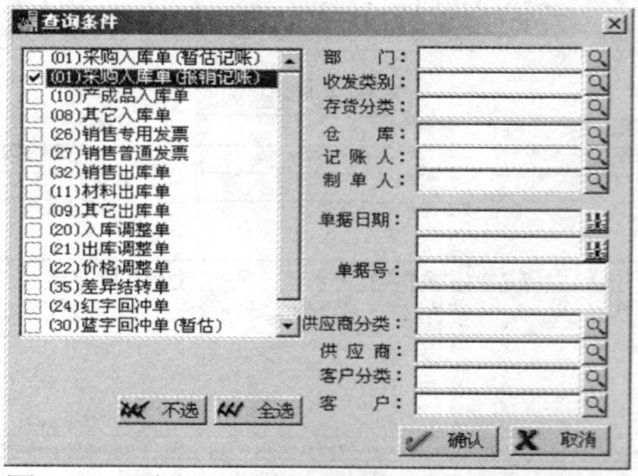

图 8-18　选择“购销单据制单”的单据类型

③ 单击“确认”按钮，在“未生成凭证单据一览表”窗口中单击“全选”按钮，并单击“确定”按钮。

④ 在制单界面单击“生成”按钮，如图8-19所示。

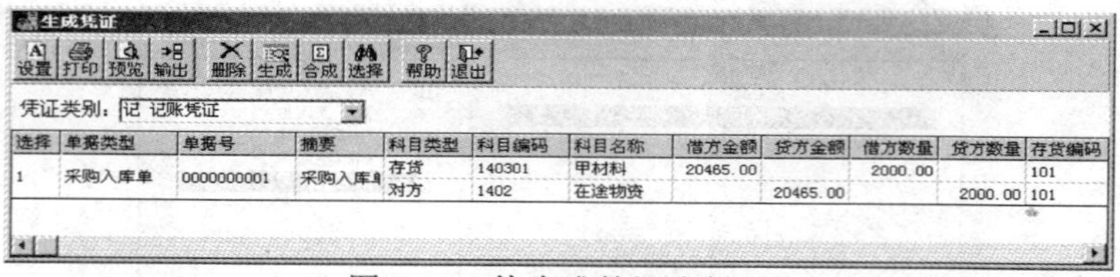

图 8-19　待生成的记账凭证

⑤ 在“填制凭证”窗口单击“保存”按钮，则生成记账凭证，如图8-20所示。

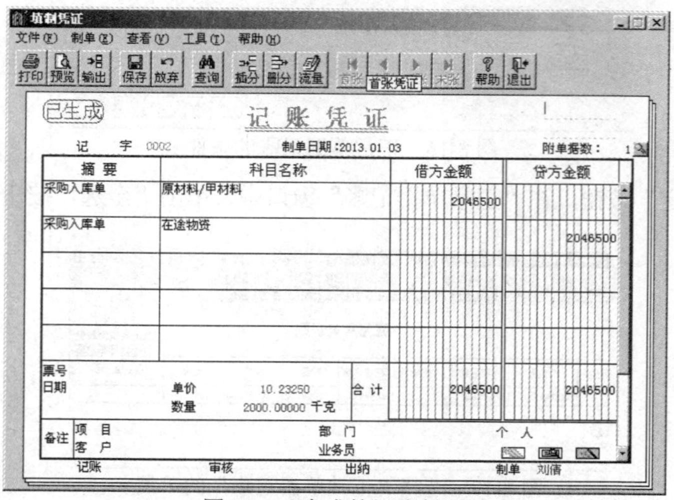

图 8-20　生成的记账凭证

3. 业务3：“发票材料同时到达，货款未付”

1月5日，向海珠市青山有限公司采购B材料800千克，不含税单价为20.00元/千克，收到增值税专用发票(发票号601234)，运费专用发票(运费为300.00元，发票号220222)，材料验收入库，款项未付。

借：原材料——B材料　　16,279.00　(20×800+300×93%)

　　应交税费——应交增值税(进项税额)　　2,741.00　(20×800×17%+300×7%)

　　贷：应付账款——海珠市青山有限公司　　19,020.00

【实验指导】

(1) 填制采购发票

① 执行“采购”|“采购发票”命令，打开“采购发票”对话框。

② 单击“增加”按钮右侧的下三角按钮，选择“采购专用发票”，依次录入采购专用发票中的各项目内容，再单击“保存”按钮，如图8-21所示。

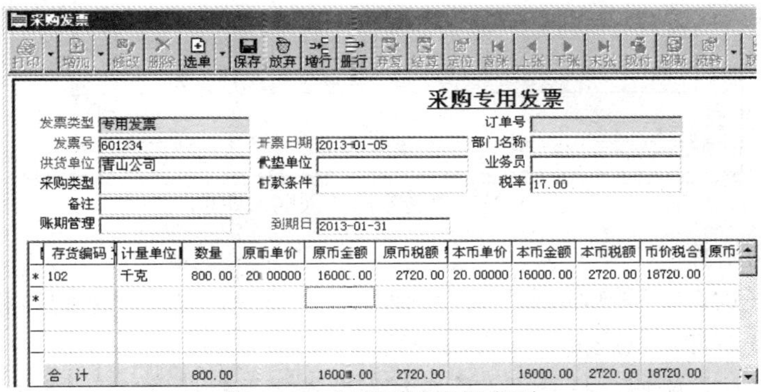

图 8-21　填制采购专用发票

③ 再单击“复核”按钮。

(2) 填制运费发票

① 在“采购发票”对话框中，单击“增加”按钮右侧的下三角按钮，选择“采购运费发票”。

② 依次录入采购运费发票中的各项内容，填制一张运费发票并保存，如图8-22所示。

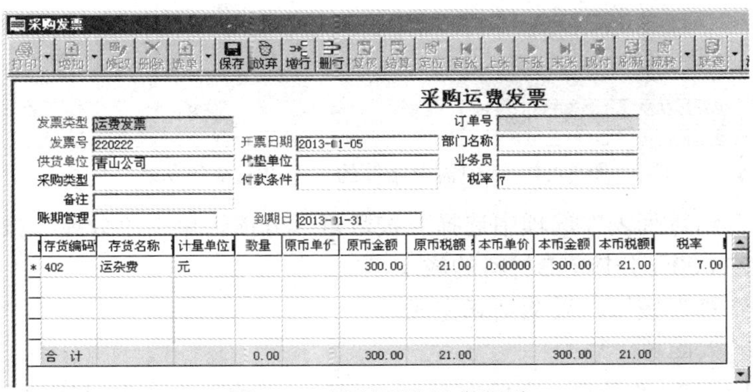

图 8-22　填制采购运费发票

③ 再单击“复核”按钮，复核运费发票。

(3) 生成采购入库单

① 在“采购专用发票”对话框中，单击“流转”按钮右侧的下三角按钮，选择“生成采购入库单”

② 在“采购入库单”对话框中，依次输入仓库、入库类别等信息，再单击“保存”按钮，如图8-23所示。

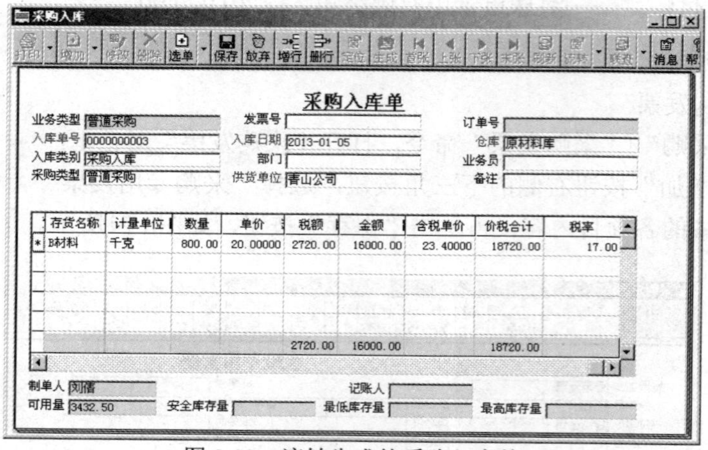

图 8-23 流转生成的采购入库单

(4) 进行采购结算

① 执行“采购”|“采购结算”|“手动结算”命令，打开“手动结算”对话框。

② 输入过滤条件：供应商——青山公司。

③ 单击“确认”按钮，打开“入库单和发票选择”对话框，双击选中需要结算的入库单记录及对应的专用发票和运费发票记录，再单击“确认”按钮，如图8-24所示。

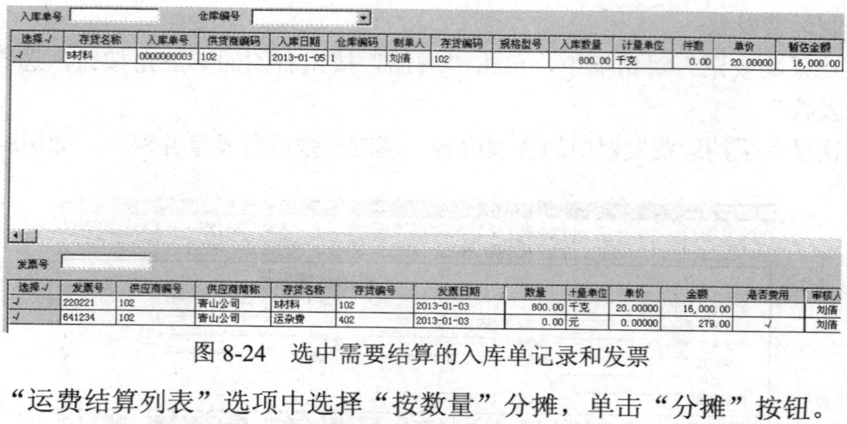

图 8-24 选中需要结算的入库单记录和发票

④ 在“运费结算列表”选项中选择“按数量”分摊，单击“分摊”按钮。

⑤ 则运费279.00元分摊到B材料的成本当中。

⑥ 单击“结算”按钮，采购结算完成。

(5) 审核采购入库单

① 执行“库存”|“采购入库单”命令，打开“采购入库单”对话框。

② 单击“审核”按钮，则“审核”按钮变为“弃审”按钮，即表示此单据已审核过。

(6) 正常单据记账

① 执行“核算”|“核算”命令，打开“正常单据记账”对话框。

② 单击“确定”按钮，在“正常单据记账”窗口中，单击“全选”按钮。

③ 单击“记账”按钮，并“退出”。

(7) 生成记账凭证

① 执行“核算”|“凭证”|“供应商往来制单”命令，打开“供应商制单查询”对话框。

② 单击“选择”按钮，在“查询条件”对话框中选择查询条件：“√ 发票制单”，再单击“确定”按钮，

③ 选中“选择单据”对话框前的复选框，再单击“全选”和“合并”按钮，如图8-25所示。

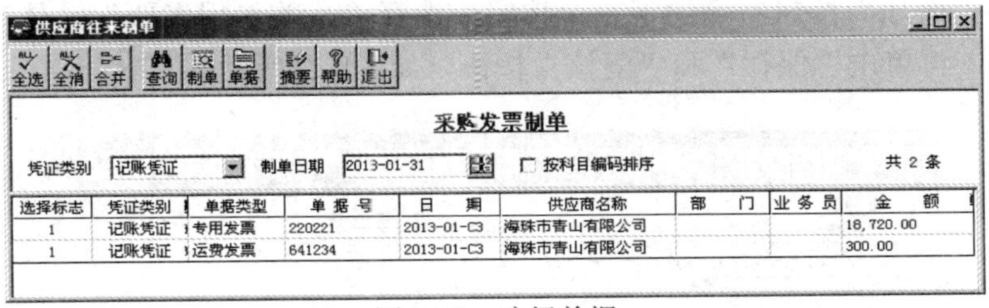

图 8-25　选择单据

④ 单击“制单”按钮，将存货科目编码由“140301”改为“140302”，则科目名称变为“乙材料”，如图8-26所示。

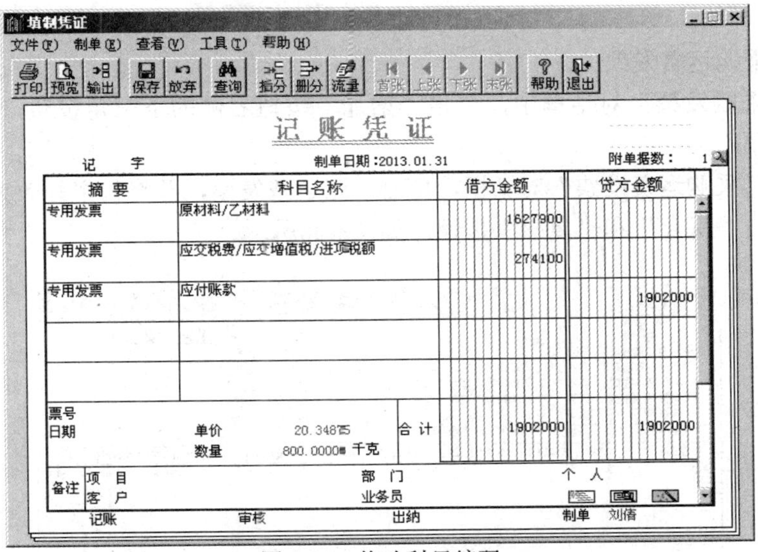

图 8-26　修改科目编码

⑤ 单击“保存”按钮，则生成记账凭证。

4. 业务4：“发票材料同时到达，使用预付款”

1月6日，从中沙市长兴工厂采购C材料500千克，不含税单价为60.00元/千克，收到增

值税专用发票(发票号300001)、运费普通发票(运杂费150.00元，发票号537890)，使用预付款6,000.00元，余款29,250.00元使用电汇方式付讫，材料已验收入库。

(1) 借：原材料——C材料　　30,150.00(500×60＋150)
　　应交税费——应交增值税(进项税额)　　5,100.00(500×60×17%)
　　贷：应付账款——中沙市长兴工厂　　35,250.00

(2) 借：应付账款——中沙市长兴工厂　　35,250.00
　　预付账款——中沙市长兴工厂　　－6,000.00
　　贷：银行存款　　29,250.00

【实验指导】

(1) 填制采购专用发票

① 执行“采购”|“采购发票”命令，打开“采购发票”对话框。

② 单击“增加”按钮右侧的下三角按钮，选择“采购专用发票”，依次录入各项目内容，再单击“保存”和“复核”按钮，如图8-27所示。

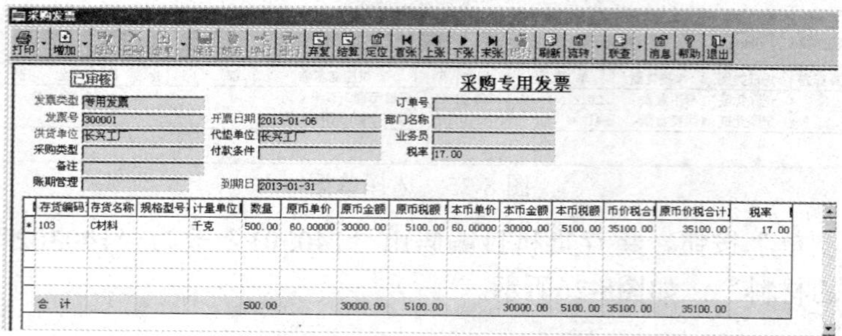

图 8-27　填制并复核采购专用发票

(2) 填制采购运费发票

① 在“采购发票”对话框中，单击“增加”按钮右侧的下三角按钮，选择“采购运费发票”。

② 打开“采购运费发票”对话框，填制一张运费发票，并将税率修改为“0”。

③ 再单击“保存”和“复核”按钮，如图8-28所示。

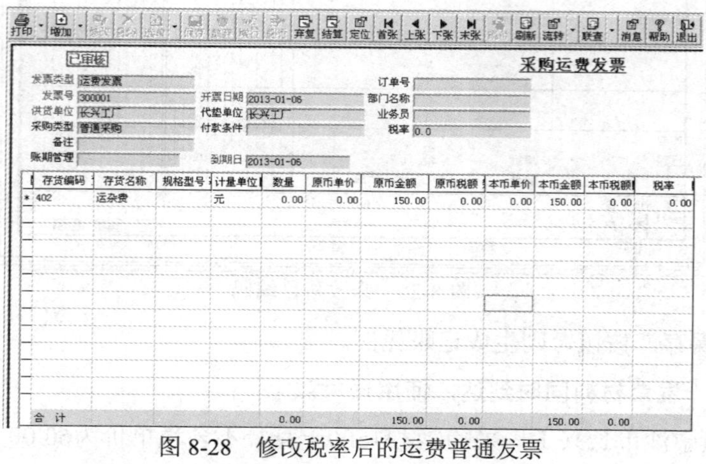

图 8-28　修改税率后的运费普通发票

(3) 生成采购入库单

① 在“采购发票”对话框中，单击“流转”按钮右侧的下三角按钮，选择“生成采购入库单”。

② 在“采购入库单”对话框中，依次输入仓库、入库类别等信息，再单击“保存”按钮。

(4) 进行采购结算

① 执行“采购”|“采购结算”|“手动结算”命令，打开“手工结算”对话框。输入过滤条件：供应商——长兴工厂。

② 单击“确认”按钮，打开“入库单和发票选择”对话框，双击选中需要结算的入库单记录及对应的专用发票和运费发票记录，再单击“确认”按钮。

③ 在“运费结算列表”选项中选择“按数量”分摊，单击“分摊”按钮。

④ 则运费150.00元分摊到C材料的成本当中。

⑤ 单击“结算”按钮，采购结算完成。

(5) 审核采购入库单

① 执行“库存”“采购入库单审核”命令，打开“采购入库单审核”对话框。

② 单击“审核”按钮，则“审核”按钮变为“弃审”按钮，即表示此单据已审核过。

(6) 正常单据记账

① 执行“核算”|“核算”命令，打开“正常单据记账”对话框。

② 单击“确定”按钮，在“正常单据记账”窗口中，单击“全选”按钮。

③ 单击“记账”按钮，并“退出”。

(7) 生成记账凭证(购销单据制单)

① 执行“核算”|“凭证”|“供应商往来制单”命令，打开“供应商制单查询”对话框。

② 单击“选择”按钮，在“查询条件”对话框中选择查询条件：“√ 发票制单”，再单击“确定”按钮。

③ 选中“选择单据”对话框前的复选框，再单击“全选”按钮，如图8-29所示。

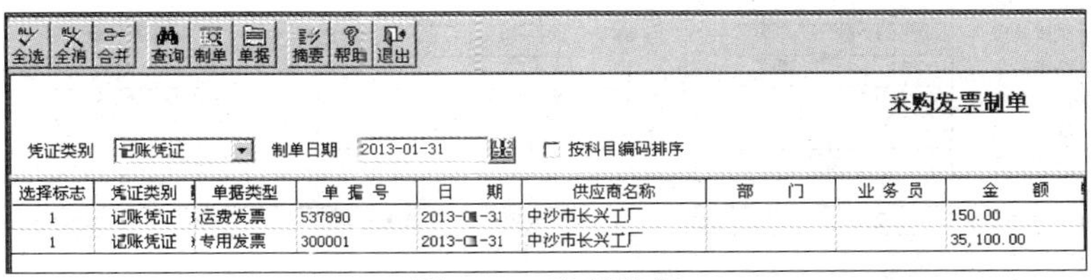

图 8-29　选择单据

④ 单击“合并”按钮，将存货科目编码由“140301”改为“140303”，则科目名称变为“C材料”，如图8-30所示。

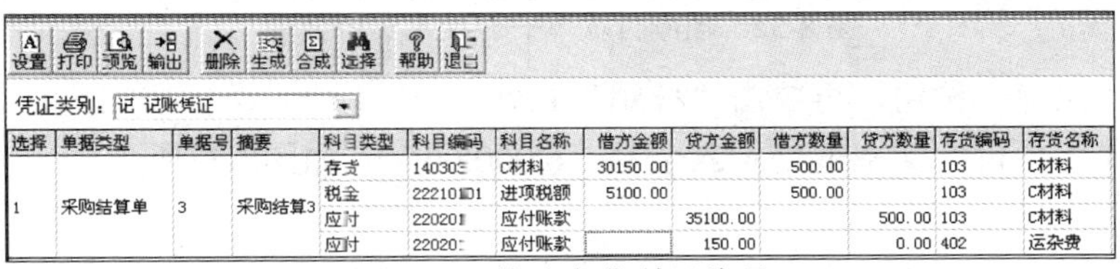

图 8-30　修改存货科目编码

⑤ 单击“制单”按钮，则生成记账凭证，如图8-31所示。

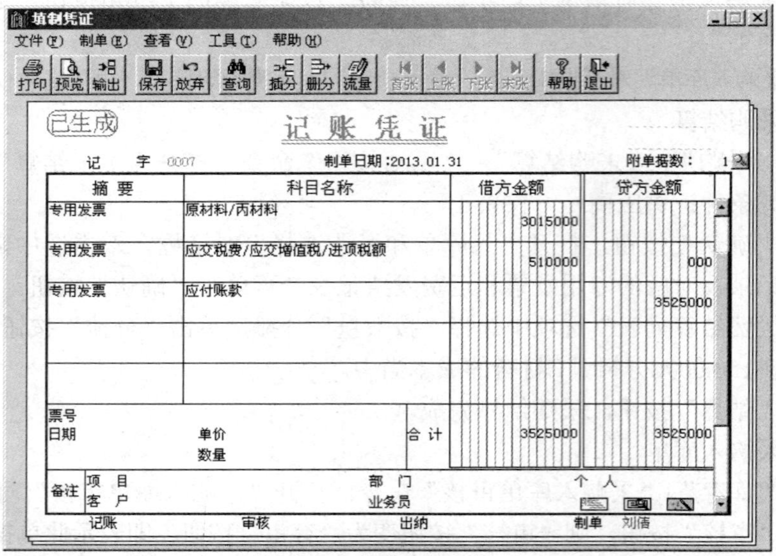

图 8-31　生成的记账凭证

(8) 填制付款单(使用预付款)

① 执行“采购”|“供应商往来”命令，打开“付款结算”对话框。

② 在“供应商参照”窗口选择“中沙市长兴工厂”。

③ 单击“增加”按钮，依次录入结算日期、结算方式、结算科目等信息。

④ 在“金额”文本框处录入金额“29,250.00”，如图8-32所示。

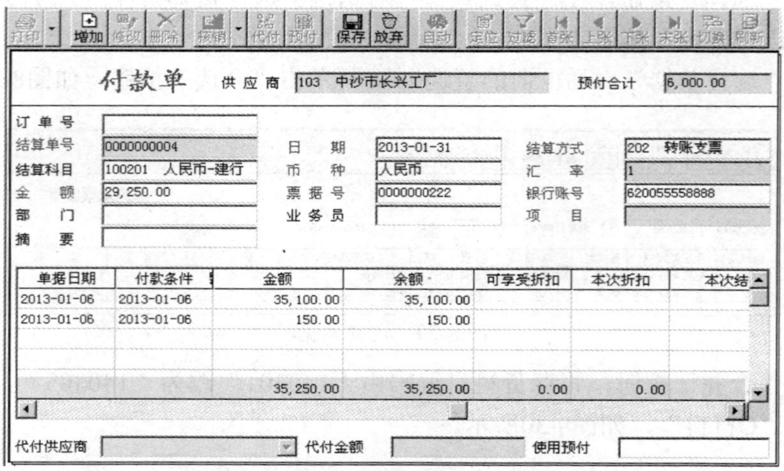

图 8-32　填制付款单——录入实付金额

⑤ 单击“保存”按钮，再单击“核销”按钮。

⑥ 在“使用预付”文本框处录入金额“6,000.00”，如图8-33所示。

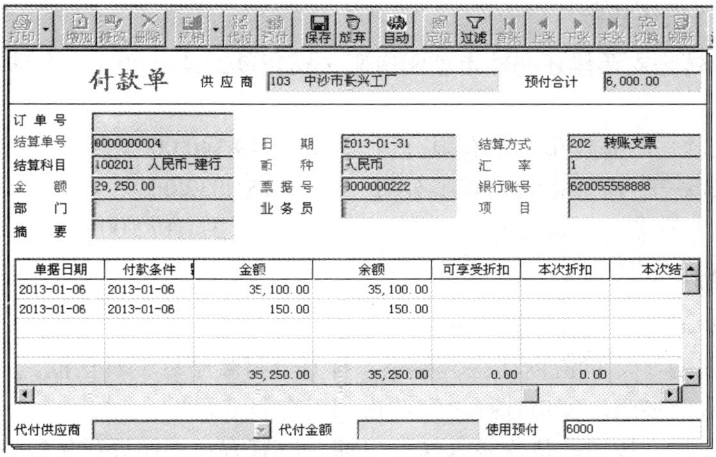

图 8-33　填制付款单——录入使用预付金额

⑦ 单击“自动”按钮，再单击“保存”按钮。

(9) 生成记账凭证(供应商制单)

① 执行“核算”|“凭证”|“供应商制单”命令，打开“供应商制单查询”对话框。

② 选择“核销制单”前的复选框，如图8-34所示，单击“确认”按钮。

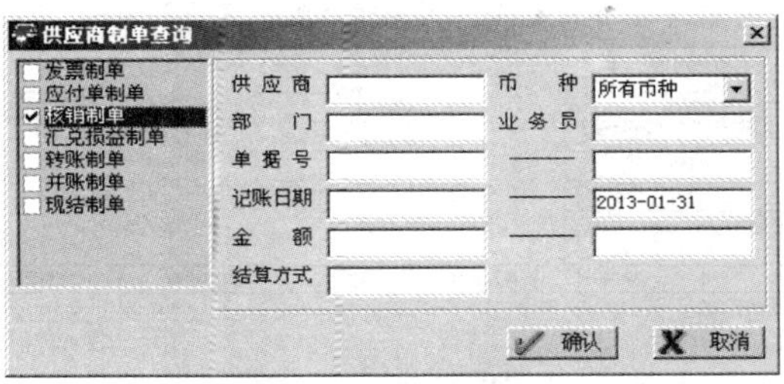

图 8-34　核销制单

③ 并在“核销制单”窗口中，单击“全选”按钮，并“制单”，再单击“保存”按钮，如图8-35所示。

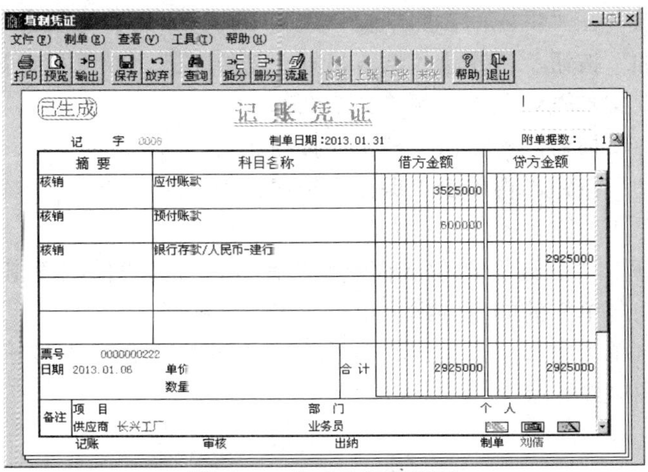

图 8-35　生成的记账凭证

5. 业务5：“偿还货款”

1月7日，用转账支票偿还海珠市朝阳有限公司货款23,400.00元、海珠市青山有限公司货款11,700.00元。

借：应付账款——海珠市朝阳有限公司　　　119,340.00
　　应付账款——海珠市青山有限公司　　　151,832.00
　　贷：银行存款　　　　　　　　　　　　　271,172.00

【实验指导】

(1) 填制付款单

① 执行“采购”|“供应商往来”命令，打开“付款结算”对话框。

② 在“供应商参照”窗口选择“海珠市朝阳有限公司”。

③ 单击“增加”按钮，依次录入结算日期、结算方式、结算科目等信息。

④ 在“金额”文本框处录入金额“23,400.00”。

⑤ 单击“保存”按钮，再单击“核销”按钮。

⑥ 单击“自动”按钮，再单击“保存”按钮，如图8-36所示。

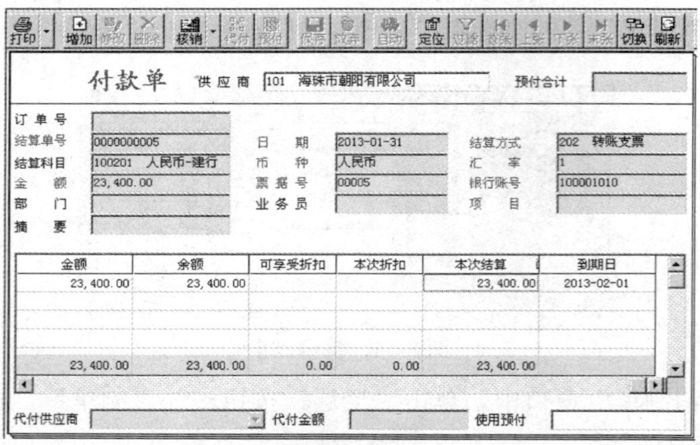

图 8-36　填制付款单(朝阳公司)

⑦ 依同样方法，在“供应商参照”窗口选择“海珠市青山有限公司”。

⑧ 单击“增加”按钮，依次录入结算日期、结算方式、结算科目等信息。

⑨ 在“金额”文本框处录入金额“11,700.00”。

⑩ 单击“保存”按钮，再单击“核销”按钮。

⑪ 单击“自动”按钮，再单击“保存”按钮。

(2) 生成记账凭证

① 执行“核算”|“凭证”|“供应商制单”命令，打开“供应商制单”对话框。

② 选择“核销制单”前的复选框，单击“确定”按钮。

③ 在“核销制单”窗口中，单击“全选”|“合并”|“制单”按钮，再单击“保存”按钮，如图8-37所示。

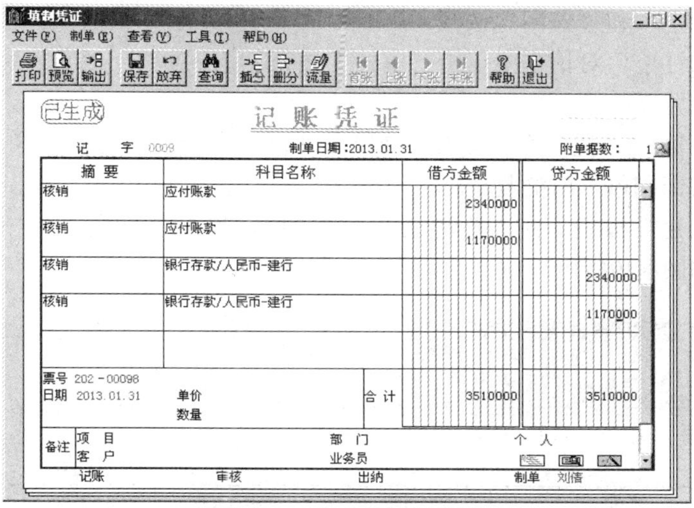

图 8-37　生成的记账凭证

6. 业务6："签订采购合同，同时预付订金"

1月9日，与中沙市长兴工厂签订采购C材料的购货合同，计划采购C材料400千克，不含税单价为62.00元/千克，增值税率17%，合同约定自签订合同之日使用电汇方式预付中沙市长兴工厂30%的货款8,700.00元，运费由销售方承担。

借：预付账款——中沙市长兴工厂　　　　　　　　8,700.00

　　贷：银行存款　　　　　　　　　　　　　　　　8,700.00

【实验指导】

(1) 填制采购订单

① 执行"采购"|"采购订单"命令，打开"采购订单"对话框。

② 单击"增加"按钮，在文本框中依次录入供货单位"中沙市长兴工厂"、税率"17%"等信息。

③ 在表格中依次录入存货编号、数量、单价等信息，再单击"保存"按钮。

④ 单击"订金"按钮，打开"预付订金"对话框。

⑤ 单击"增加行"按钮，依次录入结算日期、结算方式、订金等信息，如图8-38所示。

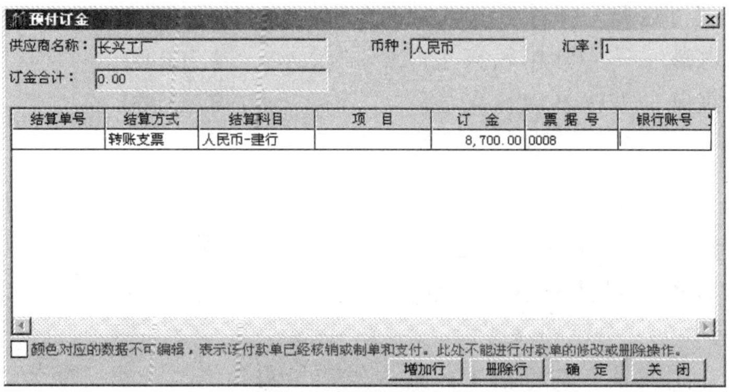

图 8-38　预付订金

⑥ 单击“确定”和“关闭”按钮。

⑦ 在“采购订单”对话框中单击“审核”按钮。

(2) 生成记账凭证

① 执行“核算”|“凭证”|“供应商制单”命令，打开“供应商制单”对话框。

② 选择“核销制单”前的复选框。

③ 单击“确定”按钮，在“核销制单”窗口中，单击“全选”|“制单”|“保存”按钮，如图8-39所示。

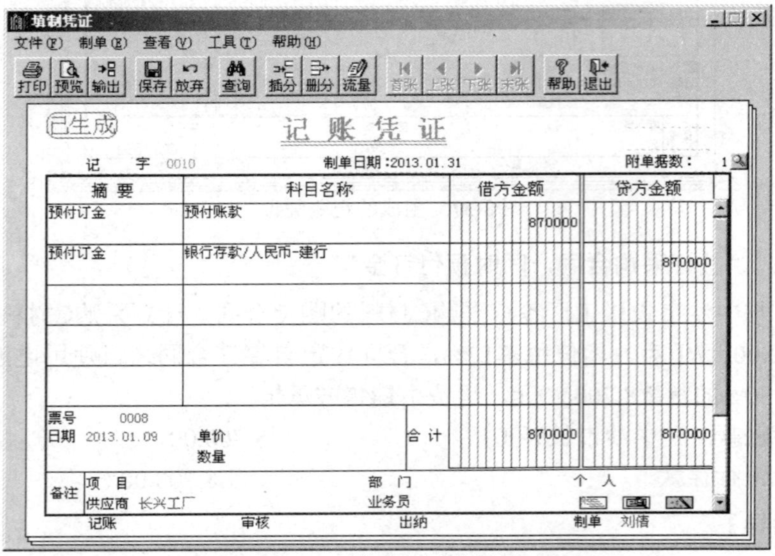

图 8-39 生成的记账凭证

7. 业务7：“预付冲应付”

1月12日，向中沙市长兴工厂采购丙材料400千克，不含税单价为62.00元/千克，收到增值税专用发票(发票号640004)，材料验收入库，用9日的预付款抵付部分货款，其余货款暂欠。

(1) 借：	原材料——丙材料	24,800.00
	应交税费——应交增值税(进项税额)	4,216.00
	贷：应付账款——中沙市长兴工厂	29,016.00
(2) 借：	应付账款——中沙市长兴工厂	8,700.00
	预付账款——中沙市长兴工厂	−8,700.00

【实验指导】

(1) 生成采购专用发票

① 执行“采购”|“采购订单”命令，打开“采购订单”对话框。

② 在“采购订单”对话框中，单击“流转”右侧的下三角按钮，选中“生成采购专用发票”。

③ 在“采购专用发票”对话框中，输入发票号码、修改开票日期为“2013-1-12”。

④ 单击“保存”和“复核”按钮。

(2) 生成采购入库单

① 在“采购发票”对话框中，单击“流转”右侧的下三角按钮，选中“生成采购入库单”。

② 在“采购入库单”对话框中，输入“入库类别：采购入库”、“仓库：原材料库”等信息。

③ 单击“保存”按钮。

(3) 进行采购结算

① 执行“采购”|“采购结算”|“手动结算”命令，打开“手动结算”对话框。输入过滤条件：供应商——长兴工厂。

② 单击“确认”按钮，打开“入库单和发票选择”对话框，双击选中需要结算的入库单记录及对应的专用发票和运费发票记录，再单击“确认”按钮。

③ 在“运费结算列表”中，单击“结算”按钮，采购结算完成。

(4) 审核采购入库单

① 执行“库存”|“采购入库单审核”命令，打开“采购入库单审核”对话框。

② 单击“审核”按钮，则“审核”按钮变为“弃审”按钮，即表示此单据已审核过。

(5) 正常单据记账

① 执行“核算”|“核算”命令，打开“正常单据记账”对话框。

② 单击“确定”按钮，在“正常单据记账”窗口中，单击“全选”。

③ 单击“记账”按钮，并“退出”。

(6) 生成记账凭证(购销单据制单)

① 执行“核算”|“凭证”|“购销单据制单”命令，打开“购销单据制单”对话框。

② 单击“选择”按钮，在“查询条件”对话框中选择查询条件：“√ 采购入库单(报销记账)”，再单击“确定”按钮。

③ 选中“选择单据”对话框前的复选框，再单击“全选”按钮，如图8-40所示。

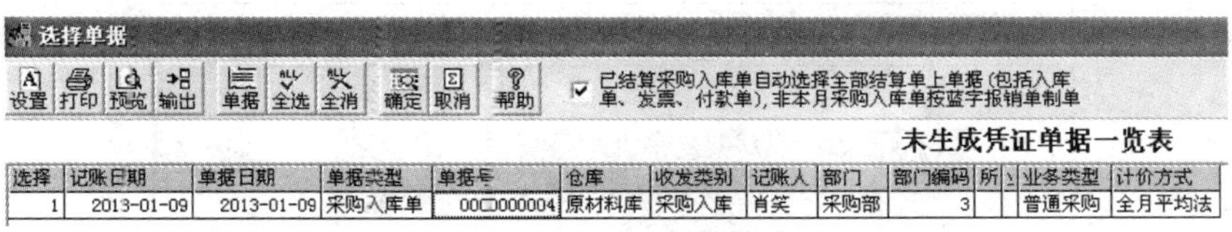

图 8-40　选择单据

④ 单击“确定”按钮，将存货科目编码由“140301”改为“140303”，则科目名称变为“丙材料”，如图8-41所示。

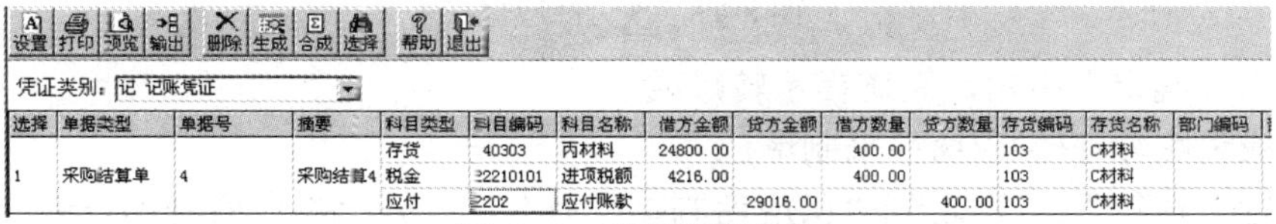

图 8-41　科目编码修改

⑤ 单击“生成”按钮，则生成记账凭证，如图8-42所示。

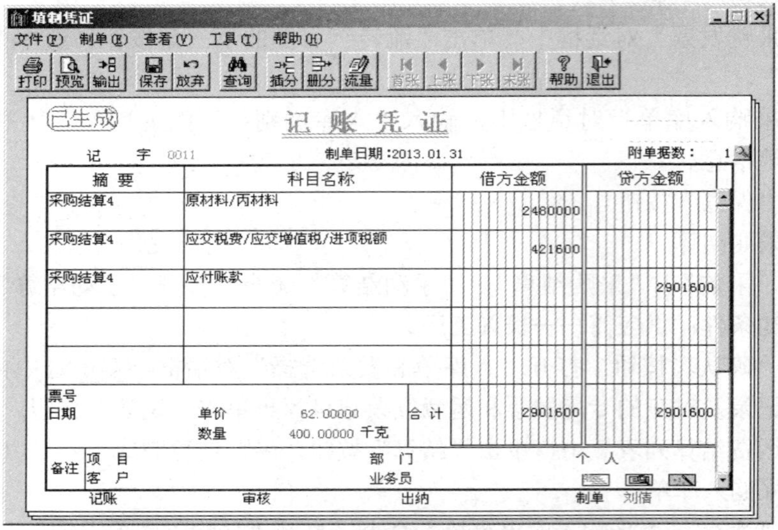

图 8-42　生成的记账凭证

(7) 预付冲应付

① 执行“采购”|“供应商往来”命令，打开“预付冲应付”对话框。选择“供应商——中沙市长兴工厂”。

② 单击“过滤”和“自动转账”按钮，如图8-43所示。

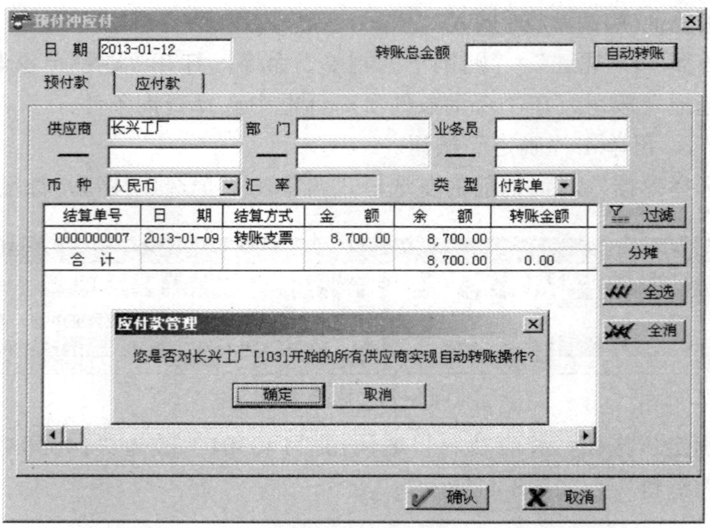

图 8-43　预付冲应付

③ 单击“确定”按钮，系统提示转账成功。

(8) 生成记账凭证(供应商往来制单)

① 执行“核算”|“凭证”|“供应商制单”命令，打开“供应商制单查询”对话框。

② 选择“转账制单”前的复选框，如图8-44所示。

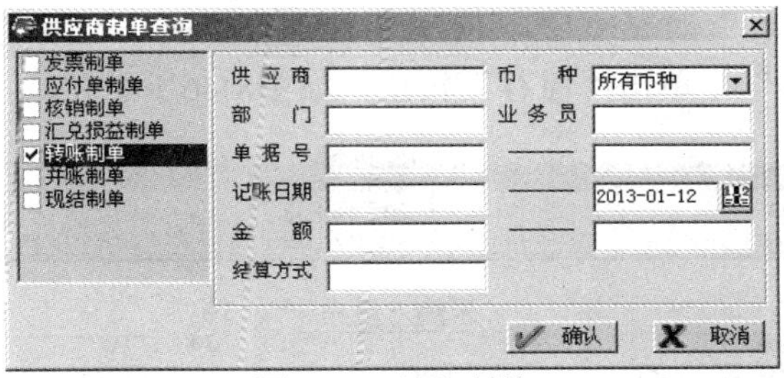

图 8-44　转账制单

③ 单击“确认”按钮，在“转账制单”窗口中，单击“全选”|“制单”|“保存”按钮，如图8-45所示。

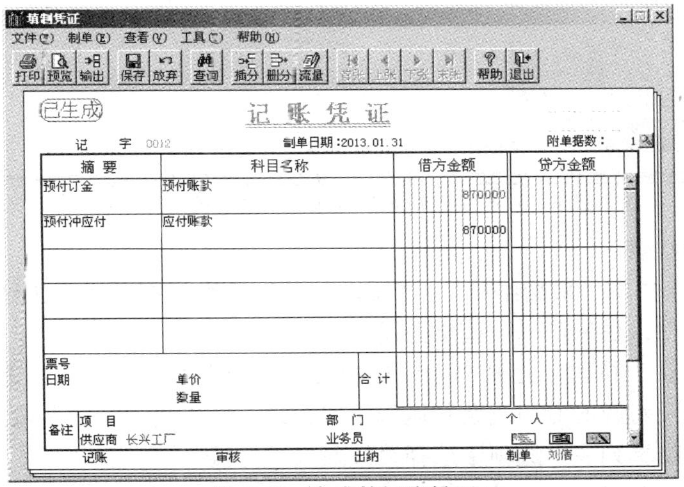

图 8-45　生成的记账凭证

8. 业务8：“购入材料发生合理损耗”

1月13日，向海珠市朝阳有限公司采购A材料600千克，不含税单价为105.00元/千克，收到增值税专用发票(发票号650005)，验收入库时发现材料短缺5千克，为合理损耗，款未付。

借：原材料——A材料　　63,000.00

　　应交税费——应交增值税(进项税额)　　10,710.00

　　贷：应付账款——海珠市朝阳有限公司　　73,710.00

【实验指导】

(1) 生成采购专用发票

① 执行“采购”|“采购发票”命令，打开“采购发票”对话框。

② 单击“增加”按钮右侧的下三角按钮，选择“采购专用发票”，依次录入采购专用发票中的各项目内容，再单击“保存”和“复核”按钮。

(2) 生成采购入库单

① 执行“采购”|“采购发票”命令，打开“采购发票”对话框。

② 单击“流转”按钮右侧的下三角按钮，选择“生成采购入库单”。

③ 在“采购入库单”对话框中，依次录入入库类别、仓库等信息，并将“入库数量”改为“595”，单击“保存”按钮，如图8-46所示。

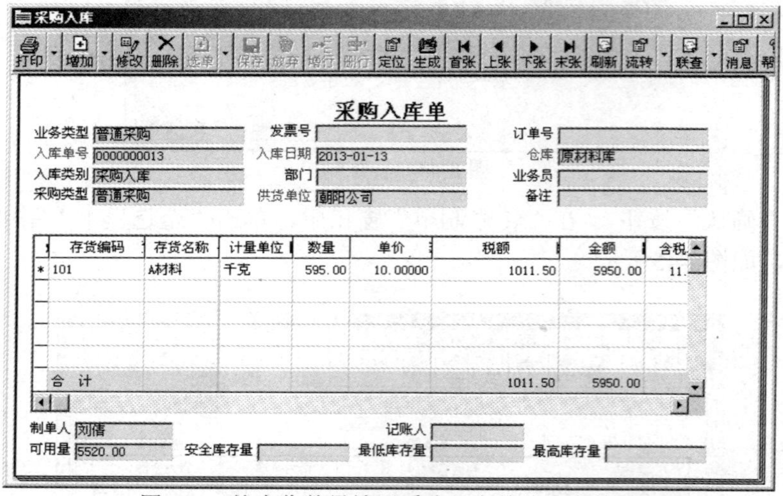

图 8-46　按实收数量填写采购入库单的入库数量

(3) 进行采购结算

① 执行“采购”|“采购结算”|“手动结算”命令，打开“手工结算”对话框。输入过滤条件：供应商——朝阳公司。

② 单击“确认”按钮，打开“入库单和发票选择”对话框，双击选中需要结算的入库单记录及对应的专用发票和运费发票记录，再单击“确认”按钮。

③ 在“运费结算列表”选项中选择“按数量”分摊。

④ 在“结算汇总表”中，录入“合理损耗数量”为“5”，如图8-47所示。

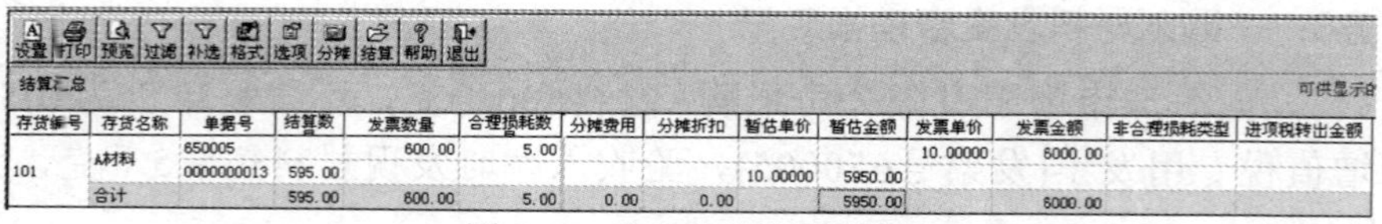

图 8-47　录入合理损耗数量

⑤ 单击“结算”按钮，采购结算完成。

(4) 审核采购入库单

① 执行“库存”|“采购入库单审核”命令，打开“采购入库单审核”对话框。

② 单击“审核”按钮，则“审核”按钮变为“弃审”按钮，即表示此单据已审核过。

(5) 正常单据记账

① 执行“核算”|“核算”命令，打开“正常单据记账”对话框。

② 单击“确定”按钮，在“正常单据记账”窗口中，单击“全选”。

③ 单击“记账”按钮，并“退出”。

(6) 生成记账凭证

① 执行“核算”|“凭证”|“购销单据制单”命令，打开“购销单据制单”对话框。

② 单击“选择”按钮，在“查询条件”对话框中选择查询条件：“√ 采购入库单(报销记账)”，再单击“确定”按钮。

③ 选中“选择单据”对话框前的复选框，再单击“全选”按钮。

④ 单击“确定”和“保存”按钮，则生成的记账凭证如图8-48所示。

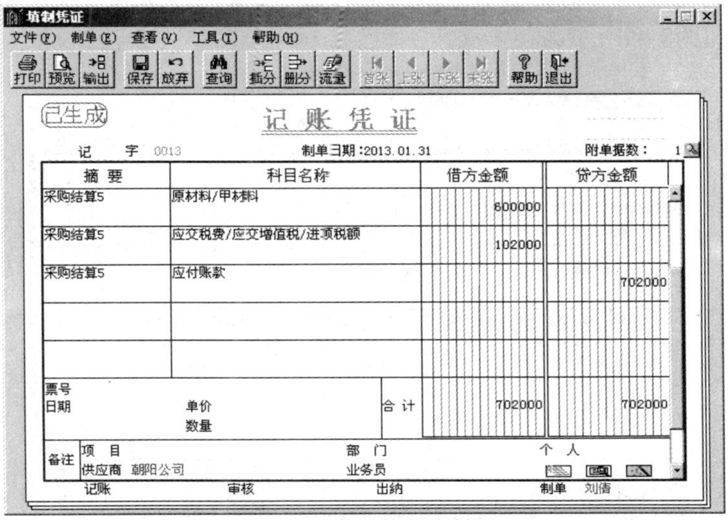

图 8-48　生成的记账凭证

9. 业务9：“购入材料分摊共同耗用的运费”

1月14日，向海珠市青山有限公司采购A材料300千克，不含税单价为10.00元/千克，采购B材料500千克，不含税单价为20.00元/千克，收到增值税专用发票(发票号660006)，运费专用发票(运费为300.00元，发票号200003)，材料验收入库，运费按数量进行分摊，款未付。

借：原材料——A材料　　3,104.63(300×10＋300×3÷8×93%)

　　原材料——B材料　　10,174.37(500×20＋300×5÷8×93%)

　　应交税费——应交增值税(进项税额)　　2,231.00

　　(300×10×17%＋500×20×17%＋300×7%)

　贷：应付账款——海珠市青山有限公司　　15,510.00

【实验指导】

(1) 生成采购专用发票

① 执行“采购”|“采购发票”命令，打开“采购发票”对话框。

② 单击“增加”按钮右侧的下三角按钮，选择“采购专用发票”，依次录入采购专用发票中的各项目内容，再单击“保存”和“复核”按钮。

(2) 填制采购运费发票

① 在“采购发票”对话框中，单击“增加”按钮右侧的下三角按钮，选择“采购运费发票”。

② 打开“采购运费发票”对话框，填制一张运费发票，并将税率修改为“7”。

③ 再单击“保存”和“复核”按钮。

(3) 生成采购入库单

① 在“采购发票”对话框中，单击“流转”按钮右侧的下三角按钮，选择“生成采购入库单”

② 在“采购入库单”对话框中，依次输入仓库、入库类别等信息，再单击“保存”按钮，如图8-49所示。

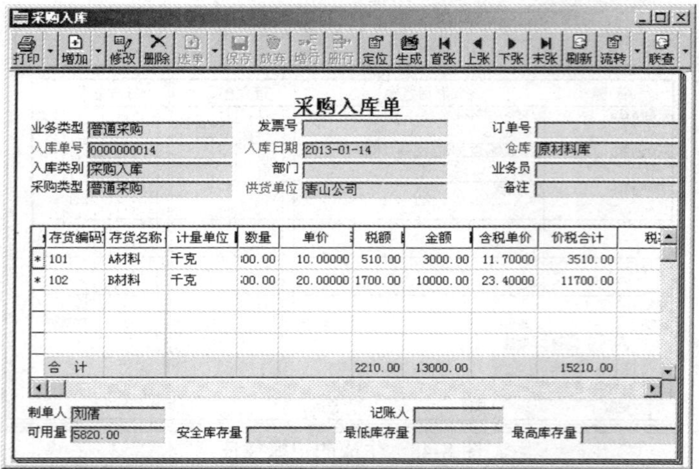

图 8-49 生成的采购入库单

(4) 进行采购结算

① 执行“采购”|“采购结算”|“手动结算”命令，打开“手动结算”对话框。输入过滤条件：供应商——长兴工厂。

② 单击“确认”按钮，打开“入库单和发票选择”对话框，双击选中需要结算的入库单记录及对应的专用发票和运费发票记录，如图8-50所示，再单击“确认”按钮。

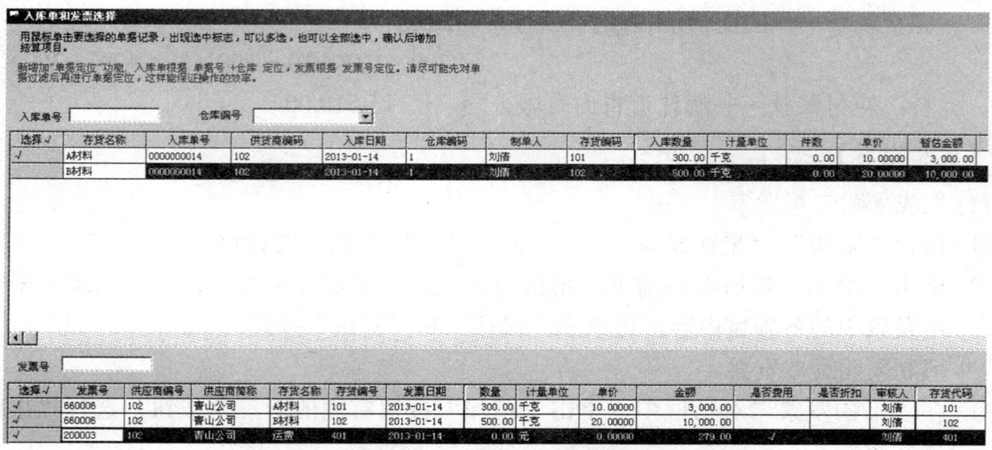

图 8-50 选择需要进行采购结算的发票和入库单

③ 在“运费结算列表”选项中选择“按数量”分摊，单击“分摊”按钮。

④ 则运费279.00元按数量分摊到A、B材料的成本当中。

⑤ 单击“结算”按钮，采购结算完成。

(5) 审核采购入库单

① 执行“库存”|“采购入库单”命令，打开“采购入库单”对话框。

② 单击“审核”按钮，则“审核”按钮变为“弃审”按钮，即表示此单据已审核过。

(6) 正常单据记账

① 执行“核算”|“核算”命令，打开“正常单据记账”对话框。

② 单击“确定”按钮，在“正常单据记账”窗口中，单击“全选”按钮。

③ 单击“记账”按钮，并“退出”。

(7) 生成记账凭证

① 执行“核算”|“凭证”|“购销单据制单”命令，打开“购销单据制单”对话框。

② 单击“选择”按钮，在“查询条件”对话框中选择查询条件：“ √ 采购入库单(报销记账)”，再单击“确定”按钮。

③ 选中“选择单据”对话框前的复选框，再单击“全选”按钮。

④ 单击“确定”按钮，将第二行存货科目编码由“140301”改为“140302”，则科目名称变为“B材料”，如图8-51所示。

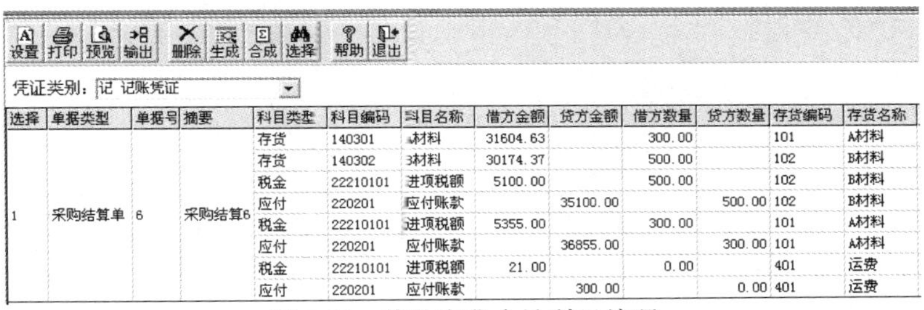

设置 打印 预览 输出 删除 生成 合成 选择 帮助 退出

凭证类别：记 记账凭证

选择	单据类型	单据号	摘要	科目类型	科目编码	科目名称	借方金额	贷方金额	借方数量	贷方数量	存货编码	存货名称
1	采购结算单	6	采购结算6	存货	140301	A材料	31604.63		300.00		101	A材料
				存货	140302	B材料	30174.37		500.00		102	B材料
				税金	22210101	进项税额	5100.00		500.00		102	B材料
				应付	220201	应付账款		35100.00		500.00	102	B材料
				税金	22210101	进项税额	5355.00		300.00		101	A材料
				应付	220201	应付账款		36855.00		300.00	101	A材料
				税金	22210101	进项税额	21.00		0.00		401	运费
				应付	220201	应付账款		300.00		0.00	401	运费

图 8-51　修改存货会计科目编码

⑤ 单击“合成”按钮，则生成记账凭证，如图8-52所示。

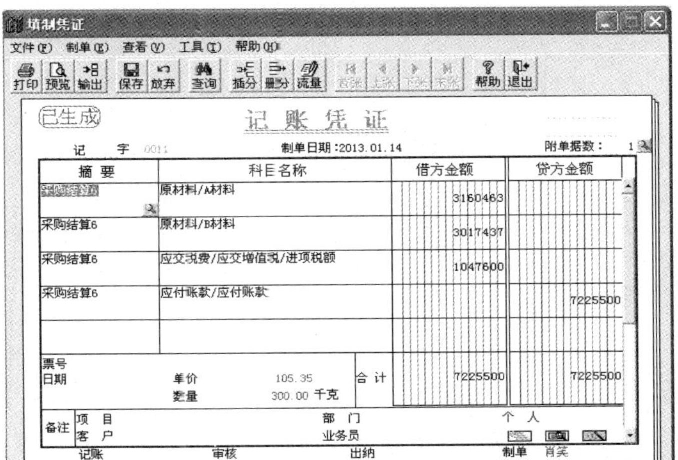

图 8-52　生成的记账凭证

第 9 章 销售与应收管理

本章学习目标

1. 了解销售与应收管理系统的基本功能
2. 了解销售和应收管理系统与其他系统的关系
3. 掌握销售与应收管理系统的业务流程
4. 掌握客户往来业务的处理
5. 能够处理销售日常业务及典型业务

主要内容

1. 录入销售订单
2. 填制销售发货单
3. 生成销售发票
4. 生成销售出库单
5. 填制收款单

9.1 销售与应收管理概述

9.1.1 销售与应收管理的基本功能

销售与应收管理系统的主要功能包括：

1. 系统初始

- 基础设置：建立存货分类、地区分类、客户分类等分类体系。
- 档案设置：建立客户档案、存货档案、仓库目录、收发类别、项目档案等编码档案。
- 其他设置：可进行本企业开户银行、销售类型、付款条件、发运方式、结算方式、销售费用项目等设置。
- 单据设计：可自由增减各种销售单据的项目以及自由设定各项目在单据中的位置。

2. 日常业务

- 销售订单管理：处理销售订单的受订、确认和关闭。

- 销售业务管理：处理销售发货和销售退货业务，可根据订单发货，并处理销售折扣，可根据销售订单开发票，发货单生成销售出库单后，冲减库存的现存量，在开票的同时可以进行现结收款的处理。

3. 销售账簿及销售分析

提供各种销售明细账及统计表查询及分析。

4. 月末结账

当某月的销售业务全部处理完毕后，进行月末结账处理。月末结账后，不能再处理该月的销售业务。

9.1.2 销售和应收管理系统与其他系统的关系

销售管理系统与采购管理系统、库存管理系统和核算管理系统密切相关，一起组成完整的企业供应链管理系统。销售管理系统与基础设置共享基础数据，销售管理系统的发货单等单据审核后自动生成销售出库单传递给库存管理系统和核算系统；库存管理系统为销售管理系统提供可用于销售的存货现存量；核算系统为销售系统提供的各种单据生成记账凭证。

销售管理系统与其他系统的关系如图9-1所示。

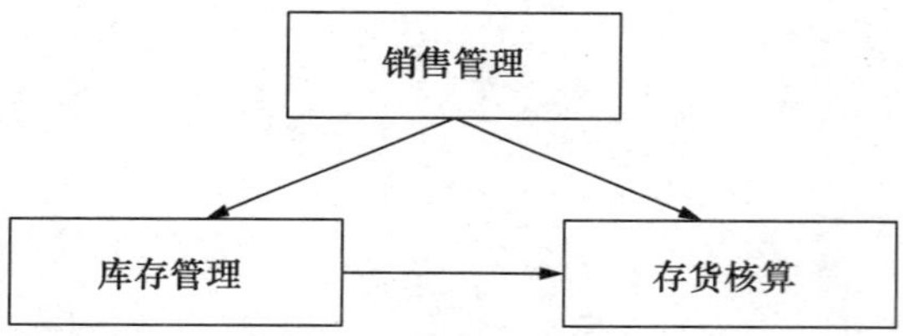

图 9-1　销售管理系统与其他系统的关系

销售管理系统业务操作流程如图9-2所示。

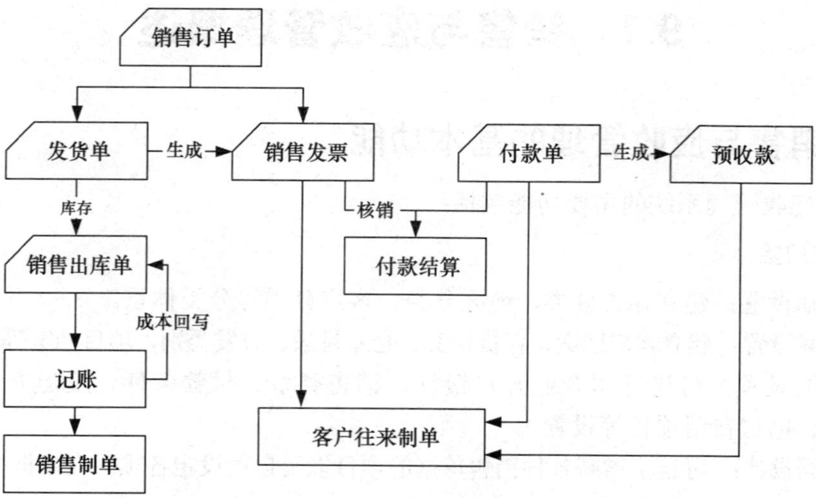

图 9-2　销售与应收管理系统业务操作流程

9.2　销售日常业务处理

销售业务主要包括销售订单管理、普通销售业务、销售退货业务、现收业务、代垫运费业务等内容。这里重点介绍普通销售业务。

按销售发货的业务处理模式不同，普通销售业务分为“先发货后开票”和“开票直接发货”两种模式，不同销售模式其相应的业务处理流程也不同。

9.2.1　先发货后开票

当销售管理、库存管理、存货核算、总账集成使用时，先发货后开票的普通销售业务模式的业务流程如图9-3所示。

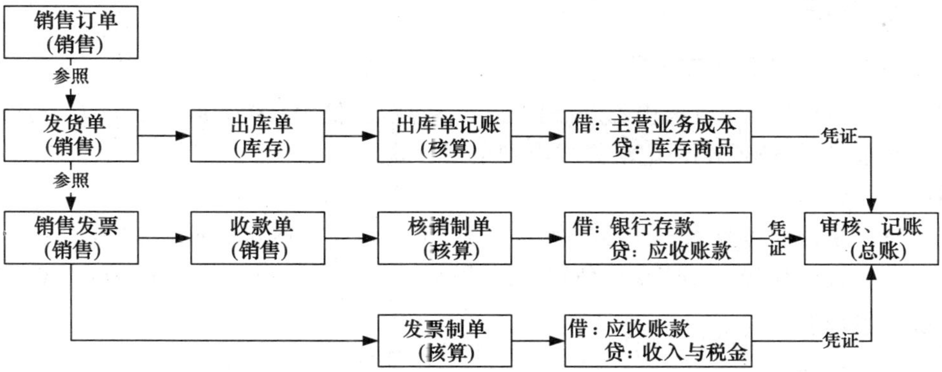

图 9-3　先发货后开票的普通销售业务流程

对于先发货后开票业务，在销售管理中需要做的工作有以下几步。

(1) 录入并审核销售订单。

(2) 参照销售订单生成发货单并审核。

(3) 完成销售开票。

9.2.2　开票直接发货

开票直接发货业务，在管理软件中的处理，首先根据销售订单填制销售发票并审核，审核后的销售发票自动生成相应的发货单、销售出库单以及应收账款，并传递到库存管理模块和存货核算模块。

对于开票直接发货的销售业务模式，在销售管理需要做的工作有录入销售发票、审核销售发票、根据销售发票生成发货单。

实验十一　销售日常业务处理

【实验内容】

- 填制销售订单

- 填制发货单
- 填制销售发票
- 填制销售出库单
- 填制收款单
- 生成记账凭证

【实验准备】

- 将系统日期修改为“2013年1月1日”。
- 引入“实验四”账套数据。

【实验要求】

以操作员“王静”登录进行操作处理。

【实验资料】

1. 业务1：“现结方式销售”

1月16日，向北园公司销售乙产品10台，不含税售价为1,800.00元/台，发货，开出增值税专用发票(票号698001)，电汇方式收到全部货款。

借：银行存款	21,060.00	
贷：主营业务收入——乙产品	18,000.00	(1800×10)
应交税费——应交增值税(销项税额)	3,060.00	(1800×10×17%)

【实验指导】

(1) 填制发货单

① 执行“销售”|“销售发货单”命令，打开“发货单”对话框。

② 单击“增加”按钮右侧的下三角按钮，选择“发货单”，依次录入发货单中的各主要项目，再单击“保存”按钮。

③ 单击“审核”按钮，如图9-4所示。

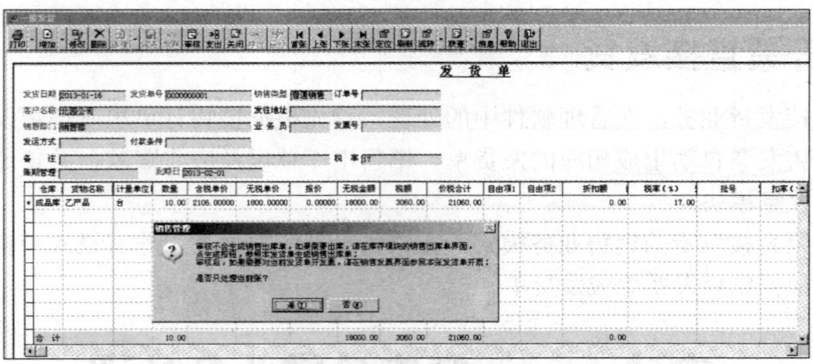

图 9-4 填制销售发货单

④ 单击“是”按钮，则发货单已复核。

(2) 生成销售发票

① 在“发货单”对话框中，单击“流转”按钮右侧的下三角按钮，选择“生成专用发票”。

② 在“销售专用发票”对话框中，修改默认的发票号码，再单击“保存”按钮。

③ 单击“现结”按钮，在“销售现结”对话框中，依次录入结算方式、金额等信息，再依次单击“确定”和“退出”按钮。

④ 在“销售专用发票”对话框中，单击“复核”按钮，如图9-5所示。

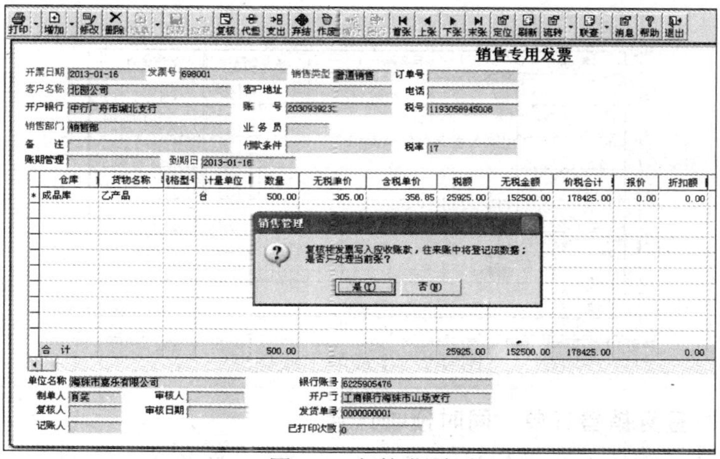

图 9-5　复核发票

⑤ 单击“是”按钮，则发票复核完成。

(3) 生成销售出库单

① 执行“库存”|“销售出库单生成/审核”命令，打开“销售出库单”对话框。

② 在“销售出库单”对话框中，单击“生成”按钮。

③ 在“请选择发货单或发票”对话框中，单击“刷新”按钮。

④ 单击“全选”按钮，如图9-6所示，再单击“确认”按钮。

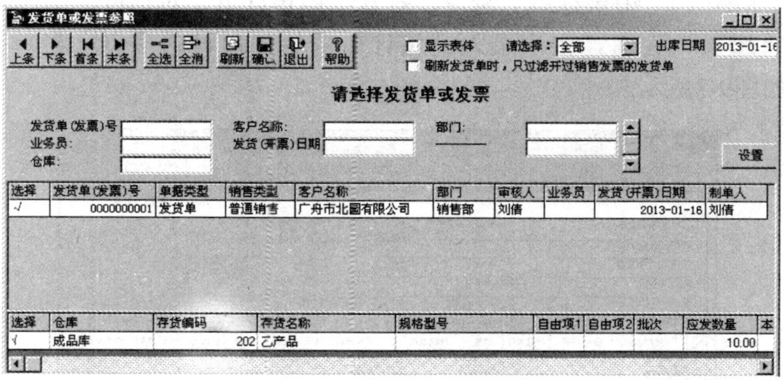

图 9-6　选择发货单或发票

⑤ 在“销售出库单”对话框中，单击“审核”按钮。

(4) 生成记账凭证

① 执行“核算”|“凭证”|“客户往来制单”命令，打开“客户往来查询”对话框。

② 在“客户往来查询”对话框中，选择“ √ 现结制单”。

③ 在“现结制单”中，单击“全选”按钮，然后再单击“制单”按钮。

④ 将记账凭证第二行的会计科目由“500101”改为“500102”，再单击“保存”按钮，如图9-7所示。

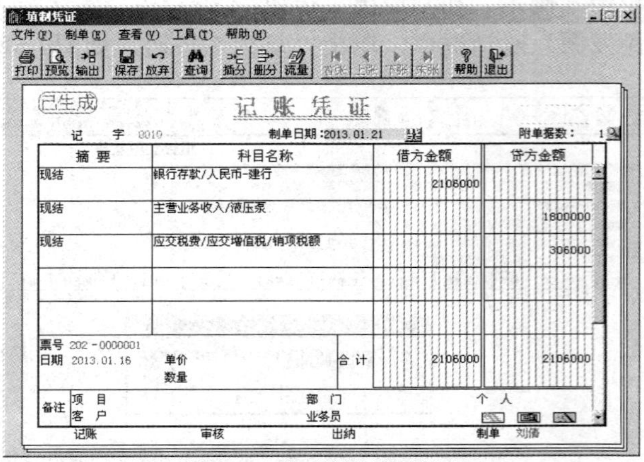

图 9-7　生成的记账凭证

2. 业务2：“签订销售订单，同时预收订金”

1月17日，销售部与中沙市创新有限公司签订销售订单(订单编号0001)，向创新公司销售甲产品20台，不含税售价为400.00元/台，乙产品10台，不含税售价为1,800.00元/台，收到中沙市创新有限公司电汇方式预付订金6,600.00元。

借：银行存款　　　　　　　　　　　　　　6,600.00

　　贷：预收账款——中沙市创新有限公司　　　　　6,600.00

【实验指导】

(1) 填制销售订单

① 执行“销售”|“销售订单”命令，打开“销售订单”对话框。

② 单击“增加”按钮，依次录入销售订单中的各项目的信息，再单击“保存”按钮，如图9-8所示。

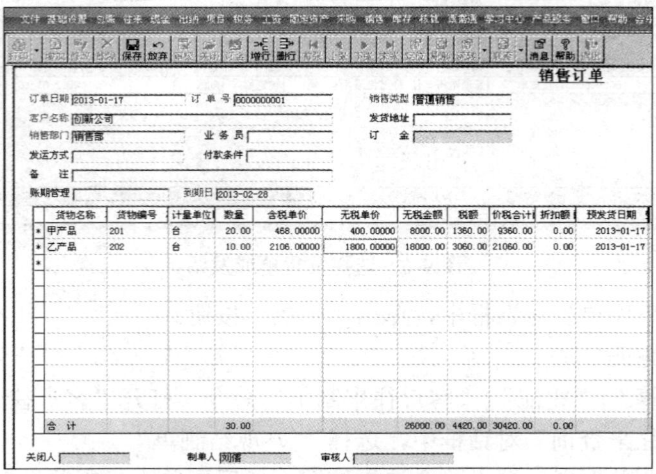

图 9-8　填制销售订单

③ 单击“订金”按钮。

④ 在“预收订金”对话框中，单击“增加行”按钮，依次录入结算日期、结算金额等信息，再单击“确定”按钮。

⑤ 在“销售订单”对话框中，单击“审核”按钮。

(2) 生成记账凭证

① 执行“核算”|“凭证”|“客户往来制单”命令，打开“客户往来查询”对话框。

② 在“客户往来查询”对话框中，选择“√ 核销制单”。

③ 在“核销制单”中，依次单击“全选”和“制单”按钮。

④ 单击“保存”按钮，如图9-9所示。

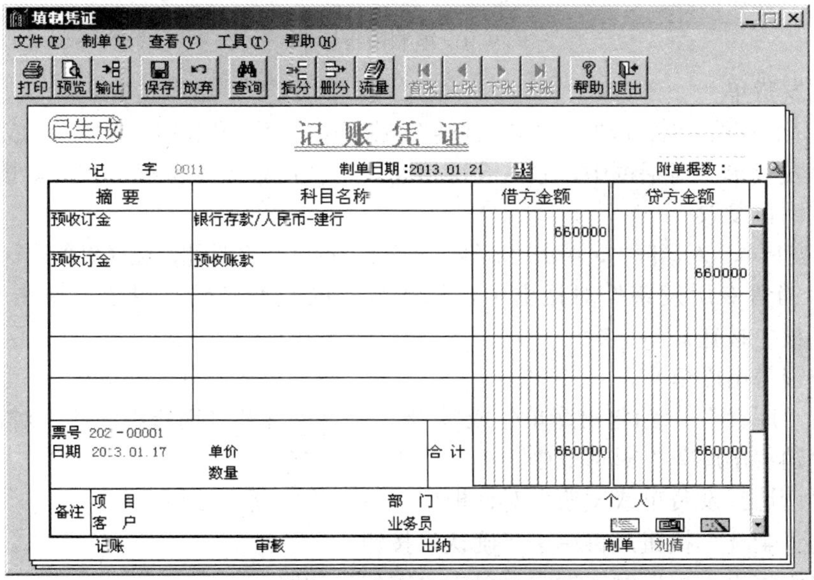

图 9-9　生成的记账凭证

3. 业务3：“享受现金折扣条件销售 ”

1月18日，销售部与海珠市明湖有限公司签订销售订单(订单编号0002)，销售甲产品10台，不含税售价400.00元/台，同日发货；公司开具一张增值税专用发票(发票号698002)，合同约定付款条件为(2/10，1/20，N/30)，现金折扣按价税合计数计算。

借：应收账款——海珠市明湖有限公司　　　　4,680.00

　　贷：主营业务收入——甲产品　　　　　　　　4,000.00

　　　　应交税费——应交增值税(销项税额)　　　680.00

【实验指导】

(1) 填制销售订单

① 执行“销售”|“销售订单”命令，打开“销售订单”对话框。

② 在“销售订单”对话框中，单击“增加”按钮，依次录入销售订单中的各项目的信息，再依次单击“保存”和“审核”按钮，如图9-10所示。

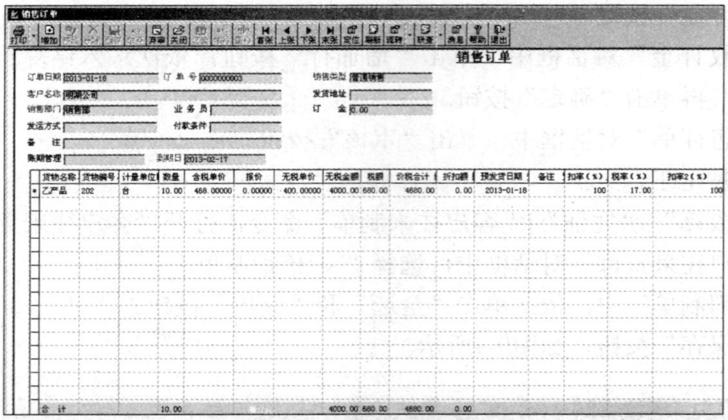

图 9-10　填制销售订单

(2) 生成发货单

① 在“销售订单”对话框中，单击“流转”按钮右侧的下三角按钮，选择“生成发货单”。

② 在“发货单”对话框中，录入仓库信息，再依次单击“保存”和“审核”按钮。

(3) 生成销售发票

① 在“发货单”对话框中，单击“流转”按钮右侧的下三角按钮，选择“生成专用发票”。

② 在“销售专用发票”对话框中，修改默认的发票号码，再依次单击“保存”和“复核”按钮。

(4) 生成销售出库单

① 执行“库存”|“销售出库单生成/审核”命令，打开“销售出库单”对话框。

② 在“销售出库单”对话框中，单击“生成”按钮。

③ 在“请选择发货单或发票”对话框中，单击“刷新”按钮，

④ 单击“全选”按钮，再单击“确认”按钮。

⑤ 在“销售出库单”对话框中，单击“审核”按钮。

(5) 生成记账凭证

① 执行“核算”|“凭证”|“客户往来制单”命令，打开“客户往来查询”对话框。

② 在“客户往来查询”对话框中，选择“√发票制单”。

③ 在“销售发票制单”中，单击“全选”按钮，如图9-11所示。

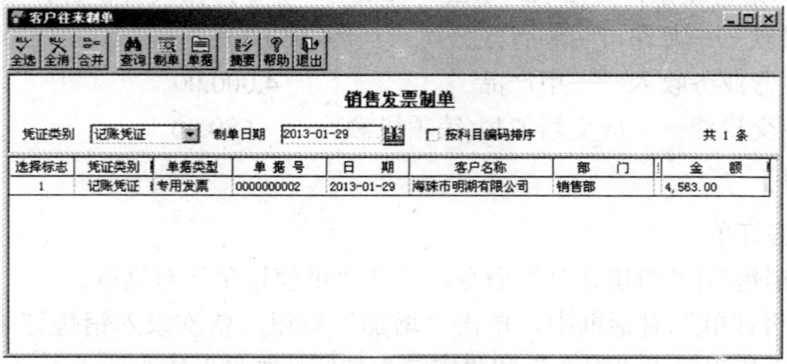

图 9-11　销售发票制单

④ 单击“制单”按钮，生成记账凭证，如图9-12所示。单击“保存”按钮保存记账凭证。

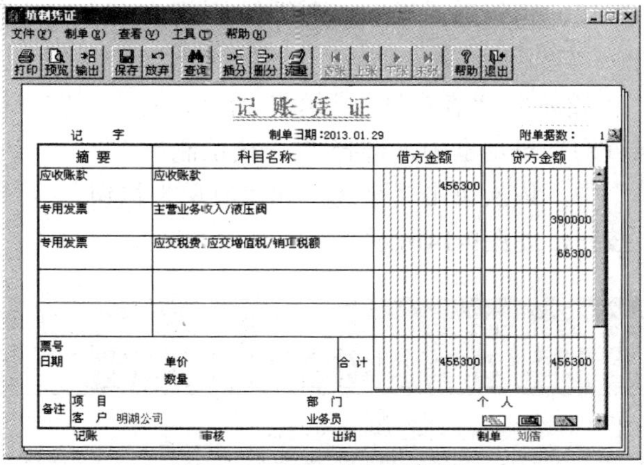

图 9-12　生成的记账凭证

提示：

采用现金折扣销售方式，在填制销售订单(或销售发货单、销售发票)时，要在“付款条件”文本框中选出在“基础设置”|“收付结算”|“付款条件”中设置的付款条件。

4. 业务4：“收回销售款”

1月19日，收到广舟市北园有限公司电汇款25,740.00元，偿还前欠货款。

借：银行存款　　　　　　　　　　　　　　25,740.00

　　贷：应收账款——广舟市北园有限公司　　　　　25,740.00

【实验指导】

(1) 填制收款单

① 执行“销售”|“客户往来”|“收款结算”命令，打开“收款单”对话框。在“收款单”对话框中，选择“客户——广舟市北园有限公司”。

② 单击“增加”按钮，依次录入收款单中各主要项目的信息，再单击“保存”按钮。

③ 单击“核销”按钮，则尚需核销的信息显示在下方表格中。

④ 单击“自动”按钮，如图9-13所示。

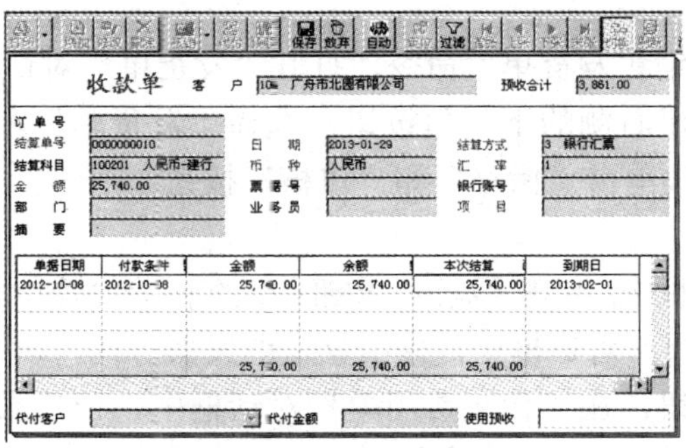

图 9-13　填制收款单

⑤ 单击“保存”按钮，再“退出”。

(2) 生成记账凭证

① 执行“核算”|“凭证”|“客户往来制单”命令，打开“客户往来查询”对话框。

② 在“客户往来查询”对话框中，选择“√核销制单”。

③ 在“核销制单”中，依次单击“全选”和“制单”按钮。

④ 单击“保存”按钮，如图9-14所示。

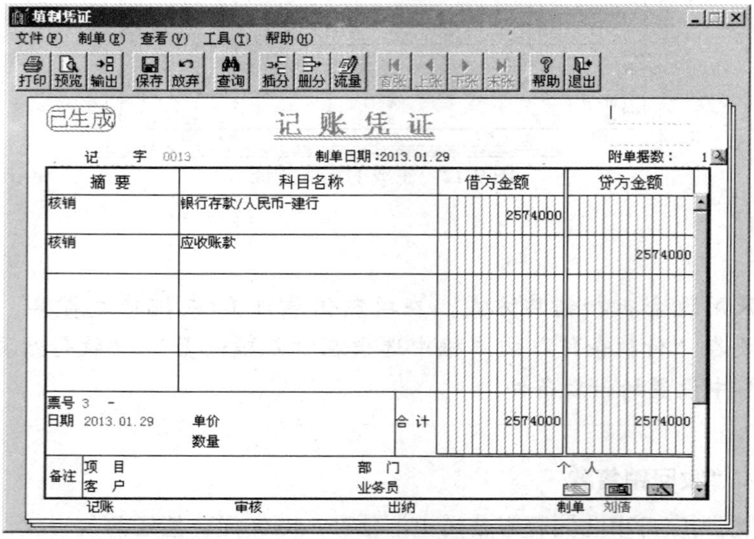

图 9-14 生成的记账凭证

5. 业务5：“代垫运费销售”

1月20日，向恒阳市宏发实业公司销售乙产品10件，不含税售价400.00元/件，发货并以现金代垫运费300.00元，公司开具增值税专用发票一张(发票号698003)，款未收。

借：应收账款——恒阳市宏发实业公司	4,980.00		
贷：主营业务收入——乙产品		4,000.00	(400×10)
应交税费——应交增值税(销项税额)		680.00	(400×10×17%)
库存现金		300.00	

【实验指导】

(1) 填制发货单

① 执行“销售”|“销售发货单”命令，打开“发货单”对话框。

② 单击“增加”按钮右侧的下三角按钮，选择“发货单”，依次录入发货单中的各主要项目，再依次单击“保存”和“审核”按钮。

(2) 生成销售发票

① 在“发货单”对话框中，单击“流转”按钮右侧的下三角按钮，选择“生成专用发票”。

② 在“销售专用发票”对话框中，修改默认的发票号码，再单击“保存”按钮。

③ 单击“代垫”按钮，在“代垫费用单”对话框中，依次录入费用项目、金额等信息，再依次单击“保存”和“审核”按钮，如图9-15所示。

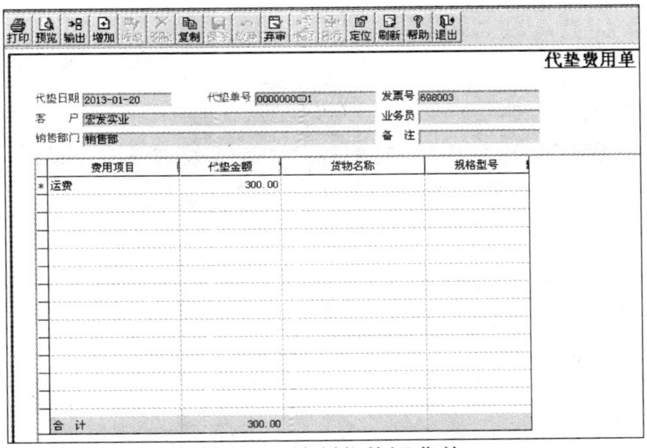

图 9-15　填制代垫运费单

④ 在“销售专用发票”对话框中，单击“复核”按钮，如图9-16所示。

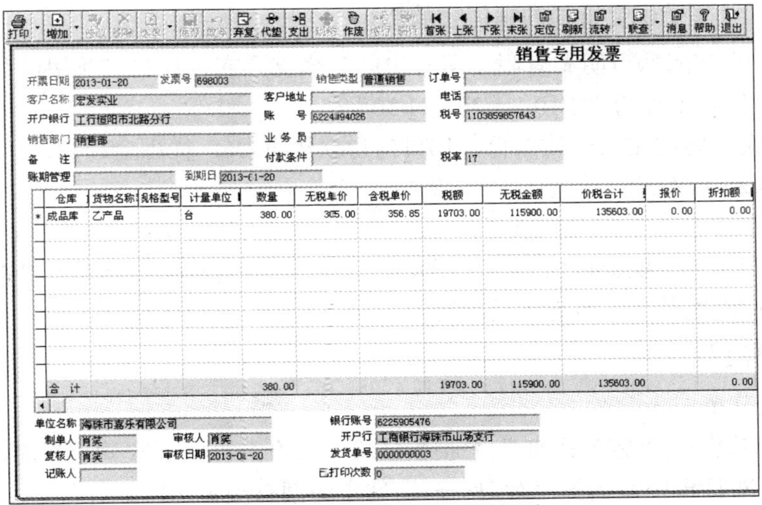

图 9-16　生成的销售专用发票

(3) 生成销售出库单

① 执行“库存”|“销售出库单生成/审核”命令，打开“销售出库单”对话框。在“销售出库单”对话框中，单击“生成”按钮。

② 在“请选择发货单或发票”对话框中，单击“刷新”按钮。

③ 单击“全选”按钮，再单击“确认”按钮。

④ 在“销售出库单”对话框中，单击“审核”按钮。

(4) 生成记账凭证

① 执行“核算”|“凭证”|“客户往来制单”命令，打开“客户往来查询”对话框。

② 在“客户往来查询”对话框中，选择“√ 发票制单”和“√ 应收单制单”。

③ 在“发票、应收单制单”中，依次单击“全选”、“合并”和“制单”按钮。

④ 将记账凭证第二行的会计科目由“500101”改为“500102”，第四行空白科目输入“1001”，如图9-17所示。

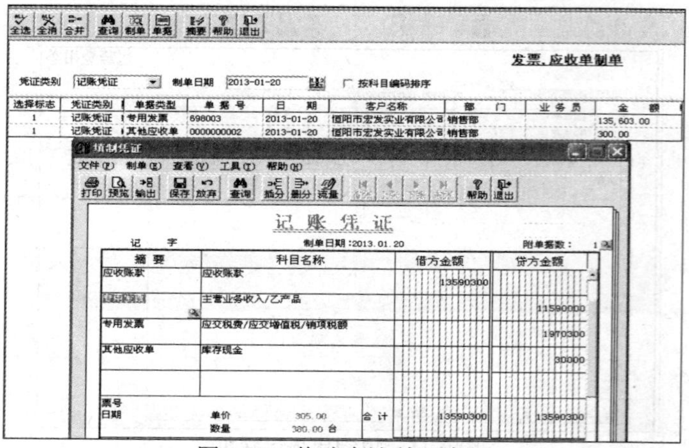

图 9-17　修改会计科目编码

⑤ 单击"保存"按钮，则生成记账凭证。

6. 业务6："享受现金折扣的销售收款"

1月21日，收到海珠市明湖有限公司开出的转账支票支付18日购买甲产品的货款(发票金额4,680.00，付款条件为"2/10，1/20，N/30")。

计算：根据当时约定的付款条件，10日内付款优惠2%，优惠金额为：

4,680.00×2%＝93.60

借：银行存款　　　　4,586.40

　　财务费用——现金折扣　　　　93.60　(4680×2%)

　　贷：应收账款——海珠市明湖有限公司　　　　4,680.00

【实验指导】

(1) 填制收款单

① 执行"销售"|"客户往来"|"收款结算"命令，打开"收款单"对话框。在"收款单"对话框中，选择"客户——海珠市明湖有限公司"。

② 单击"增加"按钮，依次录入收款单中各主要项目的信息，再单击"保存"按钮。

③ 单击"核销"按钮，则尚需核销的信息显示在下方表格中。

④ 单击"自动"按钮，如图9-18所示。

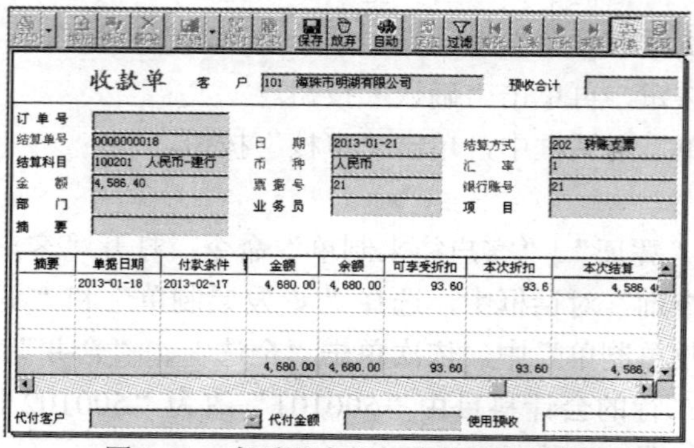

图 9-18　享受现金折扣收款单的填制

⑤ 单击“保存”按钮，再“退出”。

(2) 生成记账凭证

① 执行“核算”|“凭证”|“客户往来制单”命令，打开“客户往来查询”对话框。

② 在“客户往来查询”对话框中，选择“√ 核销制单”。

③ 在“核销制单”中，依次单击“全选”和“制单”按钮。

④ 单击“保存”按钮，如图9-19所示。

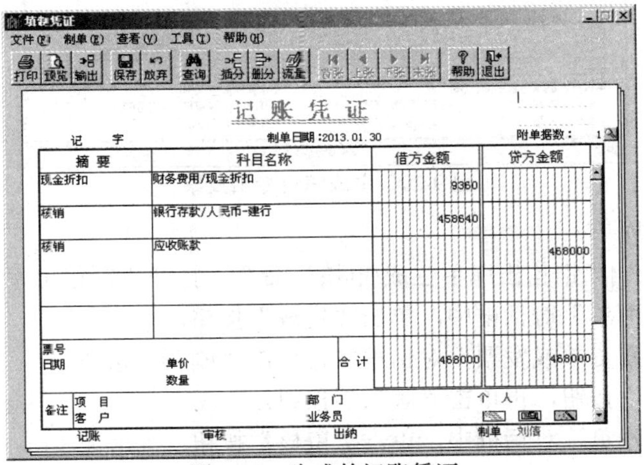

图 9-19　生成的记账凭证

7. 业务7：“预收冲应收”

(续业务2)1月22日，按销售订单(订单编号0001)向中沙市创新有限公司发货，开出增值税专用发票(发票号698004)，销售甲产品20台，乙产品10台。

(1) 借：应收账款——中沙市创新有限公司	30,420.00	
贷：主营业务收入——甲产品	8,000.00	(20×400)
主营业务收入——乙产品	18,000.00	(1800×10)
应交税费——应交增值税(销项税额)	4,420.00	
(2) 贷：预收账款——中沙市创新有限公司	−6,600.00	
应收账款——中沙市创新有限公司	6,600.00	

【实验指导】

(1) 生成发货单

① 执行“销售”|“销售订单”命令，打开“销售订单”对话框。

② 翻到首页0001号订单，在“销售订单”对话框中，单击“流转”按钮右侧的下三角按钮，选择“生成发货单”。

③ 在“发货单”对话框中，录入仓库信息，再依次单击“保存”和“审核”按钮。

(2) 生成销售发票

① 在“发货单”对话框中，单击“流转”按钮右侧的下三角按钮，选择“生成专用发票”。

② 在“销售专用发票”对话框中，修改默认的发票号码，再依次单击“保存”和“复核”按钮，如图9-20所示。

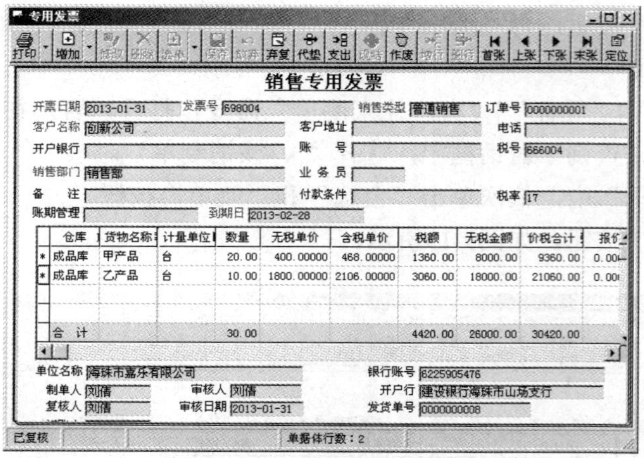

图 9-20 生成销售专用发票

(3) 生成销售出库单

① 执行“库存”|“销售出库单生成/审核”命令，打开“销售出库单”对话框。

② 在“销售出库单”对话框中，单击“生成”按钮。

③ 在“请选择发货单或发票”对话框中，单击“刷新”按钮。

④ 单击“全选”按钮，再单击“确认”按钮。

⑤ 在“销售出库单”对话框中，单击“审核”按钮。

(4) 生成记账凭证

① 执行“核算”|“凭证”|“客户往来制单”命令，打开“客户往来查询”对话框。

② 在“客户往来查询”对话框中，选择“√发票制单”。

③ 在“销售发票制单”中，依次单击“全选”和“制单”按钮。

④ 光标移至记账凭证的第三行，单击“插分”按钮，插入一行，录入“500102”科目，同时修改乙产品的数量为“10”；用同样方法修改甲产品的数量为“20”。

⑤ 单击“保存”按钮，生成记账凭证，如图9-21所示。

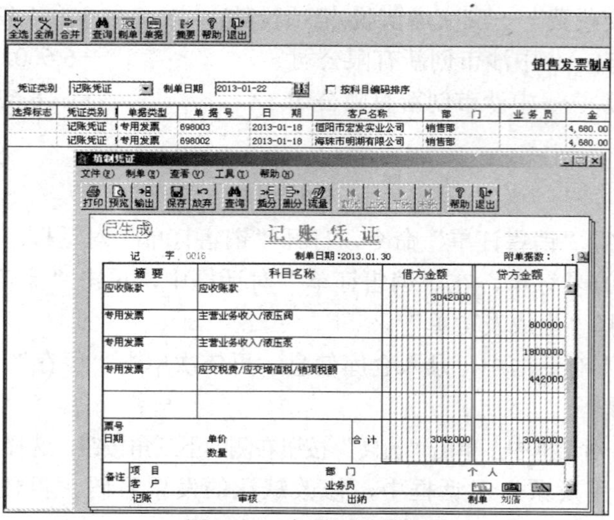

图 9-21 生成记账凭证

(5) 预收冲应收

① 执行“销售”|“客户往来”|“预收冲应收”命令，打开“预收冲应收”对话框。选择“客户——创新公司”，再单击“过滤”按钮，如图9-22所示。

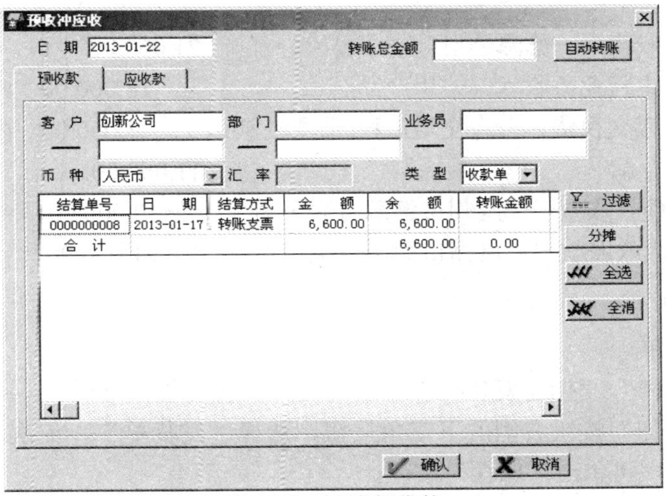

图 9-22　过滤预收款

② 单击“自动转账”按钮，系统弹出对话框，再单击“确定”按钮。

(6) 生成记账凭证

① 执行“核算”|“凭证”|“客户往来制单”命令，打开“客户往来查询”对话框。

② 在“客户往来查询”对话框中，选择“√ 转账制单”。

③ 在“转账制单”中，依次单击“全选”和“制单”按钮，如图9-23所示。

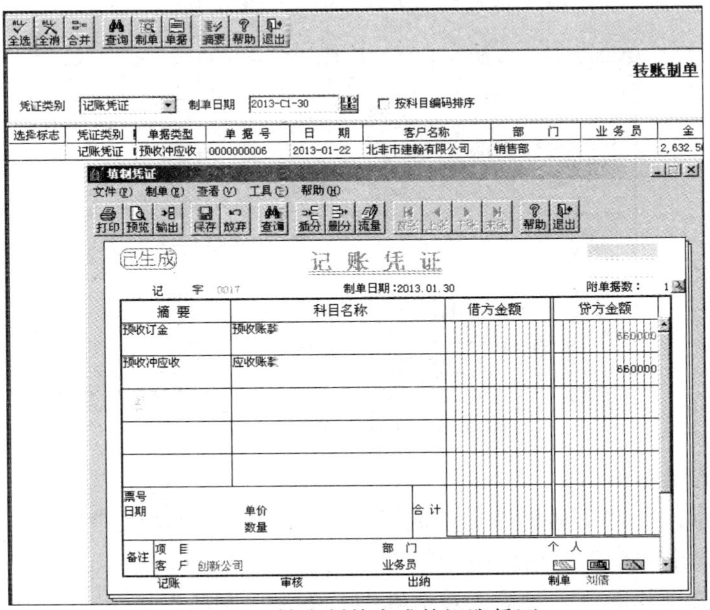

图 9-23　转账制单生成的记账凭证

8. 业务8：“使用预收款的收款”

1月23日，向晨州市德源公司销售乙产品10台，不含税售价为1,800.00元/台，当时发货，开出增值税专用发票(发票号698005)，使用预收款10,000.00元，电汇方式收回其余货款171,584.00元。

(1) 借：应收账款——德源公司　　21,060.00

　　贷：主营业务收入——甲产品　　18,000.00　(1800×10)

　　　　应交税费——应交增值税(销项税额)　　3,060.00　(1800×10×17%)

(2) 借：银行存款　　11,060.00

　　贷：预收账款——晨州市德源有限公司　　−10,000.00

　　　　应收账款——晨州市德源有限公司　　21,060.00

【实验指导】

(1) 填制发货单

① 执行“销售”|“销售发货单”命令，打开“发货单”对话框。

② 单击“增加”按钮右侧的下三角按钮，选择“发货单”，依次录入发货单中的各主要项目，再单击“保存”按钮。

③ 单击“审核”按钮。

④ 单击“是”按钮，则发货单已复核。

(2) 生成销售发票

① 在“发货单”对话框中，单击“流转”按钮右侧的下三角按钮，选择“生成专用发票”。

② 在“销售专用发票”对话框中，修改默认的发票号码，再依次单击“保存”和“复核”按钮。

③ 单击“是”按钮，则发票复核完成，如图9-24所示。

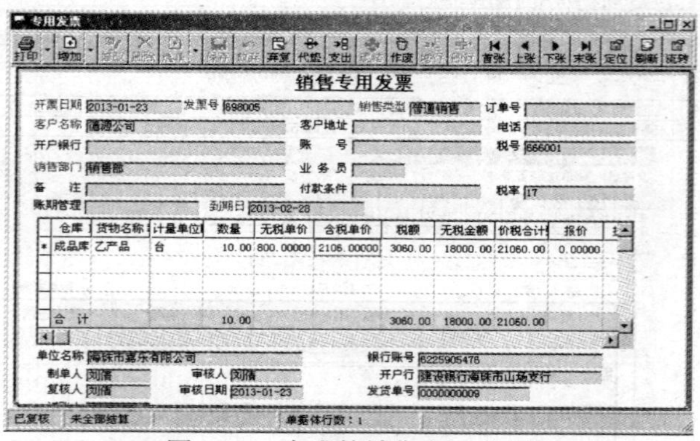

图 9-24　生成的销售专用发票

(3) 生成销售出库单

① 执行“库存”|“销售出库单生成/审核”命令，打开“销售出库单”对话框。

② 在“销售出库单”对话框中，单击“生成”按钮。

③ 在“请选择发货单或发票”对话框中，单击“刷新”按钮。

④ 单击“全选”按钮，再单击“确认”按钮。

⑤ 在“销售出库单”对话框中，单击“审核”按钮。

(4) 生成记账凭证

① 执行“核算”|“凭证”|“客户往来制单”命令，打开“客户往来查询”对话框。

② 在“客户往来查询”对话框中，选择“√发票制单”。

③ 在“销售发票制单”中，依次单击“全选”和“制单”按钮。

④ 单击“保存”按钮，如图9-25所示。

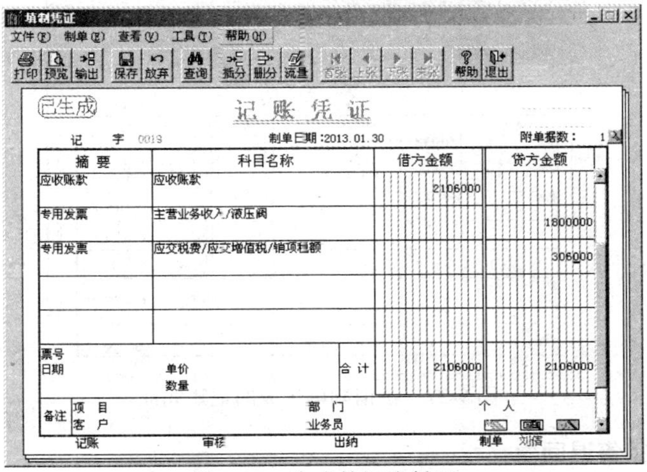

图 9-25　生成的记账凭证

(5) 填制收款单

① 执行“销售”|“客户往来”|“收款结算”命令，打开“收款单”对话框。在“收款单”对话框中，选择“客户——晨州市德源有限公司”。

② 单击“增加”按钮，依次录入收款单中各主要项目的信息，再单击“保存”按钮。

③ 单击“核销”按钮，则尚需核销的信息显示在下方表格中。

④ 在“使用预收”文本框中输入金额10,000.00。

⑤ 单击“自动”按钮，则系统自动结算，如图9-26所示。

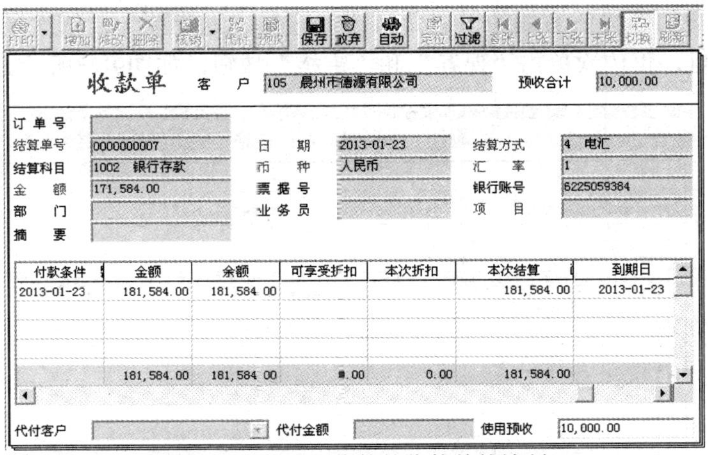

图 9-26　使用预收款的收款单的填制

⑥ 单击“保存”按钮，再“退出”。

(6) 生成记账凭证

① 执行“核算”|“凭证”|“客户往来制单”命令，打开“客户往来查询”对话框。

② 在“客户往来查询”对话框中，选择“√核销制单”。

③ 在“核销制单”中，依次单击“全选”和“制单”按钮。

④ 单击“保存”按钮，如图9-27所示。

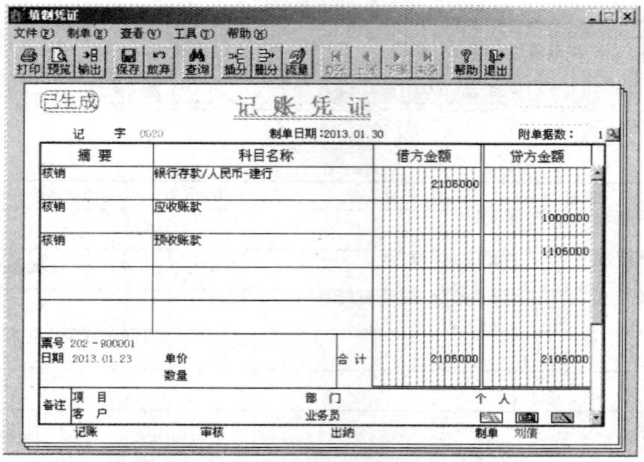

图 9-27　核销制单生成的记账凭证

9. 业务9：“销售退回”

1月24日，本月销售给晨州市德源有限公司的乙产品因为质量问题被退回10台，开具红字增值税专用发票(票号698006)，不含税售价为1,800.00元/台。

借：应收账款——晨州市德源有限公司　　−21,060.00

　　贷：主营业务收入——甲产品　　−18,000.00　(1,800.00×10)

　　　　应交税费——应交增值税(销项税额)　　−3,060.00　(1,800.00×10×17%)

【实验指导】

(1) 填制退货单

① 执行“销售”|“销售发货单”命令，打开“退货单”对话框。

② 单击“增加”按钮右侧的下三角按钮，选择“退货单”，依次录入发货单中的各主要项目，再依次单击“保存”和“审核”按钮，如图9-28所示。

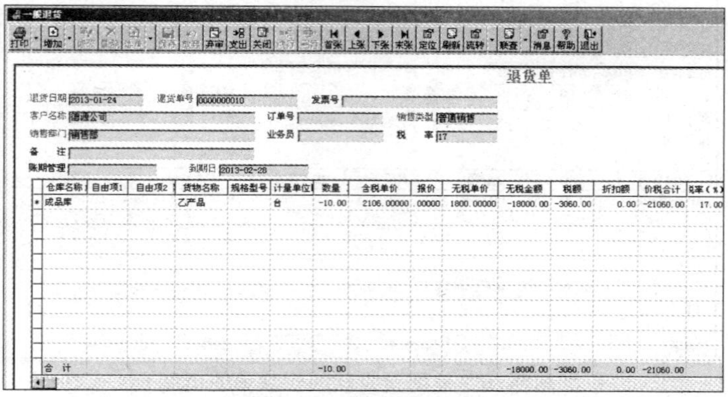

图 9-28　填制退库单

(2) 生成红字销售发票

① 在“发货单”对话框中，单击“流转”按钮右侧的下三角按钮，选择“生成专用发票”。

② 在“销售专用发票”对话框中，修改默认的发票号码，再依次单击“保存”和“复核”按钮，如图9-29所示。

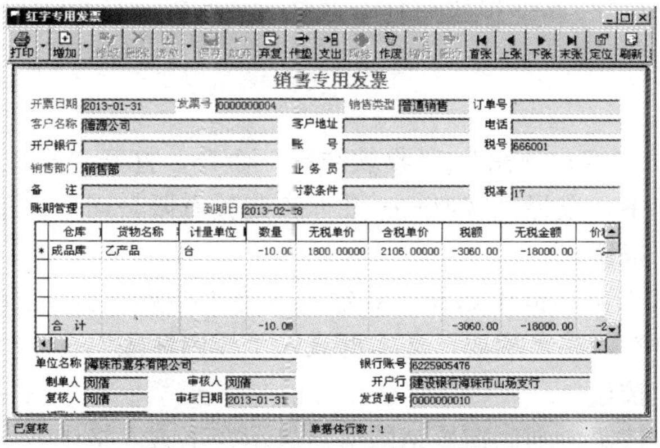

图 9-29　生成红字销售专用发票

(3) 生成销售出库单

① 执行“库存”|“销售出库单生成/审核”命令，打开“销售出库单”对话框。

② 在“销售出库单”对话框中，单击“生成”按钮。

③ 在“请选择发货单或发票”对话框中，单击“刷新”按钮。

④ 单击“全选”按钮，再单击“确认”按钮。

⑤ 在“销售出库单”对话框中，单击“审核”按钮。

(4) 生成记账凭证

① 执行“核算”|“凭证”|“客户往来制单”命令，打开“客户往来查询”对话框。

② 在“客户往来查询”对话框中，选择“√ 发票制单”。

③ 在“发票制单”中，依次单击“全选”和“制单”按钮。

④ 单击“保存”按钮，则生成的红字金额记账凭证如图9-30所示。

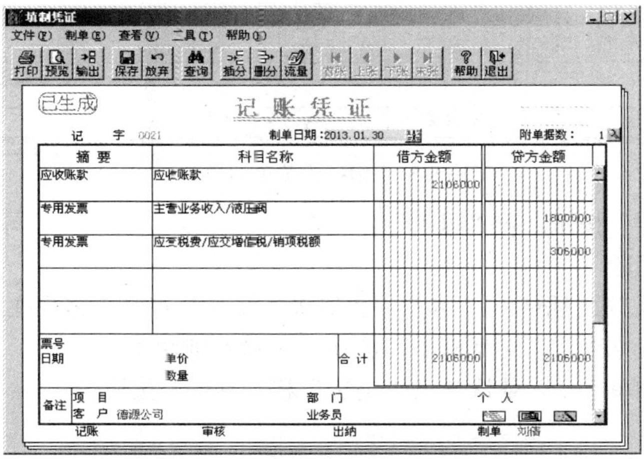

图 9-30　生成的红字金额记账凭证

10. 业务10：“虚拟收款”

1月25日，北非市建翰有限公司宣布破产，其所欠货款21,060.00确认收不回来，做坏账损失处理。

借：营业外支出——坏账损失　　21,060.00

　贷：应收账款——北非市建翰有限公司　　21,060.00

【实验指导】

(1) 填制收款单

① 执行“销售”|“客户往来”|“收款结算”命令，打开“收款单”对话框。在“收款单”对话框中，选择“客户——北非市建翰有限公司”。

② 单击“增加”按钮。

③ 在“结算方式”文本框中选择“其他”，将“结算科目”文本框中的“1002”修改为“571101”，在“摘要”文本框录入“核销坏账”。

④ 单击“保存”按钮。

⑤ 单击“核销”按钮，则尚需核销的信息显示在下方表格中。

⑥ 单击“自动”按钮，如图9-31所示。

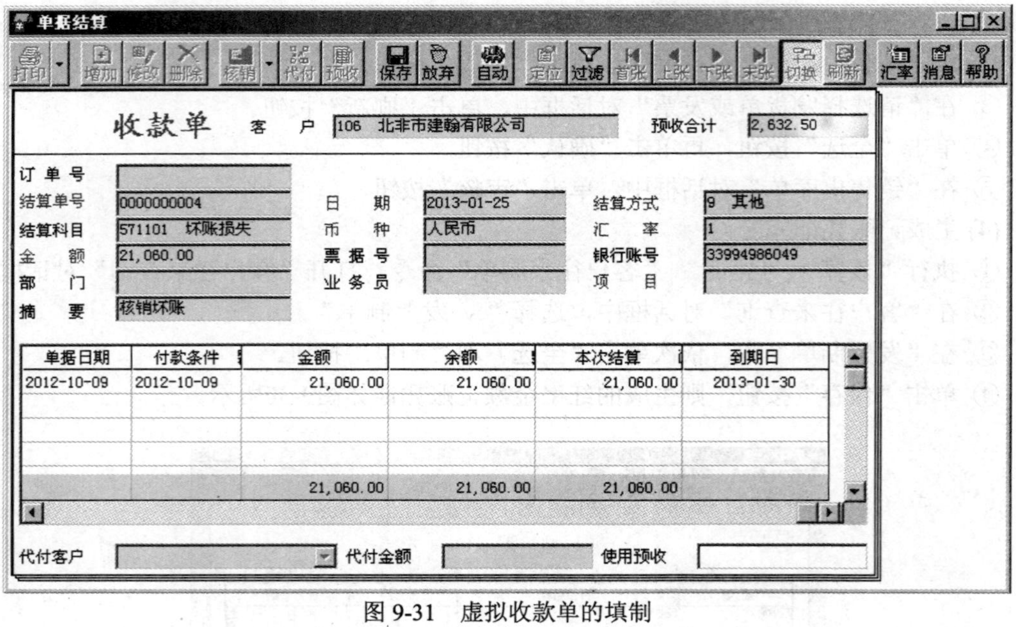

图 9-31　虚拟收款单的填制

⑦ 单击“保存”按钮，再“退出”。

(2) 生成记账凭证

① 执行“核算”|“凭证”|“客户往来制单”命令，打开“客户往来查询”对话框。

② 在“客户往来查询”对话框中，选择“√核销制单”。

③ 在“核销制单”中，依次单击“全选”和“制单”按钮。

④ 单击“保存”按钮，如图9-32所示。

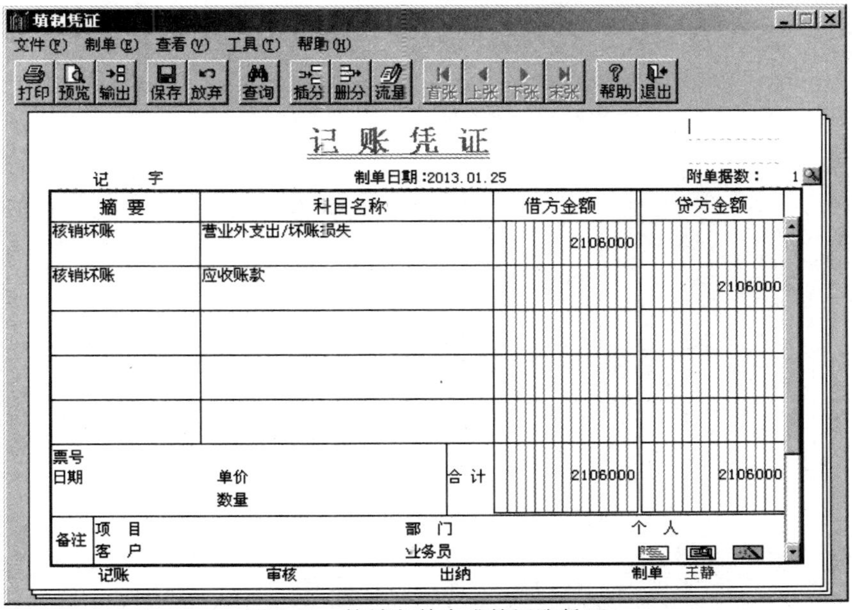

图 9-32　核销制单生成的记账凭证

第10章　库存管理与存货核算

本章学习目标

1. 了解库存与核算管理系统的基本功能
2. 了解库存和核算管理系统与其他系统的关系
3. 掌握库存与核算管理系统的业务流程
4. 能够处理库存与核算管理系统的日常业务及典型业务

主要内容

1. 填制材料出库单
2. 填制盘点单
3. 正常单据记账
4. 采购、销售、库存系统结账
5. 产成品成本分配
6. 生成记账凭证

10.1　库存与核算管理概述

10.1.1　库存管理系统的基本功能

库存管理系统的基本功能主要有：

1. 系统初始

- 系统参数：由用户根据自己的需要建立库存业务应用环境。
- 分类体系：建立存货、地区、客户、供应商的分类体系。
- 编码档案：建立仓库、存货、收发类别等基本档案。
- 其他设置：建立成本对象、产品结构等档案。
- 单据设计：自由设计各种单据的格式及内容。
- 期初数据：录入使用库存系统之前各存货的结存数据。

2. 日常业务

- 采购入库：管理采购入库、退货业务。

- 销售出库：管理销售出库、退库业务，可根据发票或发货单生成出库单。
- 其他入库：管理采购入库以外的，如盘盈入库、调拨入库等其他入库业务。
- 其他出库：管理销售出库以外的，如盘亏出库、调拨出库等其他出库业务。
- 产成品入库：管理工业企业的产成品入库、退回业务。
- 材料出库：管理工业企业的领料、退料业务等。
- 调拨：管理仓库间的实物移动和分销意义上的仓库分配、调拨业务。
- 盘点：可按仓库、批次进行盘点，并根据盘点表生成盘盈入库单、盘亏出库单调整库存账。

3. 月末处理

- 对账：进行库存系统内部对账及库存系统与存货核算系统对账。
- 月末结账：当某月的库存业务全部处理完毕后，进行月末结账处理。

4. 库存控制

- 批次跟踪：对存货收发存业务进行批次跟踪。可统计某一批次所有存货的收发存情况或某一存货所有批次的收发存情况。
- 供应商跟踪：对各供货单位所供应的存货的收入发出结存情况进行跟踪，以反映各供应商的存货的采购、销售、结存情况。
- 保质期管理：对存货的失效日期进行监控：对过期、到期的存货进行报警，并对即将过期的存货进行预警。

5. 账表输出

- 账表管理：用户可以根据自身的实际需要自由定义账表的输出格式和输出内容，用户可以自行定义账表名称并保存。
- 账簿查询：可随时查询有关明细账。

10.1.2 库存管理与其他系统的关系

库存管理系统与基础设置共享基础数据，库存管理需要的基础数据可以在基础设置中统一设置。例如，采购系统中录入的采购入库单可以在库存管理中审核确认，以证明入库单上货物已经入库；销售系统中录入的发货单可以生成销售出库单，可以在库存系统中进行审核确认，以证明出库单上的货物已经出库；库存管理系统为核算系统提供各种出入库单据，在核算系统中记账并生成凭证。

库存管理系统与其他系统的主要关系如图10-1所示。

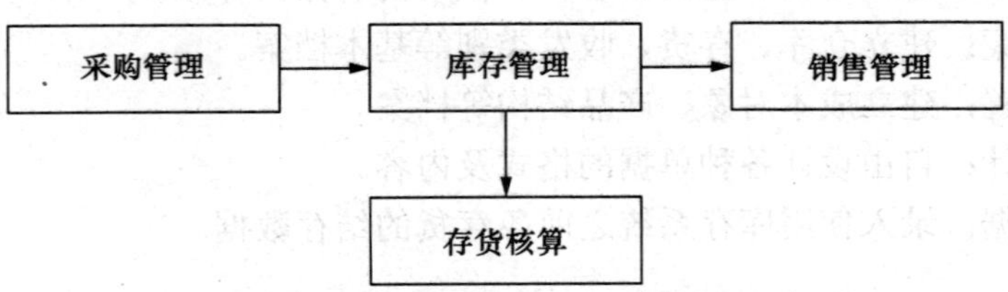

图 10-1　库存管理系统与其他系统的主要关系

库存管理系统业务操作流程如图10-2所示。

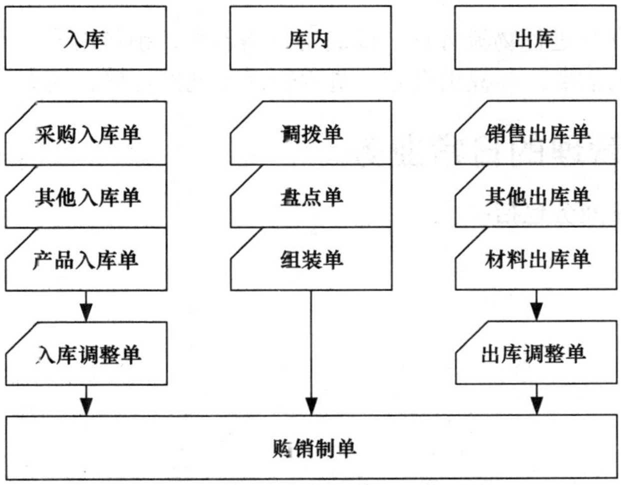

图 10-2　库存管理系统业务操作流程

10.1.3　存货核算的基本功能

本系统是供销链系统的一部分，主要用于核算企业存货的入库成本、出库成本和结余成本，反映和监督存货的收发、领退和保管情况；及时准确地把各类存货成本归集到各成本项目和成本对象上，为企业的成本核算提供基础数据。

存货核算系统的基本功能主要有单据处理、暂估入库成本处理、产成品成本分配、单据记账、生成记账凭证等。

10.1.4　存货核算与其他系统的关系

基础设置为核算系统提供各种相关基础数据，采购系统中录入的采购入库单经审核传递到核算系统中记账，以确认存货的入库成本，并生成记账凭证；核算系统对采购暂估入库单进行暂估报销处理；销售系统中录入的发货单，在库存系统中生成出库单并审核，在核算系统中记账，并生成出库记账凭证；库存系统中录入的出入库单据，传递到核算系统中进行记账，生成记账凭证。

核算系统与其他系统的关系如图10-3所示。

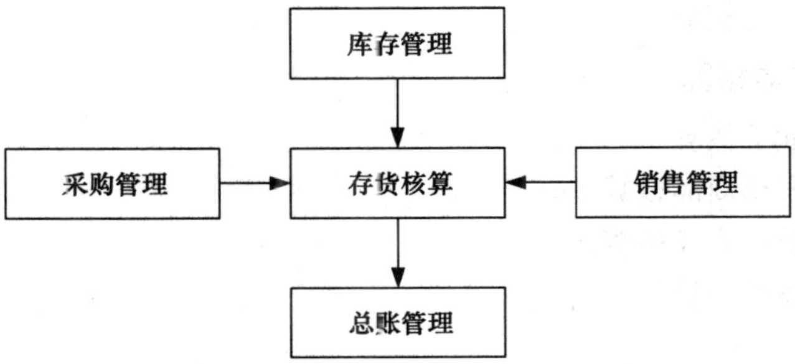

图 10-3　核算系统与其他系统的关系

10.2 库存与核算的日常业务处理

库存管理是对存货进行物流管理，以满足采购入库、销售出库、产成品入库、材料出入库、盘点管理等的需要，并提供仓库的货位管理、批次管理、保质期管理等业务应用。

10.2.1 库存管理的日常业务

库存管理的日常业务包括：

1. 入库业务

- 采购入库
- 产成品入库
- 其他入库

2. 出库业务

- 销售出库
- 材料出库
- 其他出库

3. 其他业务

- 调拨
- 盘点
- 组装拆卸

4. 账表查询

- 库存账查询
- 统计表查询

10.2.2 存货核算的日常业务

存货核算按照所选的存货计价方式计算出库成本并记账，满足对存货价值管理的需要。存货核算的日常业务包括：

1. 采购业务成本核算

- 普通采购核算
- 受托代销业务核算

2. 销售业务成本核算

- 普通销售业务核算
- 分期收款发出商品核算
- 委托代销发出商品核算
- 直运销售商品核算

3. 材料出库成本核算

4. 产成品入库成本核算

5. 其他成本核算

- 调拨业务核算
- 组装拆卸业务核算
- 盘点业务核算
- 入库调整单
- 出库调整单
- 其他出库
- 其他入库

10.2.3　期末处理

期末时，库存管理与存货核算系统会对该月份各仓库、各存货的收发存数量进行核对。

库存管理的月末结账是将每月的出入库单据按月封存，并将当月的出入库数据记入相关账表中。

存货核算的期末处理，将按全月平均方式核算的存货，计算全月平均单价及期本月的出库成本。

实验十二　库存典型业务处理

【实验内容】

- 填制出库单
- 填制入库单
- 填制盘点单
- 填制其他出入库单
- 购销单据制单(生成记账凭证)

【实验准备】

- 将系统日期修改为“2013年1月1日”。
- 引入“实验四”账套数据。

【实验要求】

以操作员“刘丽丽”登录进行操作处理。

【实验资料】

1. 业务1：“货到票未到”

1月26日，向中沙市长兴工厂采购C材料200千克，材料已验收入库，发票未到。

【实验指导】

(1) 填制采购入库单

① 执行“采购”|“采购入库单”命令，打开“采购入库”对话框。

② 单击“增加”按钮右侧的下三角按钮，选择“采购入库单”，依次录入采购入库单中的各主要项目的信息，再单击“保存”按钮，如图10-4所示。

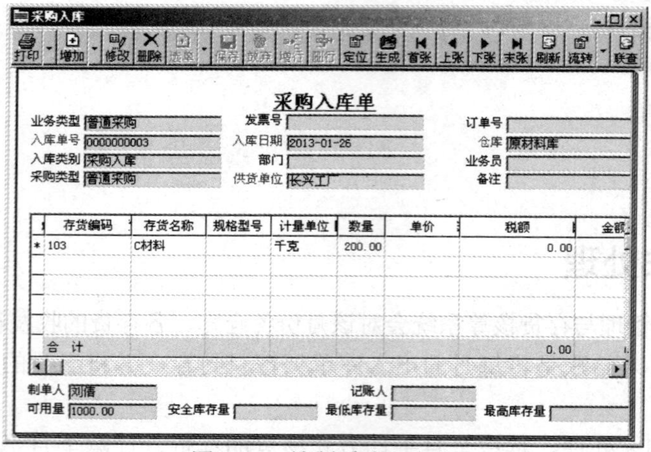

图 10-4 填制采购入库单

2. 业务2：“平时领用材料”

1月27日，生产车间领用甲产品用包装箱100个、乙产品用包装箱100个，日常用工具20件，劳动保护用品20套。

【实验指导】

(1) 填制材料出库单

① 执行“库存”|“材料出库单”命令，打开“材料出库单”对话框。

② 单击“增加”按钮，依次录入材料出库单各项目的信息。

③ 依次单击“保存”和“审核”按钮，如图10-5和图10-6所示。

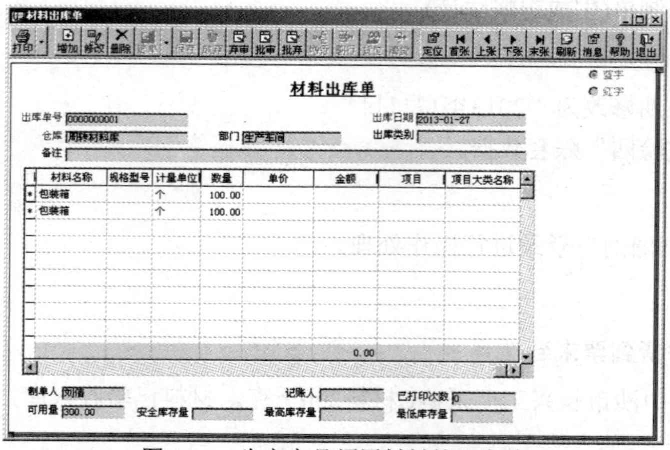

图 10-5 生产产品领用材料的出库单

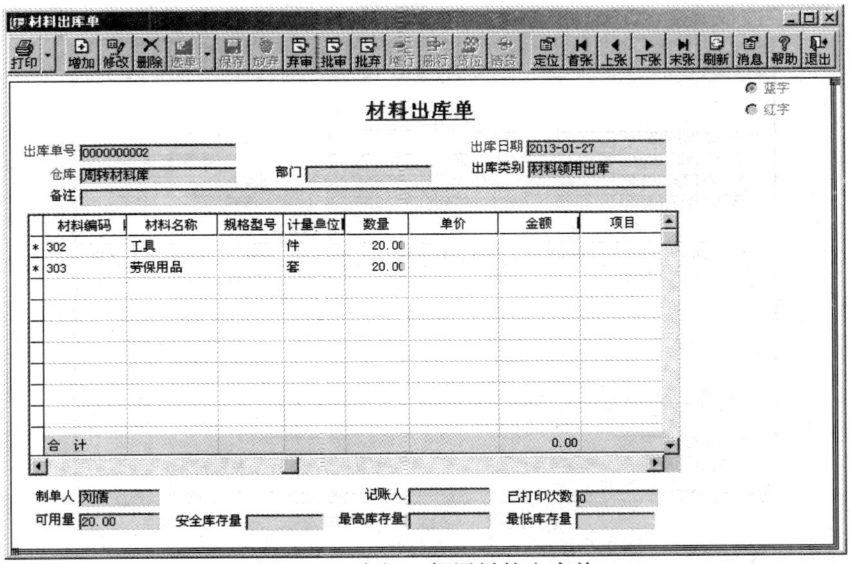

图 10-6　车间一般用料的出库单

提示：

- 材料出库单中“出库类别”的选择很重要，关系到生成记账凭证时系统自动带出的借方会计科目名称。
- “生产成本”科目是按项目核算的，因此“出库类别”为“生产产品用料”的材料出库单还要录入“项目大类编码”、“项目编码”等信息。否则生成记账凭证时，会因科目信息不全而无法保存记账凭证。
- 发出存货采用加权平均法核算时，平时发出存货的业务只需填制材料出库单即可，不用执行正常单据记账。

3. 业务3：“材料暂估入库”

1月31日，将26日向中沙市长兴工厂采购的200千克C材料暂估入账，暂估单价为62.00元/千克。

借：原材料——C材料　　　　　　　　　14,040.00

　　贷：应付账款——暂估应付款　　　　　　14,040.00

【实验指导】

(1) 修改采购入库单

① 执行“采购”|“采购入库单”命令，打开“采购入库单”对话框。

② 单击“修改”按钮，输入单价“70.20”，再单击“保存”按钮，如图10-7所示。

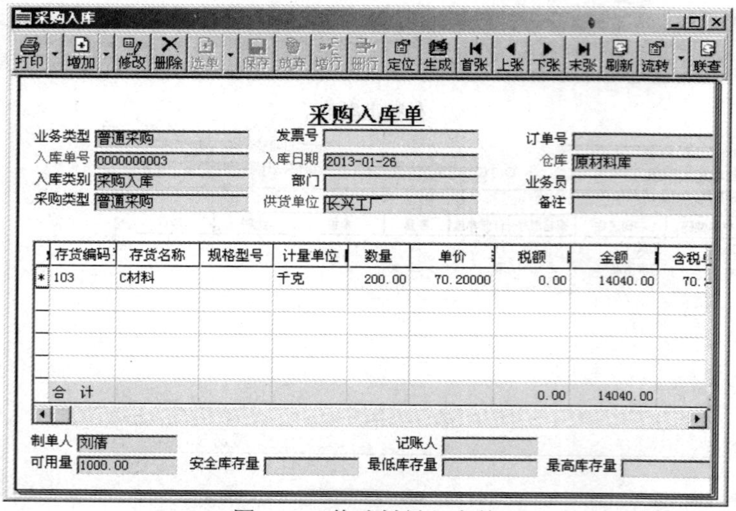

图 10-7　修改材料入库单

(2) 审核采购入库单

① 执行“库存”|“采购入库单审核”命令，打开“采购入库单”对话框。

② 单击“审核”按钮，则采购入库单审核完毕。

(3) 正常单据记账

① 执行“核算”|“核算”命令，打开“正常单据记账条件”对话框。

② 单击“确定”按钮。

③ 在“正常单据记账”对话框中，选择“原材料库”，如图10-8所示。

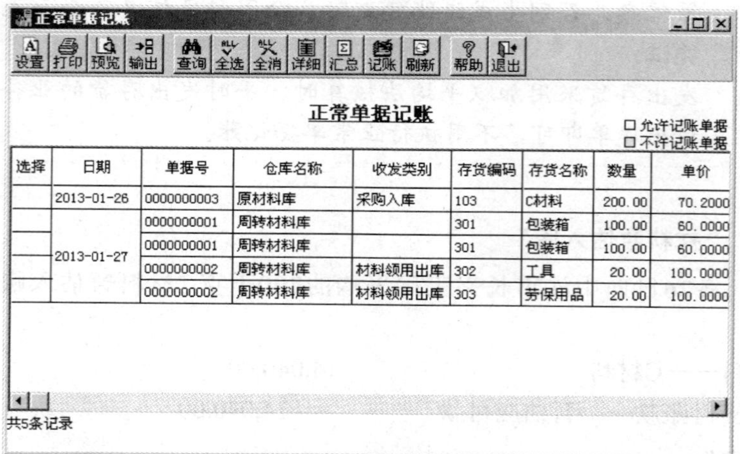

图 10-8　正常单据记账

④ 单击“记账”按钮，并“退出”。

(4) 生成记账凭证

① 执行“核算”|“凭证”|“购销单据制单”命令，打开“购销单据制单”对话框。

② 单击“选择”按钮，在“查询条件”对话框中选择查询条件：“√(01)采购入库单(暂估记账)”，如图10-9所示。

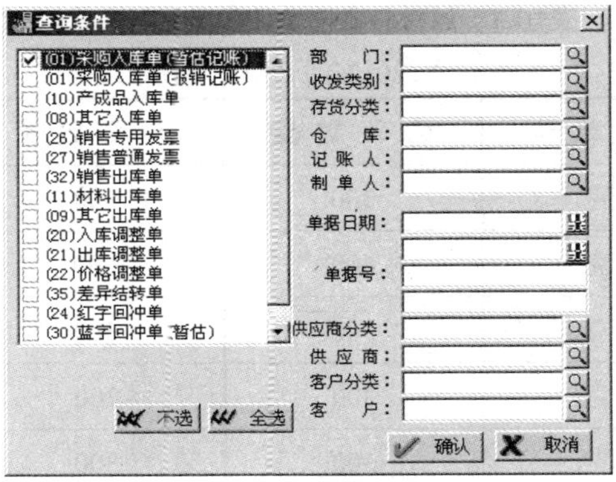

图 10-9　选择暂估记账

③ 单击“确认”按钮，在“未生成凭证单据一览表”窗口中依次单击“全选”和“确定”按钮。

④ 在制单界面，将第二行的科目编码输入“220202”，如图10-10所示。

图 10-10　录入科目编码

⑤ 依次单击“生成”和“保存”按钮，则生成记账凭证，如图10-11所示。

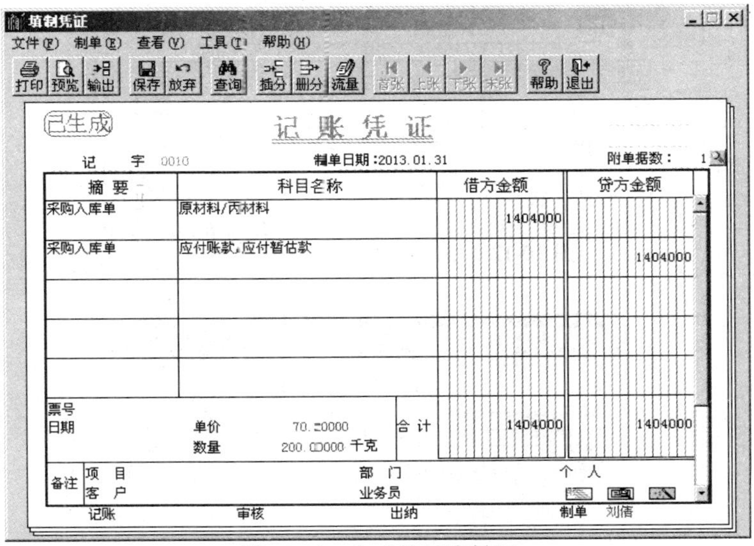

图 10-11　生成的记账凭证

4. 业务4：“月末汇总仓库发出材料”

1月31日，汇总本月原材料仓库发出的材料，资料如表10-1所示。

表10-1　原材料仓库本月发出材料汇总表

2013年1月31日

材料名称	计量单位	请领数量	实发数量	用　途
A材料	千克	300	300	生产甲产品
B材料	千克	600	600	生产甲产品
C材料	千克	300	300	生产甲产品
B材料	千克	300	300	生产乙产品
C材料	千克	300	300	生产乙产品
A材料	千克	300	300	车间一般耗用
B材料	千克	200	200	车间一般耗用
C材料	千克	200	200	行政管理部门耗用

【实验指导】

(1) 填制材料出库单

① 执行“库存”|“材料出库单”命令，打开“材料出库单”对话框。

② 单击“增加”按钮，按出库类别依次填制材料出库单中的各项目，再依次单击“保存”和“审核”按钮，如图10-12～图10-14所示。

图 10-12　生产产品领用材料的出库单

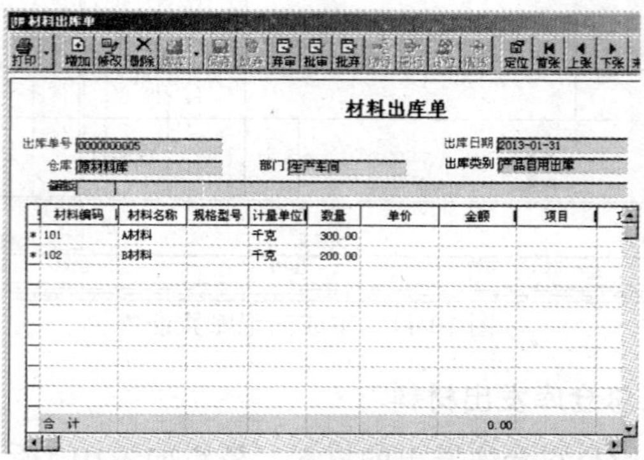

图 10-13　车间一般用料的出库单

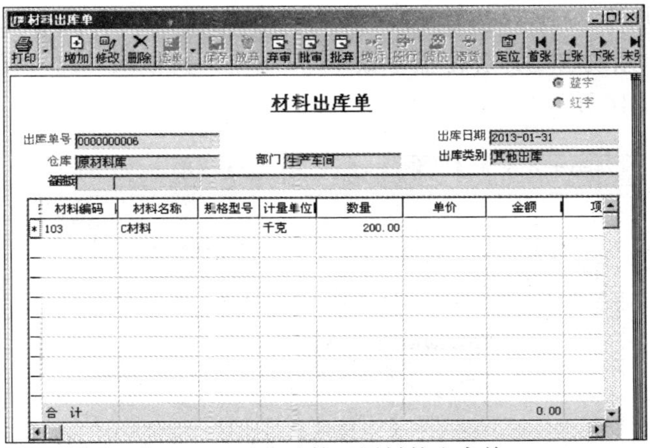

图 10-14　行政管理用料的出库单

(2) 正常单据记账

① 执行“核算”|“核算”命令，打开“正常单据记账条件”对话框。

② 单击“确定”按钮。

③ 在“正常单据记账”对话框中，选择“周转材料库”和“原材料库”，如图10-15所示。

正常单据记账

选择	日期	单据号	仓库名称	收发类别	存货编码	存货名称	数量	单价	金额	计划单价	计划金额
	2013-01-27	0000000001	周转材料库	销售出库	301	包装箱	100.00	60.00000	6000.00		
		0000000001	周转材料库	销售出库	301	包装箱	100.00	60.00000	6000.00		
		0000000002	周转材料库	材料领用出库	302	工具	20.00	100.00000	2000.00		
		0000000002	周转材料库	材料领用出库	303	劳保用品	20.00	100.00000	2000.00		
	2013-01-31	0000000004	原材料库	产品自用出库	101	A材料	300.00				
		0000000004	原材料库	产品自用出库	102	B材料	600.00				
		0000000004	原材料库	产品自用出库	103	C材料	300.00				
		0000000004	原材料库	产品自用出库	102	B材料	300.00				
		0000000004	原材料库	产品自用出库	103	C材料	300.00				
		0000000005	原材料库	产品自用出库	101	A材料	300.00				
		0000000005	原材料库	产品自用出库	102	B材料	200.00				
		0000000006	原材料库	其他出库	103	C材料	200.00				

图 10-15　正常单据记账

④ 单击“记账”按钮，并“退出”。

提示：

存货采用月末一次加权平均法核算时，需要在核算系统中对仓库进行月末处理后，系统才能计算出本月发出存货的加权平均单价，但因本月末还有财产清查的业务未处理，故“月末汇总仓库发出材料”的业务暂时不用进行仓库月末处理。

5. 业务5：“财产清查”

1月31日，月末对仓库进行财产清查，发现A材料盘亏80千克，原因待查。

【实验指导】

(1) 填制盘点单

① 执行“库存”|“库存其他业务”|“盘点单”命令，打开“盘点单”对话框。

② 单击“增加”按钮，依次录入盘点仓库等信息，并在“盘点数量”中录入“1820”，系统自动计算出盘亏数量“-80”，再依次单击“保存”和“审核”按钮，如图10-16所示。

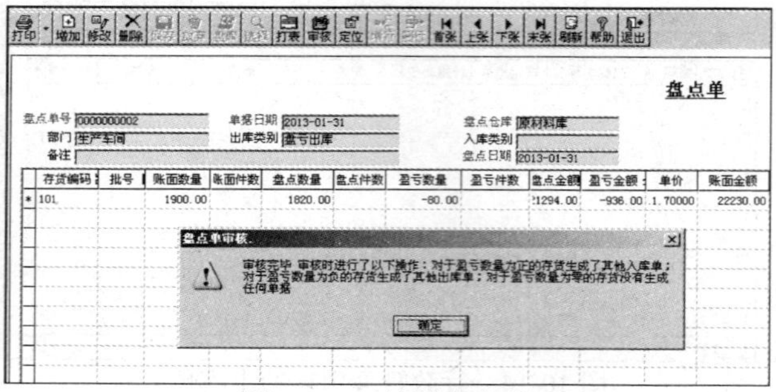

图 10-16　填制盘点单

③ 单击“确定”按钮。

(2) 正常单据记账

① 执行“核算”|“核算”命令，打开“正常单据记账条件”对话框。

② 选择“√ 包含未审核单据”和“√ 出库单已有单价，记账时重新计算出库单价”，如图10-17所示，再单击“确定”按钮。

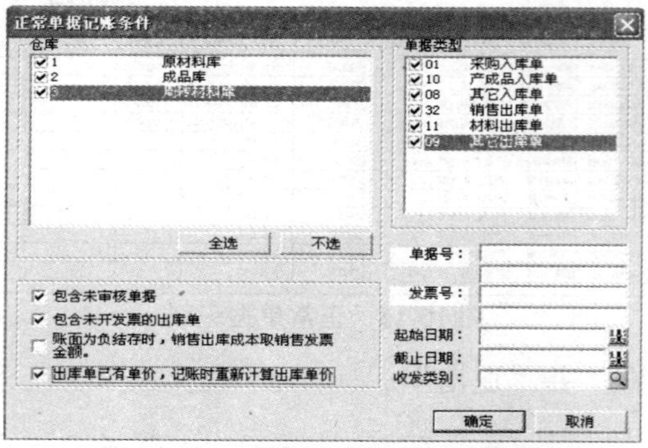

图 10-17　选择正常单据记账条件

③ 在“正常单据记账”对话框中，选择“原材料库”，如图10-18所示。

图 10-18　正常单据记账

④ 单击“记账”按钮，并“退出”。

(3) 审核其他出库单

① 执行“库存”|“其他出库单”命令，打开“其他出库单”对话框。

② 单击“审核”按钮，如图10-19所示。

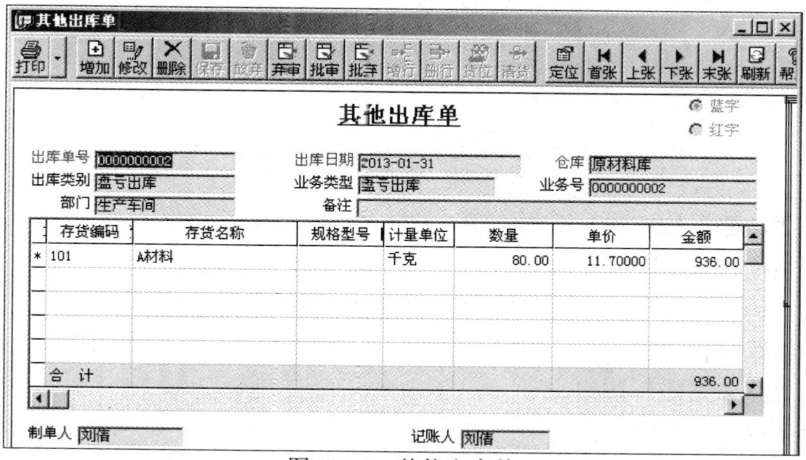

图 10-19　其他出库单

6. 业务6：“仓库期末处理”

月末处理，生成本月发出材料及盘亏材料记账凭证。

(1) 借：生产成本——甲产品——直接材料　　324,066.00

　　生产成本——乙产品——直接材料　　279,083.00

　　制造费用——材料费　　62,803.00

　　管理费用——材料费　　30,320.00

　　贷：原材料——A材料　　154,275.00

　　　　原材料——B材料　　310,779.00

　　　　原材料——C材料　　224,368.00

　　　　周转材料——包装物(包装箱)　　4,500.00

　　　　周转材料——低值易耗品(工具)　　600.00

　　　　周转材料——低值易耗品(劳保用品)　　1,750.00

(2) 借：待处理财产损溢　　8,228.00　(80×102.85)

　　贷：原材料——A材料　　8,228.00　(80×102.85)

【实验指导】

(1) 采购系统月末结账

① 执行“采购”|“月末结账”命令，打开“月末结账”对话框。

② 选中结账月份“1”月，如图10-20所示。

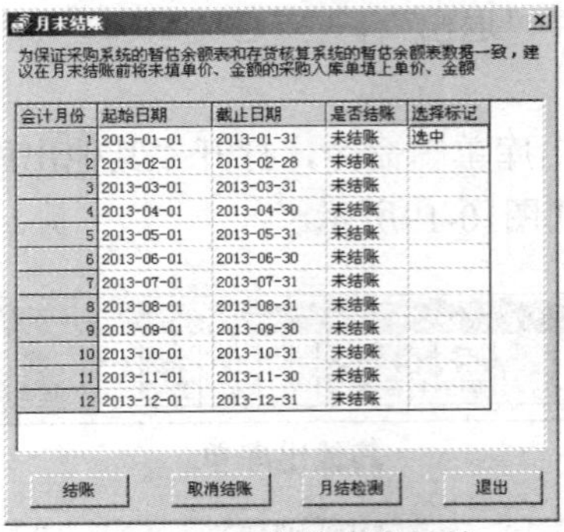

会计月份	起始日期	截止日期	是否结账	选择标记
1	2013-01-01	2013-01-31	未结账	选中
2	2013-02-01	2013-02-28	未结账	
3	2013-03-01	2013-03-31	未结账	
4	2013-04-01	2013-04-30	未结账	
5	2013-05-01	2013-05-31	未结账	
6	2013-06-01	2013-06-30	未结账	
7	2013-07-01	2013-07-31	未结账	
8	2013-08-01	2013-08-31	未结账	
9	2013-09-01	2013-09-30	未结账	
10	2013-10-01	2013-10-31	未结账	
11	2013-11-01	2013-11-30	未结账	
12	2013-12-01	2013-12-31	未结账	

图 10-20　选择结账月份

③ 单击“结账”按钮。

(2) 销售系统月末结账

① 执行“销售”|“月末结账”命令，打开“月末结账”对话框。

② 选中结账月份“1”月。

③ 单击“月末结账”按钮。

(3) 库存系统月末结账

① 执行“库存”|“月末结账”命令，打开“月末结账”对话框。

② 选中结账月份“1”月。

③ 单击“结账”按钮。

(4) 仓库月末处理

① 执行“核算”|“月末处理”命令，打开“期末处理”对话框。

② 选择“原材料库”和“周转材料库”，单击“确定”按钮，如图10-21所示。

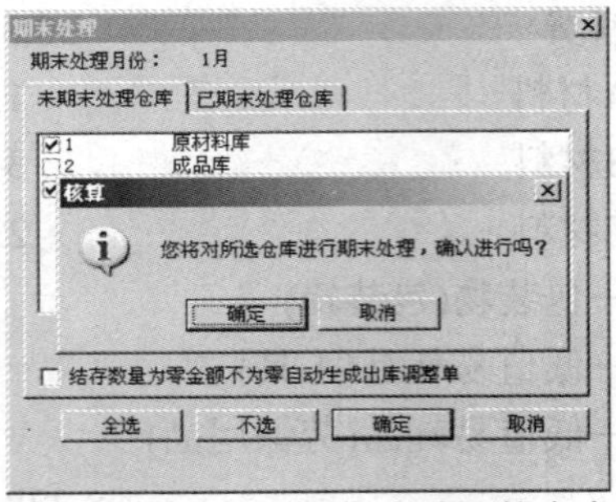

图 10-21　选择需要期末处理的仓库

③ 单击“确定”按钮，则系统分别显示出原材料仓库和周转材料仓库出库材料的加权平均单价，如图10-22所示。

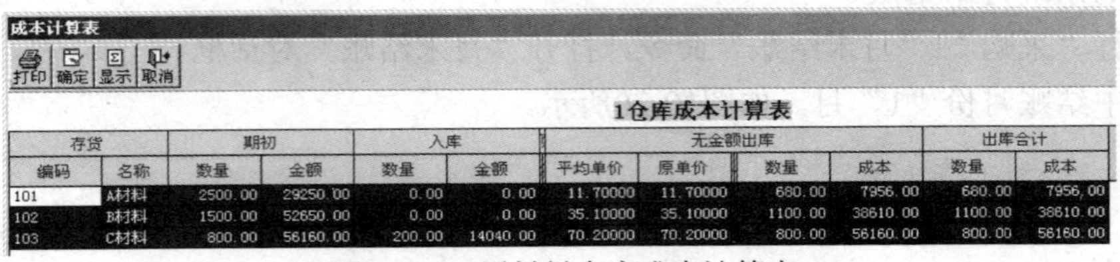

存货		期初		入库		无金额出库				出库合计	
编码	名称	数量	金额	数量	金额	平均单价	原单价	数量	成本	数量	成本
101	A材料	2500.00	29250.00	0.00	0.00	11.70000	11.70000	680.00	7956.00	680.00	7956.00
102	B材料	1500.00	52650.00	0.00	0.00	35.10000	35.10000	1100.00	38610.00	1100.00	38610.00
103	C材料	800.00	56160.00	200.00	14040.00	70.20000	70.20000	800.00	56160.00	800.00	56160.00

图 10-22　原材料仓库成本计算表

④ 单击“确定”按钮，系统提示“期末处理完毕”。

(5) 生成记账凭证(材料出库单)

① 执行“核算”|“凭证”|“购销单据制单”命令，打开“购销单据制单”对话框。

② 单击“选择”按钮，在“查询条件”对话框中选择查询条件：“√ 材料出库单”。

③ 单击“确定”按钮，在“未生成凭证单据一览表”窗口中依次单击“全选”和“确定”按钮。

④ 在制单界面，注意按照“存货名称”列修改“科目编码”列对应的存货科目编码，如将科目编码“14110201——包装箱”改为“14110102——工具”、“14110101——劳保用品”，“140301——A材料”改为“140302——B材料”、“140303——C材料”，全部修改后如图10-23所示。

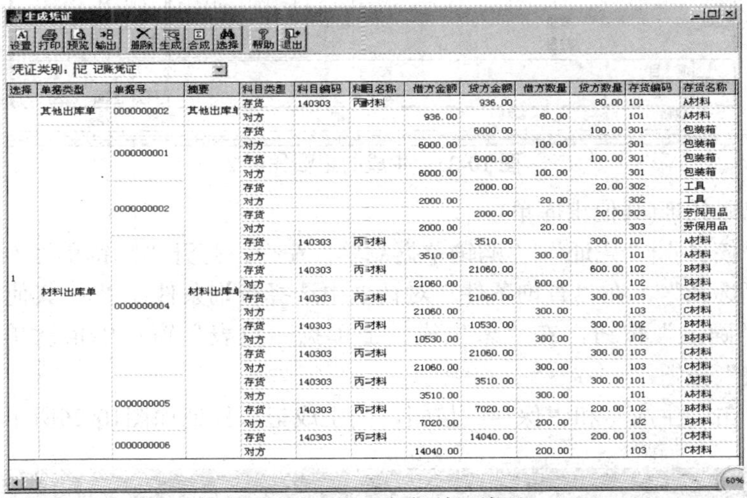

图 10-23　修改存货科目编码

⑤ 单击“合成”|“保存”按钮，则生成记账凭证如图10-24和图10-25所示。

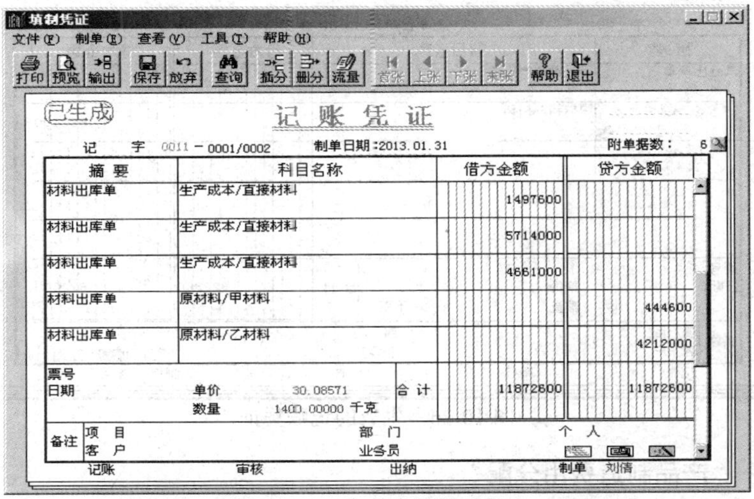

图 10-24　生成的记账凭证 1

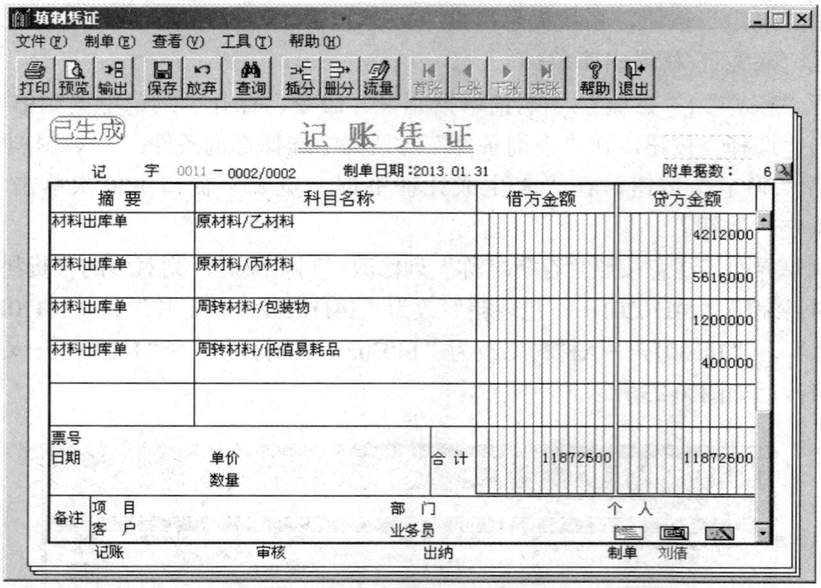

图 10-25 生成的记账凭证 2

(6) 生成记账凭证(其他出库单)

① 执行“核算”|“凭证”|“购销单据制单”命令，打开“购销单据制单”对话框。

② 单击“选择”，在“查询条件”对话框中选择查询条件：“√ 其他出库单”。

③ 单击“确定”按钮，在“未生成凭证单据一览表”窗口中依次单击“全选”和“确定”按钮。

④ 依次单击“生成”和“保存”按钮，则生成记账凭证如图10-26所示。

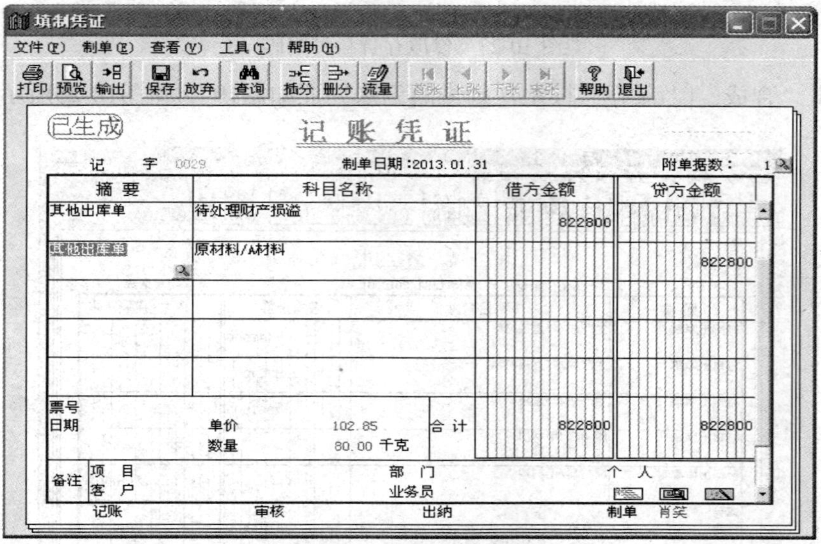

图 10-26 生成的记账凭证

7. 业务7：“产品制造费用分配”

1月31日，按甲、乙产品的生产工时分配制造费用，资料如表10-2所示。

表10-2　制造费用分配表

2013年1月31日

分 配 对 象	分配工时(工时)	分配率(元/工时)	分配额(元)
生产甲产品	4000		53,257.60
生产乙产品	3000		39,942.90
合　　计	7000	13.3144	93,200.50

借：生产成本——制造费用(甲产品)　　53,257.60
　　　　　　——制造费用(乙产品)　　39,942.90
　贷：制造费用——材料费　　62,803.00
　　　　　　　——人工费　　10,480.00
　　　　　　　——折旧费　　19,917.50

【实验指导】

产品的生产工时分配，可以直接在总账系统中完成。

① 执行“总账系统”|“填制记账凭证”命令，打开“记账凭证”对话框。

② 单击“增加”按钮，依次录入记账凭证的各要素信息，再单击“保存”按钮。

8. 业务8：“结转完工产品成本”

1月31日，结转本月完工产品的成本(无月末在产品)，本月完工产品数量如表10-3所示。

表10-3　产成品入库单

2013年1月31日

产 品 名 称	计 量 单 位	本月完工入库数量
甲产品	台	1500
乙产品	台	1300

借：库存商品——甲产品　　470,597.46
　　　　　　——乙产品　　338,675.90
　贷：生产成本——生产成本转出(甲产品)　　470,597.46
　　　　　　　——生产成本转出(乙产品)　　338,675.90

【实验指导】

(1) 录入并审核产成品入库单

① 执行“库存”|“产成品入库单”命令，打开“产成品入库单”对话框。

② 单击“增加”按钮，依次录入产成品的有关信息，注意“入库类别”的选择，要分别录入两张“产成品入库单”。

③ 依次单击“保存”和“审核”按钮，如图10-27所示。

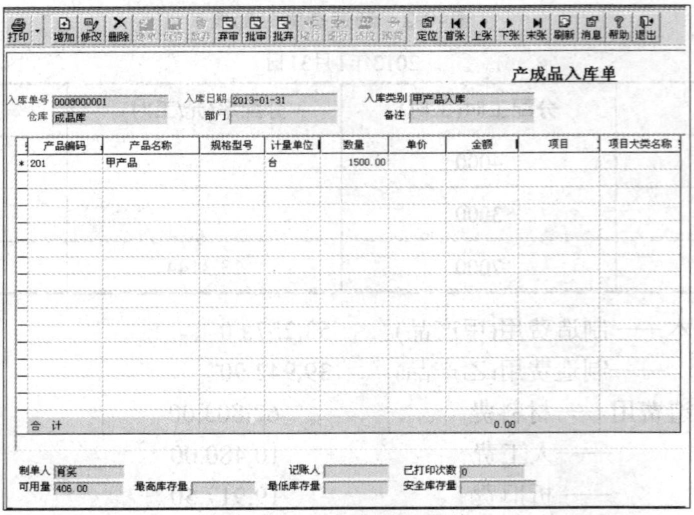

图 10-27　产成品入库单

(2) 查询本月完工产品的生产成本

① 执行“项目管理”|“项目总账”命令，打开“项目总账条件”对话框。

② 选中“包含未记账凭证”复选框，如图10-28所示，再单击“确定”按钮。

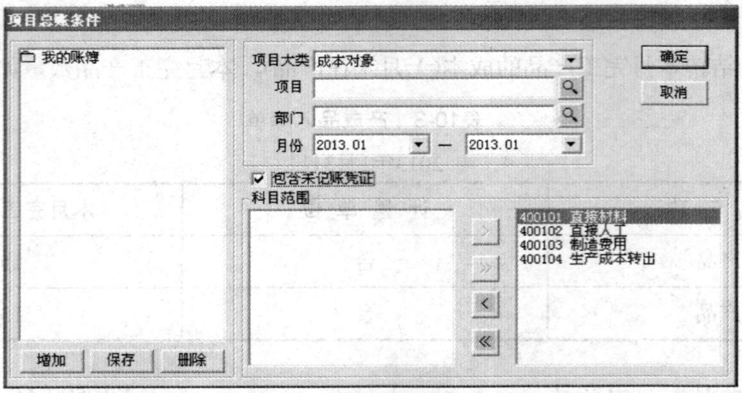

图 10-28　选择项目总账条件

③ 在“项目总账”中选择“甲产品”，单击“详细”按钮，如图10-29所示。

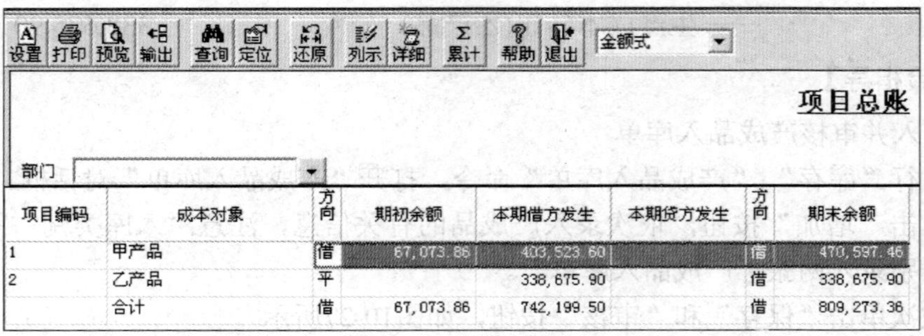

项目编码	成本对象	方向	期初余额	本期借方发生	本期贷方发生	方向	期末余额
1	甲产品	借	67,073.86	403,523.60		借	470,597.46
2	乙产品	平		338,675.90		借	338,675.90
	合计	借	67,073.86	742,199.50		借	809,273.36

图 10-29　项目总账

④ 在图10-30中可以查询到甲产品成本项目详细信息。

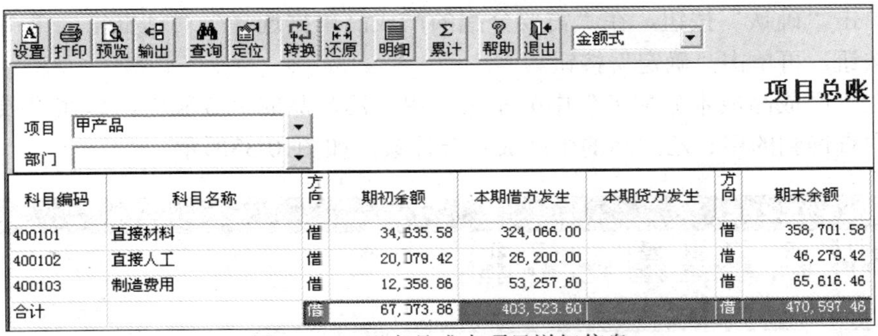

科目编码	科目名称	方向	期初余额	本期借方发生	本期贷方发生	方向	期末余额
400101	直接材料	借	34,635.58	324,066.00		借	358,701.58
400102	直接人工	借	20,079.42	26,200.00		借	46,279.42
400103	制造费用	借	12,358.86	53,257.60		借	65,616.46
合计		借	67,073.86	403,523.60		借	470,597.46

图 10-30　甲产品成本项目详细信息

⑤ 单击“项目”文本框“甲产品”旁的倒三角，可以查询到“乙产品”成本项目的详细信息，如图10-31所示。

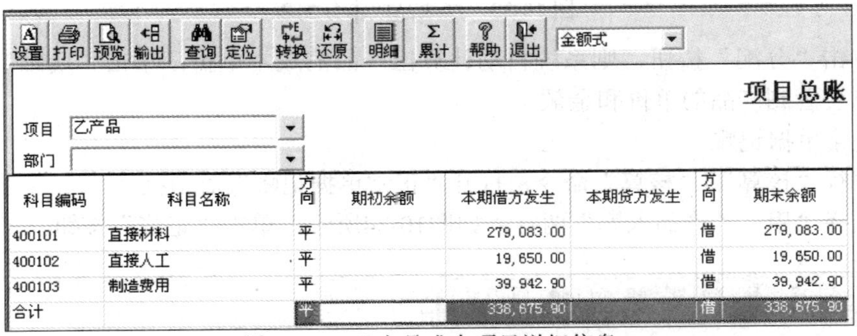

科目编码	科目名称	方向	期初余额	本期借方发生	本期贷方发生	方向	期末余额
400101	直接材料	平		279,083.00		借	279,083.00
400102	直接人工	平		19,650.00		借	19,650.00
400103	制造费用	平		39,942.90		借	39,942.90
合计		平		338,675.90		借	338,675.90

图 10-31　乙产品成本项目详细信息

(3) 产成品成本分配

① 执行“核算”|“核算”命令，打开“产成品成本分配表查询”对话框。

② 单击“查询”按钮，选择“√成品库”复选框，如图10-32所示。

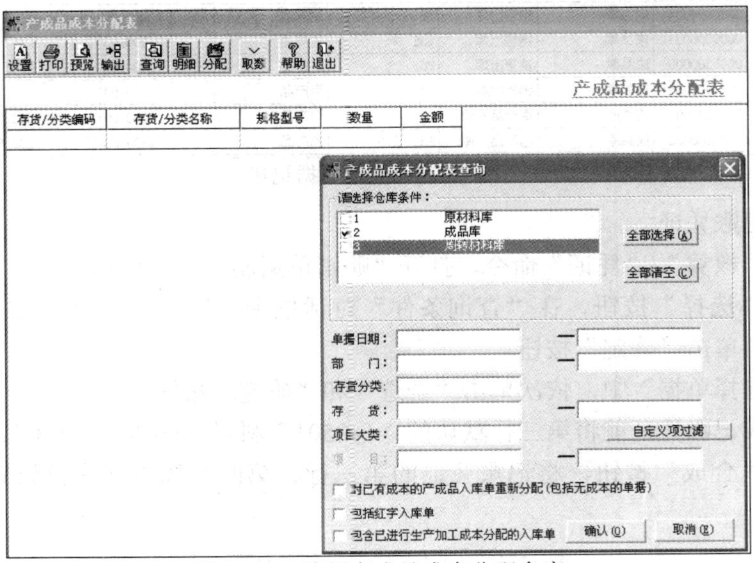

图 10-32　选择产成品成本分配仓库

③ 单击“确认”按钮，在“需要分配的产成品单据选择”对话框中，单击“全选”按钮，再单击“确定”按钮。

④ 在“产成品成本分配表”中分别录入甲、乙产品的“金额”，即在“项目总账”中查询到的甲、乙产品的生产成本合计数，如图10-33所示。

产成品成本分配表

设置 打印 预览 输出 查询 明细 分配 取数 帮助 退出

产成品成本分配表

存货/分类编码	存货/分类名称	规格型号	数量	金额
	存货合计		2,800.00	809,273.36
2	产成品小计		2,800.00	809,273.36
201	甲产品		1,500.00	470,597.46
202	乙产品		1,300.00	338,675.90

图 10-33　产成品成本分配表

⑤ 单击“分配”按钮，则系统自动计算出产品的成本单价，单击“明细”按钮即可以查看到产品的单价和金额。

(4) 正常单据记账

① 执行“核算”|“核算”命令，打开“正常单据记账”对话框。

② 选择“甲、乙产品入库”两行，如图10-34所示，单击“记账”按钮。

设置 打印 预览 输出 查询 全选 全消 详细 汇总 记账 刷新 帮助 退出

正常单据记账

选择	日期	单据号	仓库名称	收发类别	存货编码	存货名称	数量	单价	金额
	2013-01-16	0000000001	成品库	销售出库	202	乙产品	500.00		
	2013-01-18	0000000002	成品库	销售出库	201	甲产品	300.00		
	2013-01-20	0000000003	成品库	销售出库	202	乙产品	380.00		
	2013-01-22	0000000004	成品库	销售出库	201	甲产品	260.00		
		0000000004	成品库	销售出库	202	乙产品	300.00		
	2013-01-23	0000000005	成品库	销售出库	201	甲产品	400.00		
	2013-01-24	0000000006	成品库	销售出库	201	甲产品	-10.00		
√	2013-01-31	0000000001	成品库	甲产品入库	201	甲产品	1500.00	313.73	470597.46
√		0000000002	成品库	乙产品入库	202	乙产品	1300.00	260.52	338675.90

图 10-34　正常单据记账

(5) 生成记账凭证

① 执行“核算”|“凭证”命令，打开“购销单据制单”对话框。

② 单击“选择”按钮，在“查询条件”对话框中，选择“√ 产成品入库单”复选框，再单击“确定”按钮。

③ 在“选择单据”中，依次单击“全选”和“确定”按钮。

④ 在生成记账凭证前将第三行默认的“140501”科目编码改为“140502”。

⑤ 单击“合成”按钮，将记账凭证的第三行、第四行按成本项目设置，如图10-35所示。

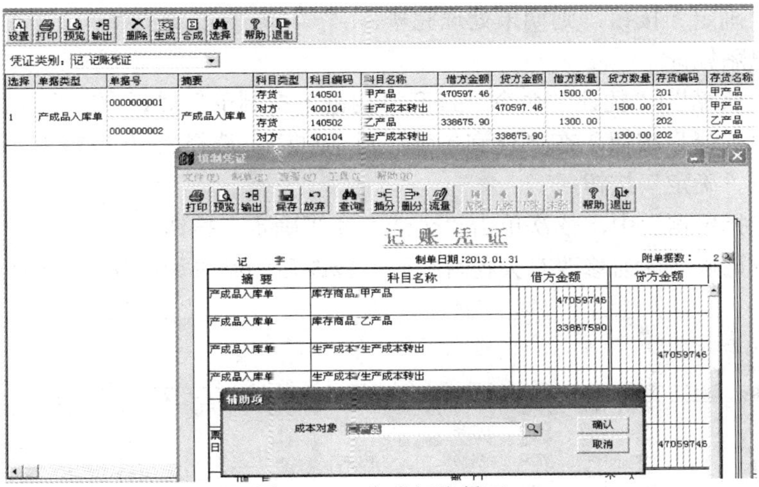

图 10-35 生成记账凭证

⑥ 单击“保存”按钮，生成记账凭证。

9. 业务9：“结转已销产品成本”

1月31日，结转本月已销产品的成本，产品销售成本计算表如表10-4所示。

表10-4 产品销售成本计算表

出库单　　　号至　　　号共　　张　　　　　　　　年　　月　　日

产品名称	期初库存		本期完工入库		加权平均单价	本期销售		期末结存	
	数量	金额	数量	金额		数量	金额	数量	金额
甲产品									
乙产品									
合计									

复核：　　　　　　　　　　制表：

【实验指导】

(1) 月末处理

① (如果已经做过单据记账，则此步可省略)执行“核算”|“核算”命令，打开“正常单据记账”对话框。单击“全选”|“记账”按钮。

② 执行“核算”|“月末处理”命令，打开“月末处理”对话框。

③ 在“月末处理”对话框中，选择“成品库”，单击“确定”按钮，如图10-36所示。

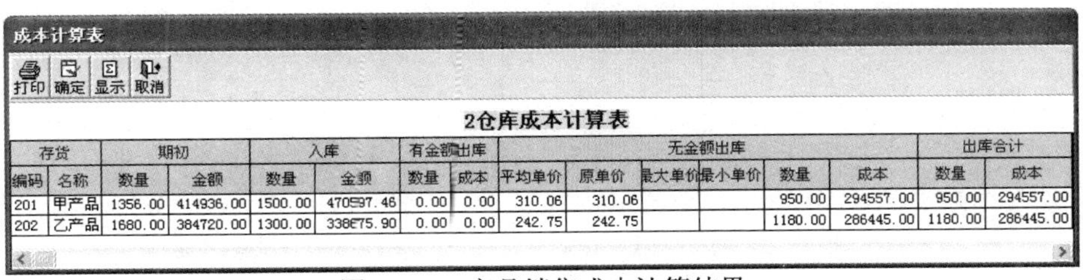

图 10-36 产品销售成本计算结果

④ 单击“确定”按钮，则期末处理完毕。

(2) 生成记账凭证

① 执行“核算”|“凭证”命令，打开“购销单据制单”对话框。

② 单击“选择”按钮，在“查询条件”对话框中，选择“√ 销售出库单”复选框，再单击“确定”按钮。

③ 在“选择单据”中，依次单击“全选”和“确定”按钮。

④ 在生成记账凭证前修改有关科目编码，修改后的结果如图10-37所示。

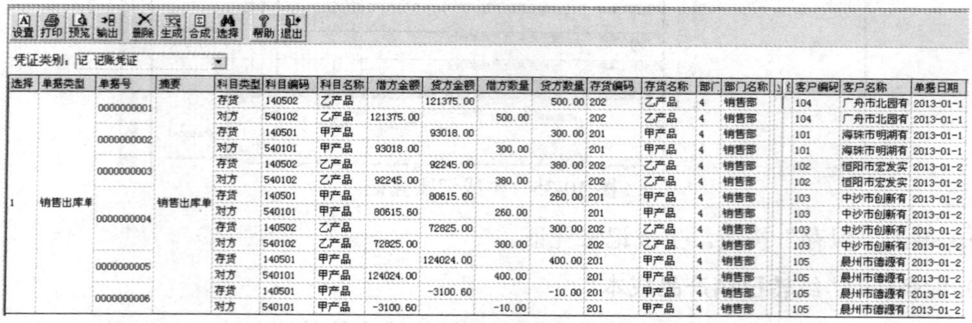

选择	单据类型	单据号	摘要	科目类型	科目编码	科目名称	借方金额	贷方金额	借方数量	贷方数量	存货编码	存货名称	部门	部门名称	客户编码	客户名称	单据日期
1	销售出库单	0000000001	销售出库单	存货	140502	乙产品		121375.00		500.00	202	乙产品	4	销售部	104	广舟市北园有	2013-01-1
				对方	540102	乙产品	121375.00		500.00		202	乙产品	4	销售部	104	广舟市北园有	2013-01-1
		0000000002		存货	140501	甲产品		93018.00		300.00	201	甲产品	4	销售部	101	海珠市明湖有	2013-01-1
				对方	540101	甲产品	93018.00		300.00		201	甲产品	4	销售部	101	海珠市明湖有	2013-01-1
		0000000003		存货	140502	乙产品		92245.00		380.00	202	乙产品	4	销售部	102	恒阳市宏发实	2013-01-2
				对方	540102	乙产品	92245.00		380.00		202	乙产品	4	销售部	102	恒阳市宏发实	2013-01-2
		0000000004		存货	140501	甲产品		80615.60		260.00	201	甲产品	4	销售部	103	中沙市创新有	2013-01-2
				对方	540101	甲产品	80615.60		260.00		201	甲产品	4	销售部	103	中沙市创新有	2013-01-2
				存货	140502	乙产品		72825.00		300.00	202	乙产品	4	销售部	103	中沙市创新有	2013-01-2
				对方	540102	乙产品	72825.00		300.00		202	乙产品	4	销售部	103	中沙市创新有	2013-01-2
		0000000005		存货	140501	甲产品		124024.00		400.00	201	甲产品	4	销售部	105	晨州市德源有	2013-01-2
				对方	540101	甲产品	124024.00		400.00		201	甲产品	4	销售部	105	晨州市德源有	2013-01-2
		0000000006		存货	140501	甲产品		-3100.60		-10.00	201	甲产品	4	销售部	105	晨州市德源有	2013-01-2
				对方	540101	甲产品	-3100.60		-10.00		201	甲产品	4	销售部	105	晨州市德源有	2013-01-2

图 10-37　修改有关科目编码

⑤ 依次单击“合成”和“保存”按钮，则生成记账凭证如图10-38所示。

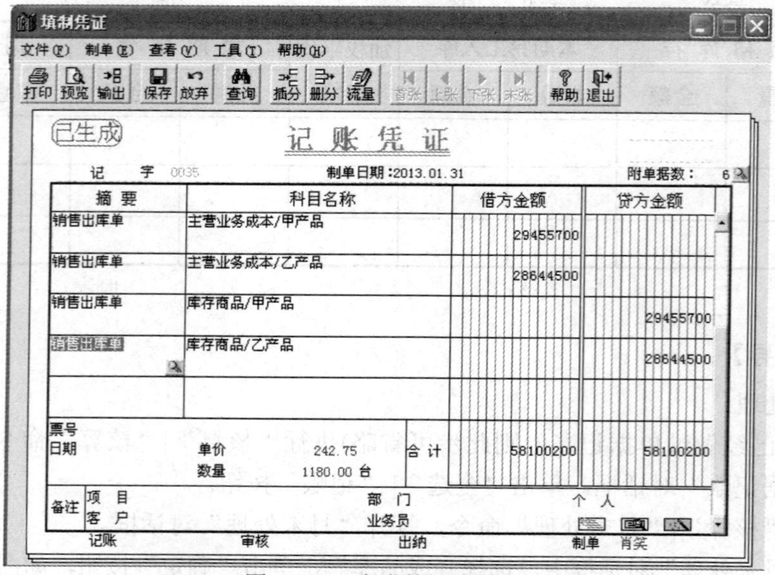

图 10-38　生成的记账凭证

第11章 T3—用友通快速实施方法

本章学习目标

1. 了解会计信息化软件实施的概念
2. 了解会计信息化软件实施的过程
3. 掌握 T3—用友通快速实施方法

主要内容

1. T3实施前期准备
2. 产品安装与初始化
3. 产品操作培训

11.1 T3 快速实施方法概述

T3—用友通标准版产品为小企业提供了财务、业务综合管理的信息化平台，具有简单易用、价格低廉的特点，有超过百万的用户量。

对于用户来说，购买产品以后，需要快速上线，以便快速见效，提高工作效率。因此，对于信息化服务人员来说，掌握T3快速交付方法是必需的技能，而对于最终用户来说，掌握T3快速交付方法，也可以提高自己的应用水平和应用深度，给工作带来非常大的帮助。

T3快速交付方法是根据工程师在多年实施交付的经验上总结并经优化形成的一套工作方法，是标准的交付指导手册，可以快速满足用户标准业务的应用，实现快速交付。

当然，根据用户环境实际情况，灵活运用该套快速交付方法，才可以取得事半功倍的效果。

T3快速实施方法的实施流程如图11-1所示。

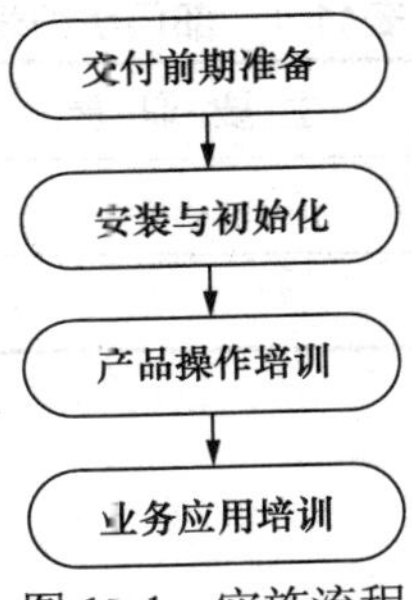

图 11-1 实施流程

T3快速交付方法是针对T3产品中的财务业务一体化应用而制定，其核心思路是快速交付工作法，共有四个环节：

1. 交付前期准备

交付前期准备的主要目标是了解用户的业务情况。通过与用户的沟通交流，了解用户的业务情况、业务量等基础信息，为制定编码规则打下基础，同时引导用户建立规范、标准的业务流程。

2. 安装与初始化

安装与初始化的目标是安装并调试好产品。产品安装前，注意准备好对应的软件补丁，安装完成后，通过初始化设置，明确人员分工与权限，制定编码规则，完成建账期初的数据录入与核对工作。

3. 产品操作培训

产品操作培训的目标是让操作人员掌握产品的操作技能。对操作人员的培训，可以按应用角色、产品流程进行培训，以提高操作人员的软件操作能力。

4. 业务应用指导

业务应用的工目标是通过企业的实际业务案例，指导操作员掌握各种业务场景下软件的操作过程，确保操作人员能独立完成对各种业务的软件处理。

11.2 实施前期准备

交付前期准备主要是为了更加深入了解企业基本情况，包括企业的组织架构、常规业务流程等，将企业业务流程与软件标准流程进行对比，优化企业的业务流程，帮助企业提升管理水平。

11.2.1 公共基础档案

沟通要点与表格整理：

(1) 企业的机构设置是怎样的？有哪些岗位涉及到信息化管理软件的操作？对他们的权限设定有什么计划？

通过沟通，整理出部门明细表、操作员权限表

部门明细表(如表11-1所示)：

表11-1 部门明细表

部门编码	部门名称	主要职责	负责人	电话

操作员权限表(如表11-2所示)：

表11-2　操作员权限表

操作员编码	操作员姓名	所 属 部 门	业 务 范 围	操作权限明细

(2) 企业对往来单位(供应商和客户)有无分类管理？如何分类？往来单位的编码规则怎么确定？

客户分类表(如表11-3所示)：

表11-3　客户分类表

客户分类编码	分 类 名 称	备　　注

客户信息明细表(如表11-4所示)：

表11-4　客户信息明细表

客 户 编 码	客 户 名 称	所 属 分 类	地　　址	税　　号	联 系 人	电　　话

供应商分类表(如表11-5所示)：

表11-5　供应商分类表

供应商分类编码	分 类 名 称	备　　注

供应商信息明细表(如表11-6所示)：

表11-6　供应商信息明细表

编　　码	名　　称	所 属 分 类	地　　址	税　　号	联 系 人	电　　话

(3) 企业有无外币核算业务？有哪些币种？销售或采购业务中有没有通过外币结算？

(4) 财务采用哪种会计制度进行核算？日常工作中有没有设置一些比较特殊的会计科目？

会计科目明细表(如表11-7所示)：

表11-7　会计科目明细表

科目编码	科目名称	外　币	计量单位	辅助账类型	方　向

(5) 各业务部门的存货档案是否统一？库存如何分类？库存如何进行编码？

存货分类表(如表11-8所示)：

表11-8　存货分类表

存货分类编码	分类名称	备　注

存货明细表(如表11-9所示)：

表11-9　存货明细表

存货编码	存货名称	存货分类	分类名称	规格型号	主计量单位

(6) 人员工资分成几类？有哪些项目？这些项目如何计算？

职员档案表(如表11-10所示)：

表11-10　职员档案表

编　号	姓　名	部　门	人员类别

工资项目明细表(如表11-11所示)：

表11-11　工资项目明细表

工资项目	字符类型	数据来源/计算公式
编号		
姓名		
部门		
人员类别		
基本工资		
应发		
实发		
……		

(7) 固定资产分成几类？折旧计算采用什么方法？

固定资产分类表(如表11-12所示)：

表11-12　固定资产分类表

固定资产分类编码	分类名称	折旧方法

固定资产明细表(如表11-13所示)：

表11-13　固定资产明细表

固定资产名称	计量单位	使用年限	残值率	折旧方式名称	累计折旧	折旧入账科目

11.2.2　财务期初数据

沟通要点与表格整理：

(1) 公司准备从什么时候启用软件账？期初余额是否能整理出来？

科目期初余额表(如表11-14所示)：

表11-14　科目期初余额表

科目编码	科目名称	方向	币别/计量	累计借方	累计贷方	期初余额

(2) 目前使用的凭证分成几类？(如记账凭证、收付转凭证)。

(3) 财务业务一体化应用中“应收账款/应付账款”可以设置成辅助核算，通过客户分类来区分不同类型客户往来，不需要设置明细科目。同时为了能够更加明细、准确地反映企业的实际业务，应收与预付(应付与预收)业务必须严格进行区分，从而更加准确地处理往来业务冲销。

供应商往来期初(如表11-15所示)：

表11-15　供应商往来期初

单据日期	供应商名称	金额	部门	业务员

客户往来期初(如表11-16所示)：

表11-16　客户往来期初

单据日期	客户名称	金　额	部　门	业务员

11.2.3　业务期初数据

沟通要点

(1) 采购业务中涉及的业务单据流转中是否允许他人修改？若允许，怎么实现安全控制的？

(2) 在采购过程中发生的各种采购费用是如何处理的？采购费用是否有税金要求？费用和费用的税金是否计入材料成本？是否用本币记账？记入哪个科目？

(3) 销售部门对价格是如何管理的？给不同的客户有不同的价格政策吗？是否对客户进行信用控制？控制信用额度依据的单据是什么(订单、发货单、发票)？

(4) 销售报价是否含税？有无最低售价控制？是否按发货单日期进行预警？

(5) 销售过程中发生本企业替客户垫付各种费用时如何处理？垫付的各种费用是否有税金要求？

(6) 存货有无批次管理？批次入库后是否要审核后才能出库？

(7) 仓库中物品是否有高/低储报警控制？控制的标准是什么？

(8) 仓库中物品存放时间是否为有效期控制？

(9) 企业的成本是按计划价进行材料核算，还是按实际价进行核算？如果按实际价核算，采用哪些计算方法(先进先出/个别计价/全月平均/移动平均)？

(10) 财务部门针对当前会计期间所采购的存货已入库，而发票迟迟未到的情况，是如何做入账处理的(暂估方式：月初回冲/单到回冲/单到补差)？

(11) 销售成本确认的依据是销售出库单还是销售发票？

(12) 发货中是否允许出库数量大于仓库中存货的剩余数量？

存货期初余额(如表11-17所示)：

表11-17　存货期初余额

存货编码	存货名称	规格型号	计量单位	数　量	单　价	金　额	入库日期

11.3　产品安装与初始化

在产品安装与初始化环节，主要完成产品的安装与系统参数的设置。

11.3.1　产品安装

产品安装前应注意以下事项：

- 准备好对应的软件补丁及其调试工具。
- 如果企业有专门的信息部或岗位，尽量请用户直接加入到产品安装过程，降低后期维护成本。

11.3.2　系统初始化

系统初始化环节主要完成各种系统参数的设置。

1. 基础设置指导

公共档案是在业务进行中可以进行有选择性使用的档案，如图11-2所示，其总体分为如下几个方面：

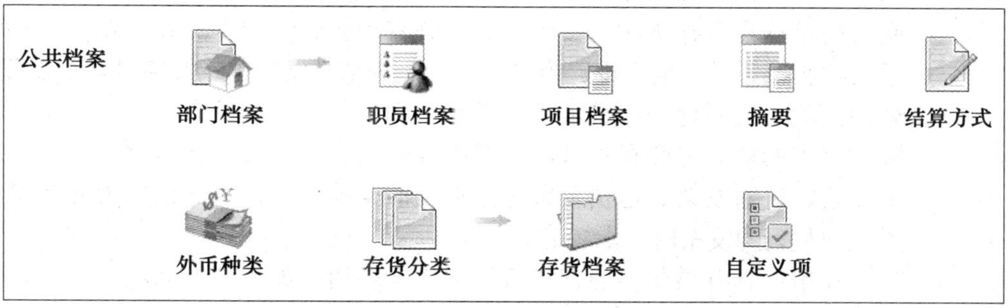

图 11-2　基础设置引导

(1) 部门档案

“基础设置”—“机构设置”—“部门档案”，会计科目可以在辅助核算中选“部门核算”，在业务单据和账簿中体现部门往来的信息，它为财务与业务精细核算提供了核算依据。

(2) 职员档案

“基础设置”—“机构设置”—“职员档案”，会计科目可以在辅助核算中选“个人往来”，在业务单据和账簿中体现个人往来的信息，它为财务与业务精细核算提供了核算依据。

(3) 存货分类与存货档案

“基础设置”—“存货”—“存货分类”，进行存货分类管理。

“基础设置”—“存货”—“存货档案”，完成对存货的设立和管理，随同发货单或发票一起开具的应税劳务等也应设置在存货档案中。

存货分类与存货档案的设置项如下：

提示：

可以通过“存货档案”中的“导入”功能，完成存货档案的快速录入。

- 存货编码：存货编码是必录项，编码必须唯一。存货编码可以用数字或字母表示，但编码中不能使用特殊字符，如 & " ' ; - 。

- 存货名称：可以是汉字或英文字母，存货名称最多可写30个汉字或60个字符。存货名称必须输入。
- 规格型号：可以是汉字或英文字母，规格型号最多可写15个汉字或30个字符。
- 计量单位：计量单位可以是任何汉字或字符，如公斤、吨、平方米等。
- 辅计量单位：辅计量单位可以是任何汉字或字符，如条、件、块等。有些存货可以按两种计量单位计量，例如，鱼既可按公斤计量，又可按条计量；砖既可按公斤计量，又可按块计量；木板既可按平方米计量，又可按片计量等。
- 换算率：指辅计量单位和计量单位之间的换算比。如一块砖为10公斤，则10就是辅计量单位块和计量单位公斤之间的换算比。计量单位、辅计量单位和换算率之间的关系为：按辅计量单位计量的数量×换算率＝按计量单位计量的数量。
- 所属分类码：系统根据用户增加存货前所选择的存货分类自动填写，用户可以修改。
- 存货属性：系统为存货设置了六种属性，下面分别详细说明。
  - 销售：具有该属性的存货可用于销售。发货单、发票、销售出库单等与销售有关的单据参照存货时，参照的都是具有销售属性的存货。开在发货单或发票上的应税劳务，也应设置为销售属性，否则开发货单或发票时无法参照。
  - 外购：具有该属性的存货可用于采购。到货单、采购发票、采购入库单等与采购有关的单据参照存货时，参照的都是具有外购属性的存货。开在采购专用发票、普通发票、运费发票等票据上的采购费用，也应设置为外购属性，否则开具采购发票时无法参照。
  - 生产耗用：具有该属性的存货可用于生产耗用。如生产产品耗用的原材料、辅助材料等。具有该属性的存货可用于材料的领用，材料出库单参照存货时，参照的都是具有生产耗用属性的存货。
  - 自制：具有该属性的存货可由企业生产自制。如工业企业生产的产成品、半成品等存货。具有该属性的存货可用于产成品或半成品的入库，产成品入库单参照存货时，参照的都是具有自制属性的存货。
  - 在制：暂时不用，待将来制造模块开发完成后再启用。
  - 劳务费用：指开具在采购发票上的运费费用、包装费等采购费用或开具在销售发票或发货单上的应税劳务、非应税劳务等。
- “成本”页签是对各种成本项进行设置。
  - 计划价/售价：计划价核算的工业企业或售价核算的商业企业，才能输入存货的计划价或售价，否则不能输入。该企业是否有计划价或售价核算的存货，通过仓库目录中各仓库的计价方式设置。计划价/售价不能为负数。
  - 参考成本：该成本指非计划价或售价核算的存货填制出入库成本时的参考成本，类似于计划价或售价核算的存货的计划价或售价。采购商品或材料暂估时，参考成本可作为暂估成本。存货负出库时，参考成本可作为出库成本。
  - 最新成本：指存货的最新入库成本。最新入库成本由系统自动维护，但用户可修改。

- 参考售价：指销售存货时用户参考的销售单价。存货销售时，系统将此单价作为默认的销售单价，但用户仍可修改。
- 最低售价：指存货销售时的最低销售单价。如果用户在销售系统中选择要进行最低售价控制，则存货销售时，如果销售单价低于此最低售价，系统则要求用户输入口令。如果口令输入正确，方可低于最低售价销售，否则不能低于最低售价销售。
- 最高进价：指进货时用户参考的最高进价，为采购进行进价控制。如果用户录入了最高进价金额，则进入采购管理模块输入专用发票或普通发票时，若单价高于最高进价，系统提示“下列商品采购价高于最高进价！是否继续保存；”，起到了一个警告的作用。选择是，继续保存，选择否，不予保存。

- “控制”页签是对库存的数量进行控制。
  - 安全库存：在库存中保存的货物项目数量，为了预防需求或供应方面不可预料的波动。
  - 最高库存：存货在仓库中所能储存的最大数量，超过此数量就有可能形成存货的积压。最高库存不能小于最低库存。用户在填制出入库单时，如果某存货的目前结存量高于最高库存，系统将予以报警。
  - 最低库存：存货在仓库中应保存的最小数量，低于此数量就有可能形成短缺，影响正常生产。用户在填制出入库单时，如果某存货的目前结存量低于最低库存，系统将予以报警。
  - 是否批次管理：指存货是否需要批次管理。如果某存货是批次管理，可用鼠标单击此项目左侧的选择框，直到选择框打勾为止。如果存货是批次管理，录入入库单据时，系统将要求用户输入批号，录入出库单据时，系统将要求用户选择出库的批次。
- 是否保质期管理：指存货是否要进行保质期管理。如果某存货是保质期管理，可用鼠标单击此项目左侧的选择框，直到选择框打勾为止。如果存货是保质期管理，录入入库单据时，系统将要求用户输入该批存货的失效日期。

2. 财务基础设置指导

总账档案指在总账所涉及到的五个部分所要用到的档案，如图11-3所示。

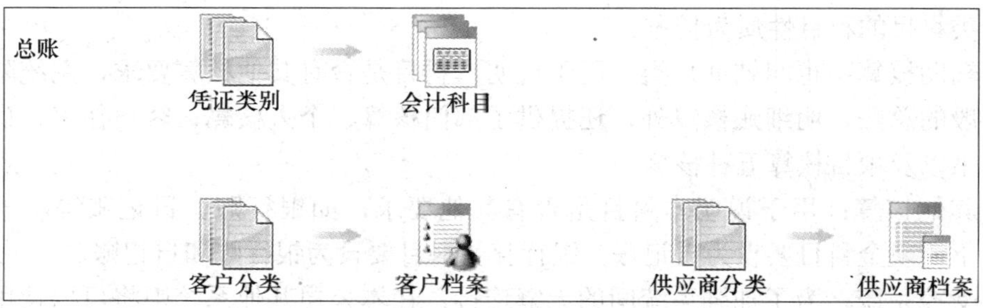

图 11-3　财务基础设置

(1) 凭证类别

凭证类别是必须要进行设置的，只有设置了凭证类别才可以填制凭证。

对于凭证类别，软件中预设了以下几种。

- 记账凭证(推荐使用)：这种凭证类别是现在比较常用的，对小企业来说，不需要区分收、付、转凭证，再加上软件自身强大的查询功能，不再有科目与凭证之间的限制。
- 收付转凭证：分为收款凭证、付款凭证、转账凭证。
- 现金银行转账凭证：分为现金凭证、银行凭证、转账凭证。
- 现金收款凭证：分为现金付款凭证、银行收款凭证、银行付款凭证、转账凭证。

(2) 会计科目

会计科目是必须进行录入的，没有会计科目根本就谈不上做账了，科目是会计做账的最基础的一项工作。

如何进行快速设置我们的会计科目？在建账过程中，可以根据行业选择软件预置的会计科目。对于二级或者是二级以下国家没有规定的科目，可以根据需要自行定义。软件中已经预置部分行业科目，如下所示。

- 科目编码：录入要添加的科目。
- 科目中文名称：录入要添加的科目名称。
- 科目英文名称：可以不录入。
- 科目类型：可以提供选择，分为资产、负债、权益、成本、损益五类。
- 账页格式：可以提供选择，分为金额式、数量金额式、外币金额式、数量外币式四种。
- 外币核算：打上勾后，要进行选择相关的币种。
- 数量核算：打上勾后，录入数量的计量单位。
- 汇总打印：在同一张凭证中当某科目或有同一上级科目的末级科目有多笔同方向的分录时，如果您希望将这些笔分录按科目汇总成一笔打印，则需要将该科目设置汇总打印，汇总到的科目设置成该科目的本身或其上级科目。
- 封存：被封存的科目在制单时不可以使用。此选项只能在科目修改时进行设置。
- 科目性质(余额方向)：增加登记在借方的科目，科目性质为借方；增加登记在贷方的科目，科目性质为贷方。一般情况下，资产类科目的科目性质为借方，负债类科目的科目性质为贷方。
- 辅助核算：也叫辅助账类。用于说明本科目是否有其他核算要求，系统除完成一般的总账、明细账核算外，还提供了部门核算、个人核算、客户往来、供应商往来以及项目核算五种核算。
- 其他核算：用于说明本科目是否有其他要求，如银行账、日记账等。一般情况下，现金科目要设为日记账；银行存款科目要设为银行账和日记账。
- 受控系统：为了加强系统间的无缝连接，在本公司其他系统中将可以使用账务系统的会计科目，这些会计科目就是其他系统的受控科目，而其他系统为该科目的受控系统。例如：应收系统的受控科目可能是应收账款科目。

提示：

- 一旦保存了的企业科目，将不能修改科目编码，使用了的科目不能被删除。
- 部门核算与个人核算互斥。
- 个人核算与客户往来、供应商往来互斥。
- 客户往来与个人核算、供应商往来互斥。
- 供应商往来与个人核算、客户往来互斥。
- 只有项目核算与别的辅助核算没有互斥，在采用的时候还要加以注意。

(3) 客户分类与客户档案

如果想对客户进行分类管理，用户可以通过本功能建立客户分类体系。用户可将客户按行业、地区、性质等进行划分。

提示：

客户分类编码必须唯一，客户分类名称可以是汉字或英文字母，但是不能为空。

(4) 客户档案

建立客户档案主要是为企业的销售管理、库存管理、应收账管理服务的。在填制销售入库单、销售发票和进行销售结算、应收款结算和有关销售统计、录入凭证时都会用到客户档案，因此必须应先设立客户档案，在输入单据时，如果单据上的客户名称不在客户档案中，必须在这里临时录入客户档案。客户档案卡片分为四个页签：基本、联系、信用和其他。客户档案的设置项如下：

- 客户编号：客户编号必须唯一，客户编号可以用数字或字符表示，最多可输入20位数字或字符。
- 客户名称：可以是汉字或英文字母，客户名称最多可写49个汉字或98个字符。客户名称用于销售发票的打印，即打印出来的销售发票的销售客户栏目显示的内容为销售客户的客户名称。
- 客户简称：可以是汉字或英文字母，客户名称最多可写30个汉字或60个字符。客户简称用于业务单据和账表的屏幕显示，例如：屏幕显示的销售发货单的客户栏目中显示的内容为客户简称。
- 所属分类码：系统根据用户增加客户前所选择的客户分类自动填写，用户可以修改。
- 应收余额：应收余额指客户当前的应收账款的余额。期初的应收账款余额可以在此处由用户手工输入，销售管理系统或应收账款核算系统启用后，应收余额由系统自动维护，用户不能修改该栏目的内容。
- 扣率：输入客户在一般情况下可以享受的购货折扣率，可用于销售单据中折扣的缺省取值。

- 信用等级：按照用户自行设定的信用等级分级方法，依据客户在应收款项方面的表现，输入客户的信用等级。
- 信用期限：可作为计算客户超期应收款项的计算依据，其度量单位为“天”。

提示：

可以通过“客户档案”中的“导入”功能，完成客户档案的快速录入。

(5) 供应商分类

如果想对供应商进行分类管理，用户可以通过本功能建立供应商分类体系。用户可将供应商按行业、地区、性质等进行划分。

提示：

供应商分类编码必须唯一，供应商分类名称可以是汉字或英文字母，不能为空。

(6) 供应商档案

建立供应商档案主要是为企业的采购管理、库存管理、应付账管理服务的。在填制采购入库单、采购发票和进行采购结算、应付款结算和有关采购统计时都会用到供应商档案，因此必须先设立供应商档案，在输入单据时，如果单据上的供应商不在供应商档案中，则必须在这里录入该供应商的档案。供应商档案信息分为四个页签：基本、联系、信用、其他。供应商档案的设置项如下：

- 供应商编号：供应商编号必须唯一，供应商编号可以用数字或字符表示，最多可输入12位数字或字符。
- 供应商名称：可以是汉字或英文字母，供应商名称最多可写30个汉字或60个字符。供应商名称用于采购发票的打印，即打印出来的采购发票的采购供应商栏目显示的内容为采购供应商的供应商名称。
- 供应商简称：可以是汉字或英文字母，供应商名称最多可写15个汉字或30个字符。供应商简称用于业务单据和账表的屏幕显示，例如：屏幕显示的采购入库单的供应商栏目中显示的内容为供应商简称。
- 所属分类码：系统根据用户增加供应商前所选择的供应商分类自动填写，用户可以修改。
- 应付余额：应付余额指供应商当前的应付账款的余额。期初的应付账款余额可以在此处由用户手工输入，采购管理系统或应付账款核算系统启用后，应付余额由系统自动维护，用户不能修改该栏目的内容。
- 扣率：输入供应商在一般情况下给予的购货折扣率，可用于采购单据中折扣的缺省取值。
- 信用等级：按照用户自行设定的信用等级分级方法，依据在供应商应付款项方面的表现，输入在供应商处的信用等级。

- 信用期限：可作为计算供应商超期应付款项的计算依据，其度量单位为“天”。

3. 固定资产基础设置指导

第一次打开固定资产管理时，需要对模块进行初始化，软件会自动引导完成初始工作，包括如下几个步骤。

(1) 约定与说明

(2) 启用月份

(3) 折旧信息

(4) 编码方式

- 资产类别的编码方式：资产类别是根据管理和核算的需要给资产所做的分类，可参照国家标准分类，也可根据需要自己分类。本系统类别编码最多可设置4级、10位，可以设定级数和每一级的编码长度。
- 固定资产编码方式：固定资产编号是资产的管理者给资产所编的编号，可以在输入卡片时手工输入，也可以选用自动编码的形式自动生成。
    - 手工输入：卡片输入时通过手工输入的方式录入资产编号。
    - 自动编号：可单击下拉键，从“类别编号＋序号、部门编号＋序号、类别编号＋部门编号＋序号、部门编号＋类别编号＋序号”中根据用户单位的情况选择一种。自动编号中序号的长度可自由设定为1～5位。自动编号的好处一方面在于输入卡片时简便，更重要的是便于资产管理，根据资产编号很容易了解资产的基本情况。

提示：

- 资产类别编码方式设定以后，一旦某一级设置了类别，则该级的长度不能修改，没有使用过的各级的长度可修改。
- 每一个账套资产的自动编码方式只能有一种，一经设定，该自动编码方式不得修改。

(5) 财务接口

- 与账务系统对账：在存在对应的账务系统的情况下才可操作，对账的含义是将固定资产系统内所有资产的原值、累计折旧和账务系统中的固定资产科目和累计折旧科目的余额核对，看数值是否相等。可以在系统运行中任何时候执行对账功能，如果不平，肯定在两个系统出现偏差，应引起注意，予以调整。如果不想与账务系统对账，可不打勾，表示不对账，本界面其他部分不能设置。
- 固定资产对账科目：因固定资产系统提供要对账的数据是系统内全部资产的原值，所以选择的对账科目应是账务系统内固定资产的一级科目。可以单击参照按钮或F2参照账务系统的科目选择。
- 累计折旧对账科目：因固定资产系统提供要对账的数据是系统内全部资产的累计折旧，所以选择的对账科目应是账务系统内累计折旧的一级科目。可以参照账务系统的科目选择。

- 对账不平允许月末结账：本系统在月末结账前自动执行“对账”功能一次(存在相对应的账务账套的情况下)，给出对账结果，如果不平，说明两系统出现偏差，应予以调整。但是偏差并不一定是由错误引起的，有可能是操作的时间差异(在账套刚开始使用时比较普遍，如第一个月原始卡片没有录入完毕等)造成的，或者是总账模块中凭证未记账引起的，因此给出判断是否“对账不平允许月末结账”。

(6) 完成

经过以上几个步骤后，需要确认以上设置。

4. 工资基础设置指导

第一次打开工资管理时，需要对模块进行初始化，包括以下几个步骤。

(1) 参数设置

(2) 扣税设置

代扣税：选择在工资计算中是否进行扣税处理。如要从工资中代扣个人所得税，可以选择该项目。

(3) 扣零设置

扣零：系统在计算工资时将依据扣零类型进行扣零计算。

提示：

用户一旦选择了“扣零处理”，系统自动在固定工资项目中增加“本月扣零”和“上月扣零”两个项目，用户不必在计算公式中设置有关扣零处理的计算公式，“应发合计”中也不用包括“上月扣零”，“扣款合计”中不用包括“本月扣零”。

(4) 人员编码

人员编码：以数字作为人员编码。用户根据需要可自由定义人员编码长度，但总长不能超过10位字符。用户根据实际需要设置长度。

(5) 工资项目设置

设置工资项目间的计算公式。在“工资变动”界面单击“项目设置”图标，或在工资管理的“设置”菜单中选择“工资项目设置”，即进入工资项目设置界面。

提示：

若在工资类别参数中，选择了扣零处理，则在设置项目时不必设置“本月扣零”和“上月扣零”两个项目，由系统自动生成，用于扣零处理使用，在计算公式中不必设立任何有关扣零处理的计算公式(系统将把“本月扣零”，“上月扣零”作为缺省项放入工资表中)。

工资项目公式设置如下：

用例1：常规公式设置

扣款合计＝代扣房租＋事假扣款＋扣借支＋缺勤扣款＋扣养老金

用例2：带条件判断的公式设置

岗位工资＝IFF(人员类别＝“经理”,800, IFF(人员类别＝“工程师”,600, IFF(人员类别＝“会计”,700,500)))

说明：该公式表示如果人员类别是经理的人员，则他的岗位工资是800.00元，如果人员类别是工程师的人员，则他的岗位工资是600.00元，如果人员类别是会计的人员，则他的岗位工资是700.00元，其他各类人员的岗位工资均为500.00元。

用例3：其他公式设置

IFF(工龄＞＝10病假天数×日工资×0.2,0)

IFF(工龄＜10 AND工龄＞＝5，病假天数×日工资×0.3，病假扣款)

IFF(工龄＜5，病假天数×日工资×0.5，病假扣款)

说明：该单位病假扣款按工龄扣除：工龄在10(包括10年)年以上的，扣20%；工龄在5至9年的，扣30%；工龄未满5年的，扣50%。

5. 进销存业务基础设置指导

(1) 采购管理

因为T3产品中有比较严密的财务管理思路，对于暂估有比较好的处理机制，所以在采购管理中有期初记账的概念。在期初记账之前，必须将库存中已经到货的但发票还没来的入库单，在采购管理中录入期初采购入库单。采购管理设置项如下。

- 期初采购入库单：是指存货已经入库，但供应商还没有给我们开发票的业务。而期初采购入库，是为了以后提供开票的依据，与企业现实的库存量无关。金额作为期初的暂估金额。期初暂估入库数据在“采购入库单”功能中输入。
- 期初在途存货：期初在途存货是将启用采购管理系统前已取得供货单位采购发票，货物没有入库，不能进行采购结算的发票输入系统，以便货物入库填制入库单后进行采购结算。期初在途存货数据在“采购发票”功能中输入。
- 供应商往来期初：是指在企业建账之前，企业与供应商之间往来的余额。这些余额表现在往来期初中。
- 期初记账：将采购期初数据记入有关采购账中。期初记账后，期初数据不能增加、修改，除非取消期初记账。期初记账后输入的入库单、发票都是启用月份及以后月份的单据。

提示：

- 没有期初数据时，也可以期初记账，以便于输入日常采购单据数据。
- 已做“月末结账”处理后，不能取消期初记账，除非取各月的“月末结账”。

(2) 销售管理

销售管理设置项如下。

- 客户往来期初：是指在企业建账之前，企业与客户之间往来的余额。这些余额体现在期初发票，其他应收款单。

- 期初发票：是指在企业建账之前开具了发票，但是还没与对方结算的一些发票。
- 其他应收款：是指企业建账之前，与客户发生的其他应收的一些款项，且还没与对方进行结算的业务。

(3) 库存管理

库存中的期初数据就是指建账前，最后一个月里，我们仓库中实际的库存情况。这里不用分开库存中的暂估与实际库存。而是实际的盘点值。因为暂估的情况，会在采购管理中体现出来。

在库存中完成期初库存后，也是要进行记账的。这时我们在采购管理中的暂估余额就可以自动体现出来了。

提示：

期初记完账后，一旦做了业务，在期初数据中有错的数据，只能通过调账来调平。

(4) 核算管理

在核算管理中，如果是一体化的业务，核算的期初数据可以从库存中提出来。软件里可以自动将数据提取过来，只要进行核对和记账就可以了。

在业务模块中如果只启用一个核算管理模块，就需要手工录入期初的库存数据。

提示：

- 期初数据录入完毕，必须期初记账后，才能开始日常业务。
- 没有期初数据的用户，可以不录入期初数据，但也必须执行期初记账操作，否则无法开始日常业务。
- 期初数据记账是针对所有仓库的期初数据进行记账操作。因此用户在进行期初数据记账前，必须确认各仓库的所有期初数据全部录入完毕并且正确无误时，再进行期初记账。

(5) 存货科目设置

存货科目设置用于设置本系统中生成凭证所需要的各种存货科目，没有设置存货科目将无法生成科目完整的凭证。

存货科目设置如表11-18所示。

表11-18　存货举例

仓库编码	仓库名称	存货分类编码	存货分类名称	存货科目编码	存货科目名称
001	主材库	01	原材料	121101	主要材料
002	辅材库	02	辅助材料	121102	辅助材料
003	半成品库	0401	外购半成品	121103	外购半成品
004	成品库	05	产成品	1243	库存商品

提示：

- 同一仓库的同一存货分类不可重复设置。
- 同一仓库的不同存货分类不可有包含关系。

例如：仓库：01　存货分类：001

仓库：01　存货分类：00101

上述两条记录有包含关系，不可同时设置。

- 直运采购发票制单时，借方科目取用户在存货科目设置中设置的直运科目。

(6) 对方科目设置

此功能用于设置财务业务一体化系统中生成凭证所需要的存货对方科目(即收发类别)所对应的会计科目，因此用户在制单之前应先在此模块中将存货对方科目设置正确、完整，否则无法生成科目完整的凭证。

提示：

对方科目不能为空且是末级科目，对方科目可根据收发类别、存货类别、部门、成本对象和存货设置对方科目。

对方科目设置如表11-19所示。

表11-19　对方科目举例

收发类别	存货分类	存货编码	对方科目	暂估科目
11-采购入库	01-原材料		212101-应付材料款	212102-暂估应付款
221-生产领用	01-原材料		41010101-原材料	
222-销售出库	02-产成品		5401-主营业务成本	

提示：

对于采购结算单生成凭证时，需要对“供应商往来科目”进行设置，科目设置包括以下几项。

- 税金科目：此功能用于设置本系统中生成凭证所需要的各种税金存货科目，请在核算系统的“供应商往来科目”功能下的“产品科目设置”节点进行相应科目的设置。
- 运费科目：此功能用于设置本系统中生成凭证所需要的各种运费科目，请在核算系统的“供应商往来科目”功能下的“产品科目设置”节点进行相应科目的设置。
- 结算科目：此功能用于设置本系统中生成凭证所需要的各种结算科目，请在核算系统的“供应商往来科目”功能下的“结算方式科目设置”节点进行相应科目的设置。

提示：

- 应付科目：此功能用于设置本系统中生成凭证所需要的各种应付科目，请在核算系统的“供应商往来科目”功能下的“控制科目设置”节点进行相应科目的设置。
- 同样的道理，再到“核算”—“科目设置”中进行“客户往来科目”设置。

11.4　产品操作培训与练习

11.4.1　产品培训

产品培训是快速交付中承前启后的重要环节，T3产品快速交付的原则是：积极引导、用户为主。也就是说，要帮助用户尽快熟悉T3产品的应用流程、功能与操作。

在这个环节，不是简单进行操作讲解，而是要结合用户的企业实际与用户角色、岗位职责，进行流程培训，引导用户明确个人职责与操作流程。

用户培训内容参考表11-20。

表11-20　用户培训内容参考

模　　块	培 训 项 目	学 习 内 容	备　　注
系统管理	人员设置	增加操作人员/设置密码	
	账套管理	建账/备份与恢复/权限分配	
	各模块启用与结账顺序	结账与反结次序，年结注意事项	
总账	日常操作	凭证处理/记账/对账/结账/逆操作过程	
	账表查询	总账/明细账/多栏账/科目汇总表&余额表/部门统计分析/项目统计分析	
报表	报表模板套用	客户本行业报表模板的调用及修改	
	自定义报表设置	格式定义(表样&关键字)/公式定义/安全设置(口令)	
工资	日常业务操作	人员变动处理/工资计算与报税/工资分钱或代发取现/工资凭证生成	
	账表查询	工资发放签名表/纳税所得申报表/工资项目分析表	
固定资产	日常业务处理	卡片操作/折旧计提处理/制单处理	
	账表查询	部门折旧计提表/固定资产原值一览表	

(续表)

模　块	培训项目	学习内容	备　注
采购	采购业务日常业务	采购订单、采购入库单、采购发票的录入与删改/采购结算与反向操作	
	供应商往来日常业务	付款结算/应付冲转与取消	
	账表查询	入库统计及明细/采购统计及明细/结算统计及明细/供应商往来及明细/采购订单	
销售	销售业务流程	销售订单、销售发货单、销售发票(销售出库单)的录入(生成)与删改	
	客户往来处理	客户往来期初/应收与收款结算/转账与取消	
	账表查询	发货开票收款统计/销售订货执行汇总	
库存	日常业务处理	单据审核与各类业务单据所生成的其他出(入)库单	
	库存工具	现存量查询与整理	
	库存账表查询	收发存汇总表	
核算	单据记账	单据记账与反记账/调拨单记账	
	日常业务处理	进销单据制单/客户往来制单/供应商往来制单	
	核算账表查询	存货明细及总账/出入库流水账/收发存	

11.4.2　业务应用指导

业务应用指导是指导用户能独立完成各项业务的软件应用操作。该指导要以用户的日常业务为例，说明在软件中如何进行操作。

1. 总账业务的日常处理

业务用例：

月初，财务部赵丽从工行提取现金10,000.00元。

借：现金　　　　　　　　　　10,000.00

　　贷：银行存款　　　　　　　　10,000.00

【操作指导】

进入总账系统，在“填制凭证”中增加新凭证。

提示：

月末进行期间损益结转处理时，在“总账系统—月末处理—期间损益结转”中操作，先定义期间损益结转科目后，每月只需进行一次结转即可。

2. 固定资产的日常处理

业务用例：

车间新购计算机一台，价值10,000.00元，支票付款，使用年限为5年，残值为400.00元，按照全月平均法计提折旧。

借：固定资产——电子设备　　10,000.00
　　贷：银行存款　　10,000.00
借：制造费用——折旧费　　160.00
　　贷：累计折旧　　160.00

【操作指导】

进入固定资产管理系统，在“资产增加”中增加资产并制单。

3. 工资业务的日常处理

业务用例：

经理人员的岗位工资是800.00元，工程师人员的岗位工资是600.00元，会计人员岗位工资是700.00元，其他各类人员的岗位工资均为500.00元，要求设置岗位工资的计算公式。

【操作指导】

岗位工资计算公式的设置：IFF(人员类别＝“经理”,800, IFF(人员类别=“工程师”,600, IFF(人员类别＝“会计”,700,500)))

4. 采购业务的日常处理

业务用例：

本月末，收到订购的接触器2000个，按768.00元/个入原料库，两天后收到专用发票，票号为：CG76896，并且收到运费发票一张，金额为2,000.00元，税率为7%，票号YF53456，将采购运费摊入采购成本，货款尚未支付。

(1) 收到货物时
借：原材料　　1,538,000.00
　　贷：物质采购　　1,538,000.00
(2) 收到发票时
借：物质采购　　1,536,000.00
　　物质采购　　1,860.00
　　应交税金——应交增值税——进项税　　261,260.00
　　贷：应付账款——某单位　　1,797,120.00
　　　　应付账款——某单位　　2,000.00

【操作指导】

① 进入采购管理，在“采购入库单”中填制一张采购入库单。
② 进入库存管理，在“采购入库单”中审核入库单。
③ 进入核算管理，单据记账，通过购销单据制单生成收到发票前的凭证。
④ 两天后进入采购管理系统，查询“入库明细表”，通过查询条件找到这张入库单，双击打开，通过流转功能生成“采购专用发票”。

⑤ 在“采购专用发票”中进行复核，同时增加一张运费发票，税率为7%。

⑥ 在“采购结算”中进行手工结算，将运费按数量摊入采购成本，并结算。

⑦ 进入存货核算系统，进行“供应商往来制单”，并生成凭证，采购业务结束。

5. 销售业务的日常处理

业务用例：

本月末，销售部业务员与泰隆实业公司签订销售订单，接触器50台，单价175.00元/台，并公路发货；公司开具一张普通发票，票号为：98759。货款未付。

(1) 开具发票时

借：应收账款　　10,237.50

　　贷：商品销售收入　　8,750.00

　　　　应交税金——应交增值税——销项税额　　1,487.50

(2) 货物出库时

借：商品销售成本　　5,000.00

　　贷：库存商品　　5,000.00

【操作指导】

① 进入销售管理系统，录入和审核销售订单；流转生成发货单，审核发货单；通过流转生成并审核普通发票。

② 进入库存管理系统，审核销售出库单。

③ 进入存货核算系统，对销售出库单进行记账，通过购销单据制单生成出库凭证，通过客户往来制单生成销售凭证。

第12章 T3系统常见问题及处理

本章学习目标

1. 了解会计信息化软件对环境的要求
2. 了解会计信息化软件常见的问题
3. 能处理日常运行中出现的简单问题

主要内容

T3系统安装及使用的常见问题

12.1 环境类问题

12.1.1 机器名问题

【现象】

总账模块在月末转账中选择包括未记账凭证做转账操作时报错，提示：运行时错误'3290':CREATE TABLE 语句中的语法错误，如图12-1所示。或固定资产模块在打开固定资产模块卡片管理时报错，提示：-2147217900：第1行：'1' 附近有语法错误。单击“确定”之后提示：请检查自定义项目的相关数据是否有效！

图12-1 总账报错

【解决】

用友通系列产品对计算机名称都有一定的要求，要求不能带特殊字符及中文字符，其中特殊字符包括“-”、“，”、“&”及“_”等，建议计算机名改为只有英文字母的组合，此案例列举和总结了由于计算机名问题引起的各类情况。(案例计算机名：用友通-UFIDA)

12.1.2　系统权限问题

【现象】

执行总账大部分操作都有异常，常报错误："运行时错误 '7':内存溢出"或"出错:7-内存溢出"。执行一些功能模块会出现没有任何反应的现象，如打开会计科目、单击记账、打开固定资产卡片、打开库存管理模块等操作。

【解决】

用友通系列产品对系统账户权限有一定的要求，要求登录系统账户为PowerUser或Administrators，如果账户权限不够，在执行某些操作时报错，如"运行时错误×××"等。

操作步骤如下：

(1) 打开权限设置界面

控制面板→管理工具→计算机管理→本地用户和组。

(2) 添加账户

本地用户和组→用户单击右键→新用户(如图12-2所示)。

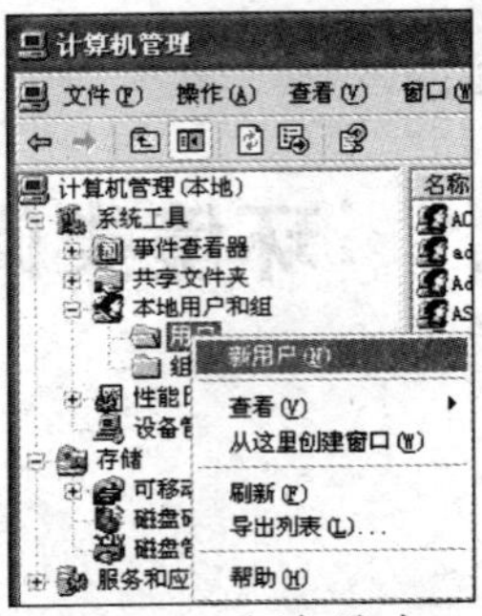

图 12-2　添加账户

(3) 设置权限(例：设置PowerUser账户)

双击选择右边框的某账户→隶属于→添加→高级→立即查找→选择PowerUser→确定(如图12-3所示)。

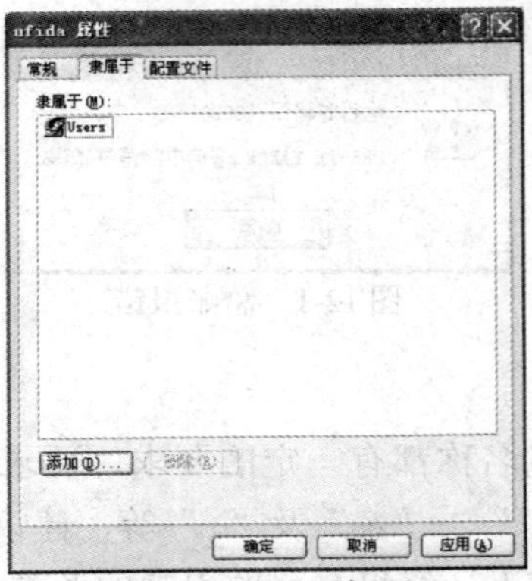

图 12-3　设置权限

12.1.3　注册表问题

【现象1】

维护中经常遇到需要重新安装产品，删除应用产品往往在控制面板的“添加/删除程序”里卸载，但有时无法正常运行或不显示任何内容，此时该如何手工删除软件呢？

【解决】

检查下列注册表项：

HKEY_LOCAL_MACHINE\Software\Microsoft\Windows\CurrentVersion\Uninstall

> **提示：**
>
> 如果以上注册表项为空，“添加/删除程序”工具可能也显示为空，如果不知道Uninstall目录下哪一项，可查看右边数据列显示的产品信息，如图12-4所示。

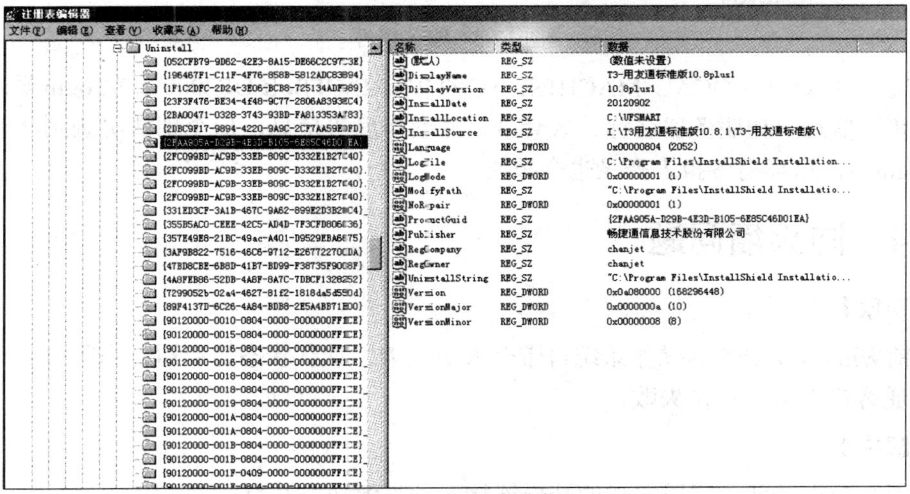

图 12-4　注册表编辑

> **提示：**
>
> 单击“开始”→“运行”，输入“regedit”，单击“确定”按钮，即可打开注册表编辑器。

【现象2】

不能正常登录财务报表，提示“账套年度错误”。

【解决】

产品使用中登录财务报表时会碰到“账套年度错误”的提示，用友通里往往通过服务器配置(安装目录\admin\selsrv.exe)填写服务器信息就能解决问题，但偶尔也碰到配置后不生效的情况，此时可以手工进行注册表配置。

情况1：手工修改server项对应的数据值位置：HKEY_LOCAL_MACHINE\SOFTWARE\UFSoft\UF2000\2.0\Login\IM，如图12-5所示。

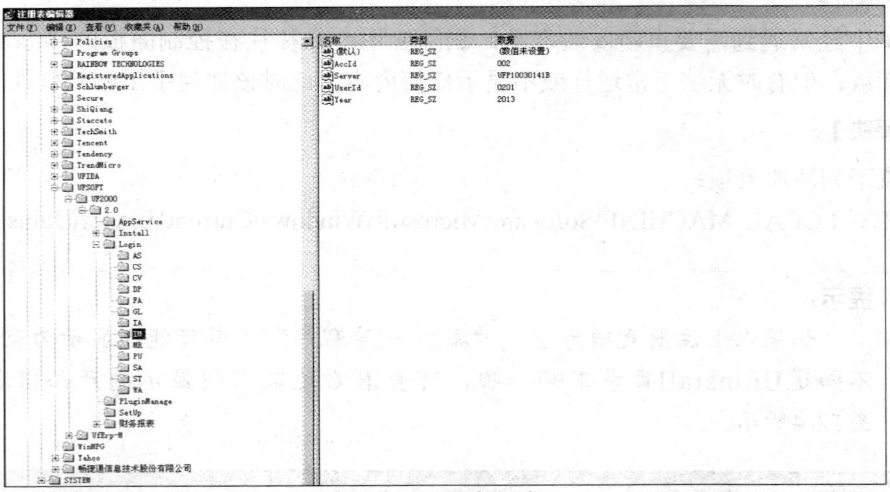

图 12-5　账务报告

情况2：HKEY_LOCAL_MACHINE\SOFTWARE\UFSoft\UF2000\2.0\Login项记录用友通产品登录信息，如服务器名称、账套号、账套年度等信息，但个别情况碰到注册表里找不到Login项，这样财务报表登录也会报错。

12.1.4　防火墙问题

【现象】

目前Windows XP/7等操作系统自带个人防火墙，默认状态为启用，当防火墙启用时，T3用友通客户端就会连接失败。

【解决】

原因是防火墙截止了用友通的端口连接，常见解决方法有：

方法1　关闭防火墙：控件面板→Windows防火墙→关闭

方法2　手工配置防火墙端口：控件面板→Windows防火墙→例外→添加端口，如图12-6所示。

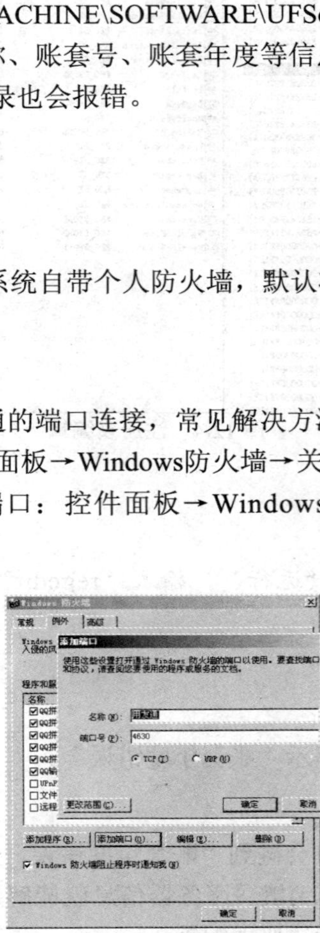

图 12-6　防火墙

12.1.5　注册文件问题

【现象1】

安装SQL Server时提示：以前的某个程序安装已在安装计算机上创建挂起的文件操作。运行安装程序之前必须重新启动计算机，如图12-7所示。

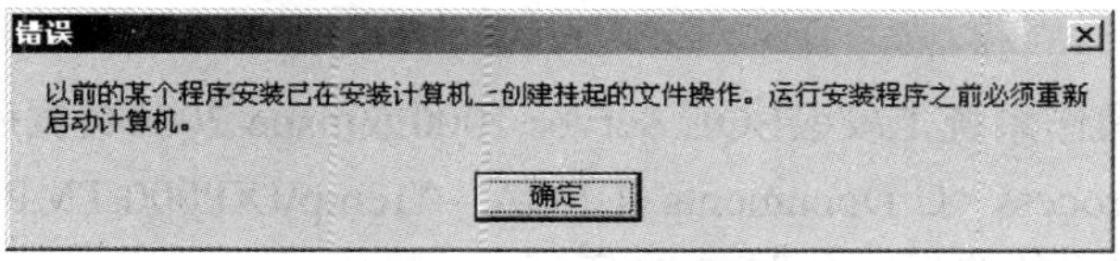

图 12-7　注册表报错

【解决】

这是因数据库安装或卸载不完整造成的。

删除注册表项：HKEY_LOCAL_MACHINE\SYSTEM\CurrentControlSet\Control\Session Manager\PendingFileRenameOperations，然后重启计算机。

【现象2】

先安装其他产品后又安装T3用友通，在登录系统管理时弹出“SQL Server口令”对话框，如图12-8所示。

图 12-8　SQL Server 口令

【解决】

因注册文件的版本不正确造成的。

操作步骤如下：

注册msadox.dll文件：单击“开始”→“运行”，输入regsvr32 D: \Program Files\Common Files\System\ado\msadox.dll。

【现象3】

客户端登录用友通总账时报错，但别的客户端或服务器登录不报错，提示为：此账套的行业性质与科目设置中的科目分类不符，请调整，如图12-9所示。

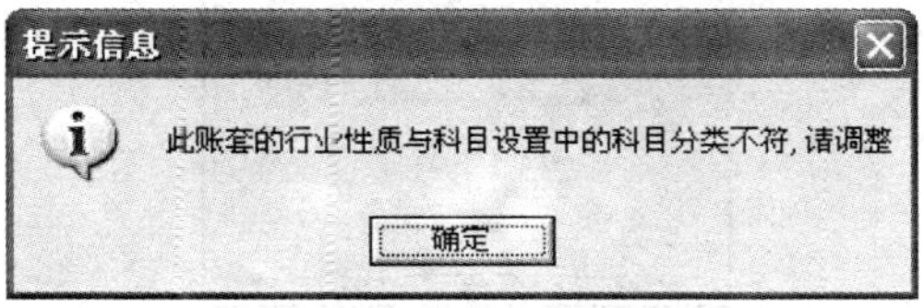

图 12-9　提示信息

【解决】

注册操作系统\System32\UFCOMSQL\usdbkit.dll文件：regsvr32 C: \windows\System32\UFCOMSQL\usdbkit.dll

12.1.6　数据库问题

【现象1】

在Windows XP操作系统上安装SQL Server 2000或msde 2000数据库时提示类似如下信息："Error creating process <C:Documents~1\LOA~~\Temp\IXP000.TMP\setupre.exe-s-SMS>. Reason:系统找不到指定的路径，如图12-10所示。

图 12-10　数据库问题

【解决】

这个问题多出在Windows XP系统上。原因是用户在登录操作系统时的用户名是中文，改用英文用户名登录安装即可。

【现象2】

安装SQL Server 2000过程中选择Windows身份验证模式，未选择混合模式，导致之后运行用友通系统管理时，提示输入SQL Server口令。如何不重装数据库来设置SQL Server身份验证模式？

【解决】

以Windows身份登录，在企业管理器中修改身份验证模式。

操作步骤如下：

选择企业管理器→控制台根目录→Microsoft SQL Servers→SQL Server组→服务器名称，单击右键，选择属性(默认名称为计算机名或local)→安全性→设置身份验证为SQL Server和Windows→确定，如图12-11所示。

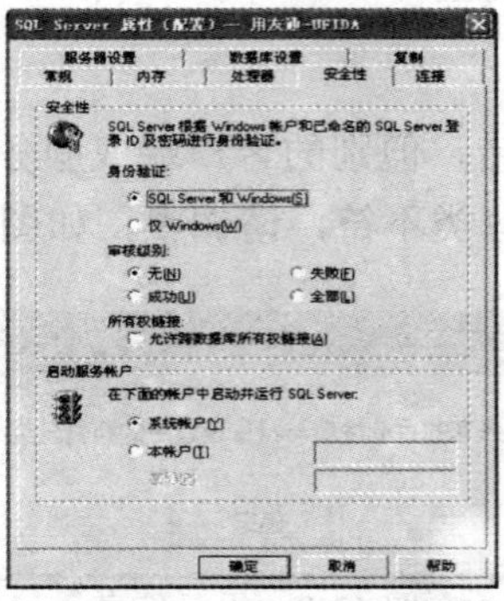

图 12-11　SQL Server 属性

12.1.7　网络连接问题

【现象1】

填制凭证时操作过程报错，提示: 运行时错误 '-2147220991(80040201)':[DBNETLIB][ConnectionWrite (WrapperWrite()).]一般性网络错误。请检查网络文档，如图12-12所示。

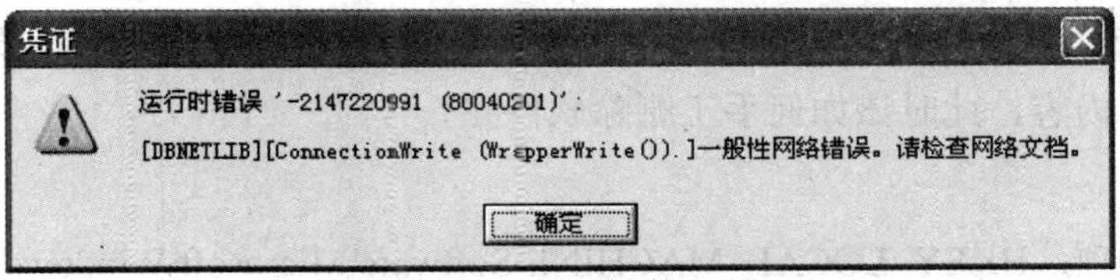

图 12-12　网络连接问题

【解决】

可能由于网络、系统等各种不稳定因素，导致与数据库连接断开，检查环境重新连接即可。

【现象2】

填制凭证操作中报错，提示: 运行时错误 '440':Automation 错误，如图12-13所示。

图 12-13　运行错误提示

【解决】

可能由于网络、系统等各种不稳定因素，导致与数据库连接断开。检查环境重新连接即可。

【现象3】

启用用友通服务(Server NT.exe)，计算机会开放4630端口，此时如果先开启瑞星个人防火墙，开机时自动启动服务提示："0x0077ffec"指令引用的"0x00000000"内存。该内存不能为"written"。要终止程序，请单击"确定"。要调试程序，请单击"取消"，如图12-14所示。

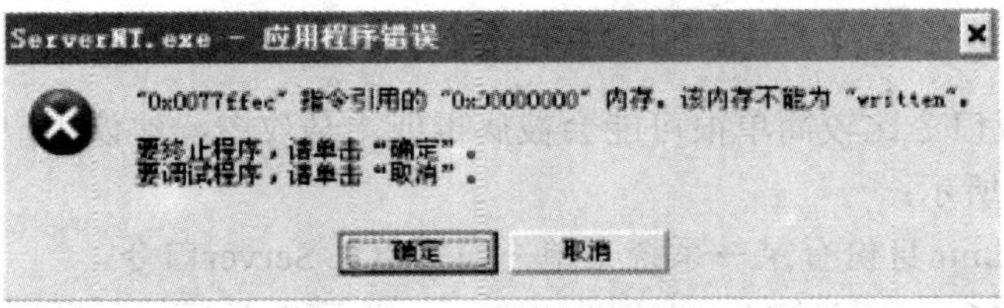

图 12-14　应用程序错误

【解决】

先启用T3用友通服务，再开启瑞星个人防火墙。

12.2 T3运行问题

12.2.1 系统安装

【问题1】

删除用友通产品往往是在控制面板的“添加/删除程序”里卸载，但有时无法正常运行或不显示任何内容，此时该如何手工删除软件呢？

【解决】

删除注册表项：HKEY_LOCAL_MACHINE\Software\Microsoft\Windows\CurrentVersion\Uninstall。

【问题2】

用友通产品与别的产品一起安装是否兼容？

【解决】

用友通不能与用友财务通、U8系列版本及别的版本的用友通产品安装在同一台计算机的同一个操作系统上，可以和商贸通各系列版本安装在同一个操作系统上，但一台计算机上只能识别一个产品加密狗。

12.2.2 系统管理

【问题1】

登录系统管理时，弹出“SQL Server口令”对话框，如图12-15所示。

图 12-15　SQL Server 口令

【解决】

SA口令为空或口令比较简单很可能会被病毒或木马攻击，建议用户设置SA密码。

操作步骤如下所示：

系统管理→Admin身份登录→系统菜单→设置SQL Server口令。

此提示情况可能由于有时SA口令遗忘或失效，也可能是环境问题所致。所以首先要分析是否是SA口令产生此提示，可通过命令提示符验证SA口令。

操作步骤如下所示：

(1) 在正在连接到的计算机中打开命令提示符窗口：开始→运行→输入cmd→确定。

(2) 在命令提示符处键入命令osql -U sa，然后按 Enter 键，注意“U”字符一定为大写。这样可以通过 sa 账户连接到本地默认实例。

若要连接到计算机上安装的命名实例，请键入(servername指实例名)osql -U sa -S servername。随即将出现以下提示：

Password:

(3) 再次按 Enter 键，此操作将为 sa 传递一个 NULL(空)密码。

【问题2】

运行系统管理没有任何反映，再双击系统管理，提示：【系统管理】已经运行！如图12-16所示。

图 12-16　系统管理提示

【解决】

系统管理运行需要生成并调用临时文件，如果生成或调用失败会导致此现象。

查看任务管理器应用程序栏有“用友通[系统管理]”，状态为正在运行，进程栏有“Admin.EXE”，说明系统管理进程运行，那可能是运行过程中加载失败。

关闭该进程，或查看操作系统账户临时文件目录是否正常。

【问题3】

新建账套过程中报错，提示：[Microsoft][ODBC SQL Server Driver][SQL Server]无法打开备份设备 'C:\UFSMART\Admin\ufmodel.bak'。设备出现错误或设备脱机。详细信息请参阅 SQL Server 错误日志，如图12-17所示。

图 12-17　应用程序错误

【解决】

由提示可知Admin文件夹下缺少ufmodel.bak文件，此文件是账套模板库，在新建账套中调用此文件生成账套初始库。

从别的计算机中把此文件复制到本机的软件安装目录\Admin文件夹下，注意一定要是同一版本的产品，也可以通过重装产品来恢复此文件。

【问题4】

账套备份操作选择确认后报错，提示：临时备份文件C:\WINNT\Temp\70328064\UfTmp\UFDATA.BAK打开失败！如图12-18所示。

图 12-18　应用程序错误

【解决】

出现此问题是由于操作系统安装目录下WINNT(XP系统为Windows)文件夹中丢失Temp文件夹，在此目录下手工建立Temp文件夹即可。

提示：

某些环境下由于操作系统环境变量设置等原因，可能提示是别的路径，如提示“临时备份文件C:\XXX\WINDOWS\Temp\45555456\UfTmp\UFDATA.BAK打开失败！”，此类情况也需要在相应目录下建立Temp文件夹，如上述提示中要在“C:\XXX\WINDOWS”目录下建立Temp文件夹。

【问题5】

账套备份操作选择确认后报错，提示：[Microsoft][ODBC SQL Server Driver][SQL Server]无法打开备份设备 'F:\UFSMART\Admin\ZT999\UFDATA.BAK'。设备出现错误或设备脱机。详细信息请参阅 SQL Server 错误日志。如图12-19所示。

图 12-19　应用程序错误

【解决】

由提示判断账套之前的备份路径为F:\UFSMART\Admin\ZT999\UFDATA.BAK，但由于账套更换计算机等原因，此路径当前计算机不存在，导致备份失败。

修改账套路径，路径存放于UFSystem数据库UA_Account表的cAcc_Path列，修改为硬盘已存在路径即可。

【问题6】

账套恢复操作选择确认后报错，提示：未找到路径，如图12-20所示。

图 12-20　应用程序错误

【解决】

由于操作系统安装目录下WINNT(XP系统为Windows)文件夹中丢失Temp文件夹，在此目录下手工建立Temp文件夹即可。

12.2.3　系统运行与连接

【问题1】

启动服务过程中报错，提示：本地计算机上的用友通服务启动后又停止了。一些服务自动停止，如果它们没有什么可做的，例如“性能日志和警报”服务，如图12-21所示。

图 12-21　应用程序错误

【解决】

用友通服务启动过程中此提示比较常见，出错原因较多，一般通过分析用友通日志文件来确定问题所在。

日志文件名为UF2000.log，存放路径为Windows(Winnt)\System32\UF2000.log，此文件可用记事本打开，操作中可先清空内容或删除文件，然后再启动服务将错误的日志信息写入，最后由日志提示信息判断分析问题原医。

【问题2】

用友通网络版多站点，大部分客户端连接正常，但有几个客户端连接失败。

【解决】

此情况往往由于服务器数据库未打补丁或补丁版本低所致。

服务器安装SQL Server 2000数据库更新SQL Server 2000 SP4补丁。

服务器安装MSDE数据库更新MSDE 2000 SP4补丁。

【问题3】

每次登录用友通客户端时提示：不能登录到服务器[UFIDA]:failed:不能得到服务器。但通过选择服务器地址或机器名却能够正常登录，如图12-22所示。

图 12-22 应用程序错误

【解决】

用友通登录时会从注册表读取上次登录信息作为本次登录信息，注册表键值为[HKEY_LOCAL_MACHINE\SOFTWARE\UFSoft\Uf2000\2.0\Login\DP\Server]，正常情况登录后系统会更新此键值，以备登录读取，如下次读取还是提示不能登录，很可能注册表没更新此键值。

此问题很可能是由于更改服务器的机器名引起，图12-22所示更改之前的服务器名称可能是UFIDA。

解决方法是直接修改此注册表键值，修改为当前服务器名称或IP地址，如客户端登录是本机，可直接修改为127.0.0.1或localhost。

【问题4】

财务报表操作过程中报错，提示：写日志文件<ufoerr.log>错误！如图12-23所示。

图 12-23 应用程序错误

【解决】

财务报表执行过程出错时，系统将错误信息写入财务报错日志文件，如演示教学版执行计算资产负债表公式提示错误，此日志文件存放于用友通安装目录\UFO\ufoerr.log下。上述错误是在写入文件时失败，失败原因可能是由于此文件不可读写，比如文件属性只读或系统账户权限不够。

查看此文件状态，如有只读属性将此属性去掉；另外也可以删除该文件，系统会自动重建日志文件。

第13章　税务实训

本章学习目标

1. 了解企业的税务登记要求
2. 了解企业的税务认定管理
3. 了解企业日常发票管理要求
4. 掌握企业办税流程
5. 了解最新税收法规

主要内容

1. 增值税模拟开票
2. 增值税模拟网报
3. 营业税模拟网报

13.1　系统介绍

畅捷通税务实验室-实训系统可与财务系统紧密结合，通过大量生动的案例，引导学生进行财税一体化处理，避免了在教学中财务会计与税务处理脱节。

在传统的教学中，学生很难了解真实的办税流程和实际业务环境。本系统通过模拟的税务申报和开票环境，使学生融入到仿真的税务申报和开票环境中，掌握申报及开票流程。

本系统为培养既有扎实的理论基础，又有财税实践经验的实务型人才，提供了一个全新的平台。

该模块从企业设立开始，按照税务登记→认定管理→发票管理→申报征收等，提供实务指南帮助。

13.2　基础操作

13.2.1　系统登录

畅捷通税务实验室系统安装完成后，双击桌面“税务实验室—实训系统”图标，打开“用户登录”窗口，如图13-1所示。输入学号、登录密码，选择年度和期间，单击“登录”按钮，即可登录成功，如图13-2所示。单击“退出”按钮，退出登录界面。

图 13-1 系统登录界面

图 13-2 税务实训系统主窗口

提示：

- 学生的登录信息(学号、密码)由老师统一后台注册管理，并分配给学生。
- 学生也可以在本界面自行注册信息。

13.2.2 学生注册

在图13-1系统登录界面，单击“注册”按钮，输入学号、姓名、班级和密码等信息，单击“确定”按钮，系统提示注册成功，如图13-3所示。

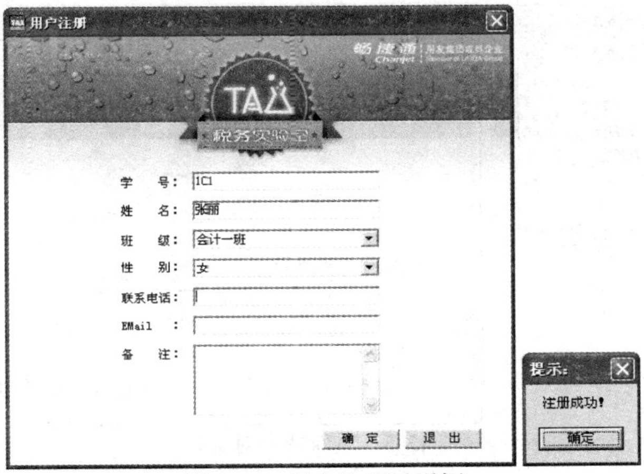

图 13-3　用户注册对话框

提示：

学生自己注册时，要在老师预制好班级信息后，才能进行。

13.2.3　系统主界面

在系统登录成功后，显示“税务实验室—实训系统”窗口的分布情况，如图13-4所示。

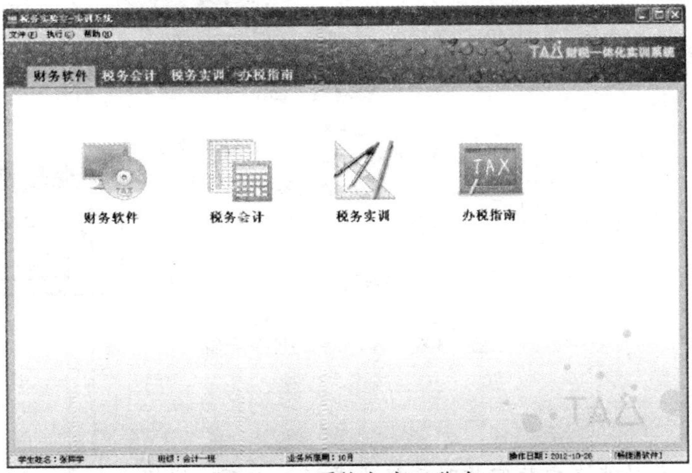

图 13-4　系统主窗口分布

13.2.4　系统菜单

1. “文件”菜单

- “注销”：返回用户登录界面，重新登录。

在系统主界面中选择“文件”|“注销”菜单，打开“重新登录”对话框，如图13-5所示。

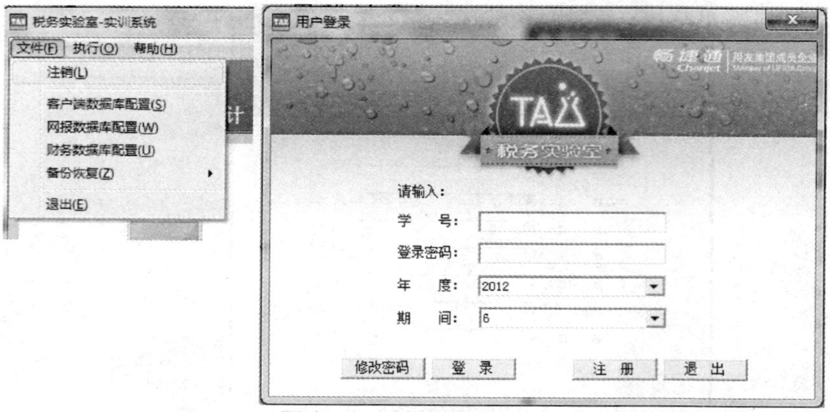

图 13-5　重新登录对话框

- “客户端数据库配置”：进行客户端数据库信息配置。

在系统主界面，选择“文件”|“客户端数据库配置”菜单，打开“客户端数据库配置”对话框，如图13-6所示。填写服务器名、数据库名、用户名、密码，设置完成后，单击“测试连接”按钮，连接成功后，单击“确定”按钮完成退出。

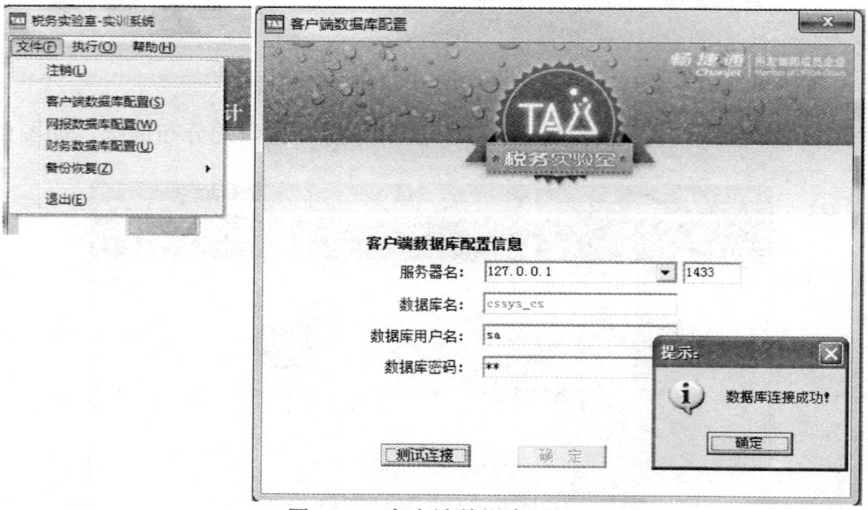

图 13-6　客户端数据库配置

提示：

- 本功能在安装实施时已经设置好，以后可根据老师要求进行相应修改。
- 服务器名、数据库名、用户名、密码可以从系统管理员或教师处获得。

- “网报数据库配置”：进行网报数据库信息配置。

在系统主界面中选择“文件”|“网报数据库配置”菜单，打开“网报数据库配置”对话框，如图13-7所示。填写服务器名、数据库名、用户名、密码，设置完成后，单击“测试连接”按钮，连接成功后，单击“确定”按钮完成退出。

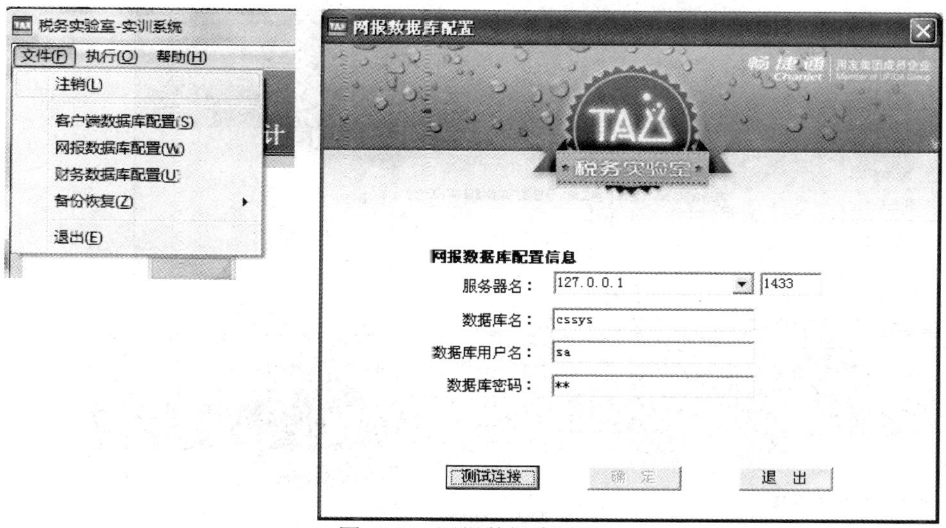

图 13-7　网报数据库配置

- “财务数据库配置”：进行财务数据库信息配置。

在系统主界面中选择“文件”|“财务数据库配置”菜单，打开“财务数据库配置”对话框，如图13-8所示。填写服务器名、数据库名、用户名、密码，设置完成后，单击“测试连接”按钮，连接成功后，单击“确定”按钮完成退出。

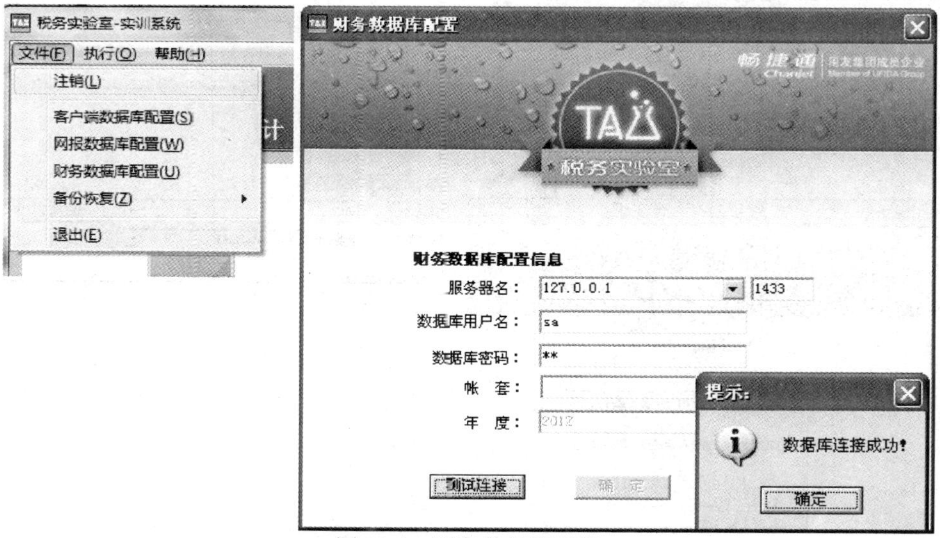

图 13-8　财务数据库配置

- “备份恢复”—“数据备份”：进行数据备份。

在系统主界面中选择“文件”|“备份恢复”|“数据备份”菜单，打开“备份数据库”对话框，如图13-9所示。确认数据库地址、名称和密码等，单击“备份数据库”，选择备份文件保存路径、输入文件名后，单击“保存”按钮，完成备份。

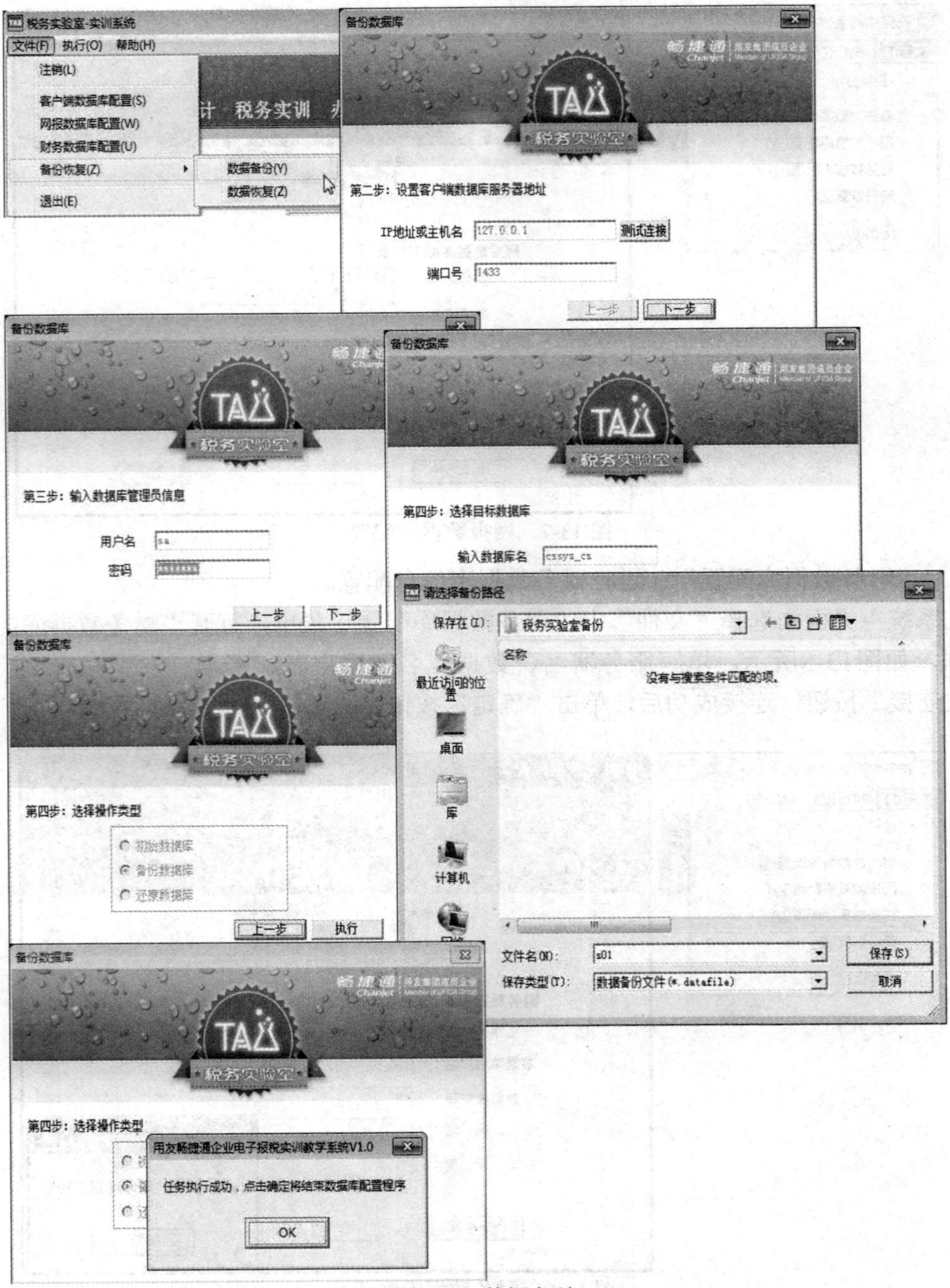

图 13-9　数据备份

- “备份恢复”—“数据恢复”：进行数据恢复。

在系统主界面中选择“文件”|“备份恢复”|“数据恢复”菜单，打开“还原数据库”对话框，如图13-10所示。确认数据库地址、名称和密码等，单击“还原数据库”，选择要恢复文件所在路径、输入文件名后，单击“打开”按钮，完成恢复。

图 13-10 数据恢复

提示：

数据恢复后，必须重新登录系统，数据才能生效。

- “退出”：直接退出系统。

在系统主界面中选择“文件”|“退出”菜单，退出畅捷通税务实验室—实训系统。

2. “执行”菜单

系统主界面的“执行”菜单包括本系统主要操作模块：税务会计、税务实训、办税指南、企业案例，如图13-11所示。

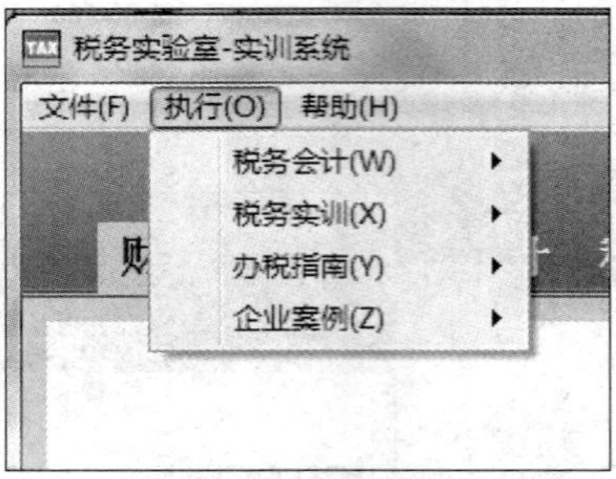

图 13-11　执行菜单

13.3　税务会计

税务会计是税务实训系统的主要部分，首先下载企业鉴定信息，然后进行增值税、消费税、营业税、企业所得税、个人所得税等报表的填写或财务取数，最后生成电子数据，进行网上申报。

13.3.1　企业鉴定信息

企业鉴定信息包括纳税人基本信息、纳税维护、增值税累计数信息。从网报服务器中下载，是实务操作的第一步。每个业务期都必须下载鉴定信息，才能进行相应税种的填写和申报。

提示：

- 如果鉴定信息中没有某个税种，那么系统中就不会出现该税种的核算。
- 获取鉴定信息时，必须确定本计算机与模拟网报服务器可以连接。

企业鉴定信息下载方法如下：

(1) 在系统主界面中执行“税务会计”|“企业鉴定信息”命令，打开“企业鉴定信息”对话框，如图 13-12 所示。

(2) 在“企业鉴定信息”对话框中输入纳税人基本信息，填写完成后，单击“导入信息”按钮，系统提示导入完成，如图 13-13 所示。

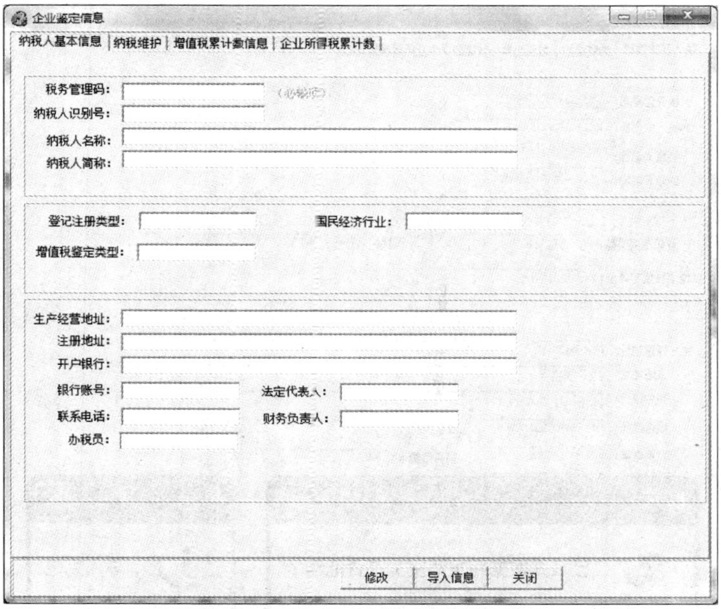

图 13-12　企业鉴定信息下载

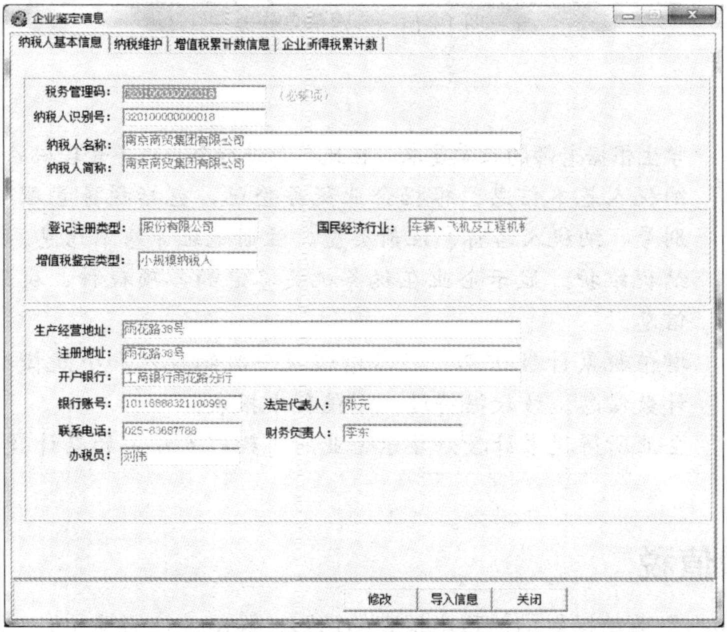

图 13-13　鉴定信息导入

13.3.2　鉴定信息维护

在“企业鉴定信息”对话框中，单击“修改”按钮，税务管理码区域即显示可编辑状态，重新输入管理码等信息，单击“导入信息”按钮，单击“是”按钮，系统提示导入完成，修改成功，如图13-14所示。

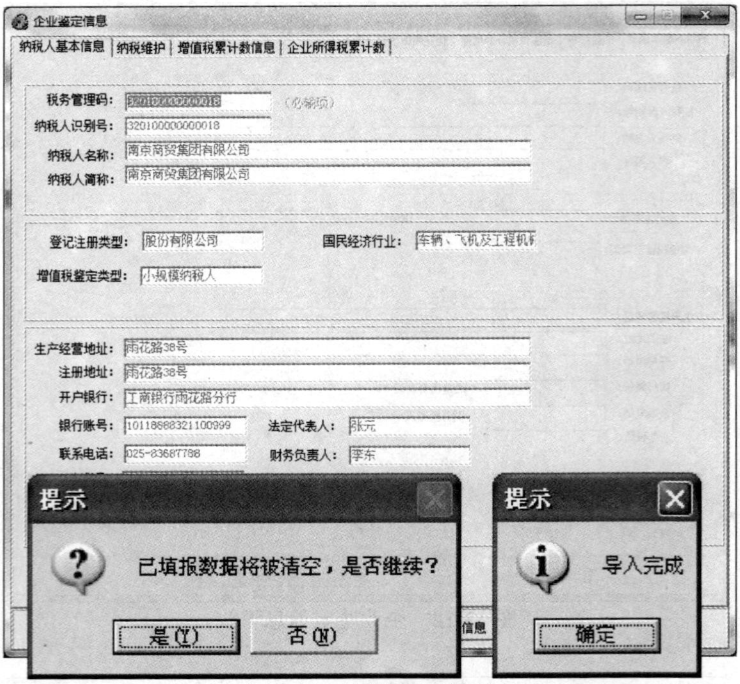

图 13-14　鉴定信息修改

提示：

- 学生根据老师的教学要求，在此界面进行企业税务管理码的切换下载。
- 纳税人基本信息：根据企业税务登记，包括税务管理码、纳税人识别号、纳税人名称、注册类型、注册地址等基本信息。
- 纳税维护：显示企业在税务机关鉴定的各项税种、税目、申报项目信息。
- 增值税累计数信息：显示增值税一般纳税人和小规模纳税人历史累计数信息。该数据将过入增值税申报表。
- 企业所得税累计数：显示企业所得税报表相关的累计数。

13.3.3　增值税

“增值税申报”菜单提供增值税申报表的填写、导出、打印等功能。系统提供直接填写报表和财务软件取数两种方式，来完成增值税申报表的填制。

在系统主界面执行“税务会计”｜“增值税申报”命令，打开“申报项目选择”对话框，如图13-15所示。选择“增值税纳税申报表(适用增值税一般纳税人)”选项，单击“确定”按钮，打开增值税纳税申报表填写或取数界面，如图13-16所示。

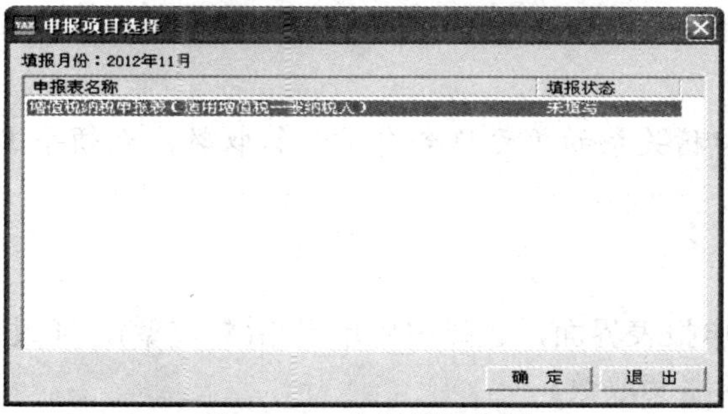

图 13-15　申报项目选择

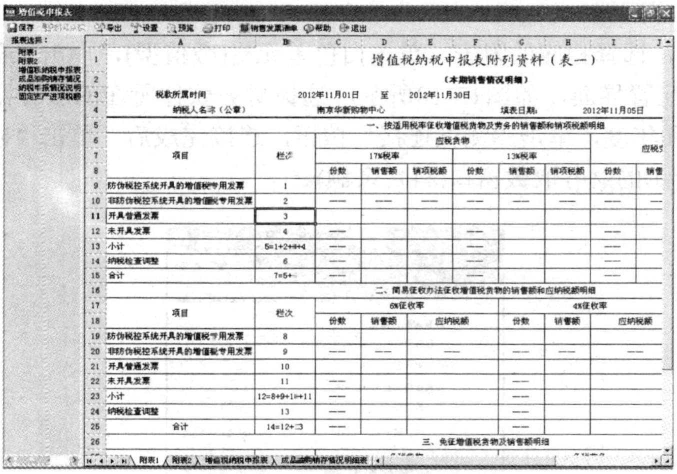

图 13-16　增值税申报表

1. 手工填写报表

在图13-16增值税申报表界面中，选择白色单元格，输入数据即可。选择相应的附表，用鼠标单击白色单元格，直接输入数据，如图13-17所示。

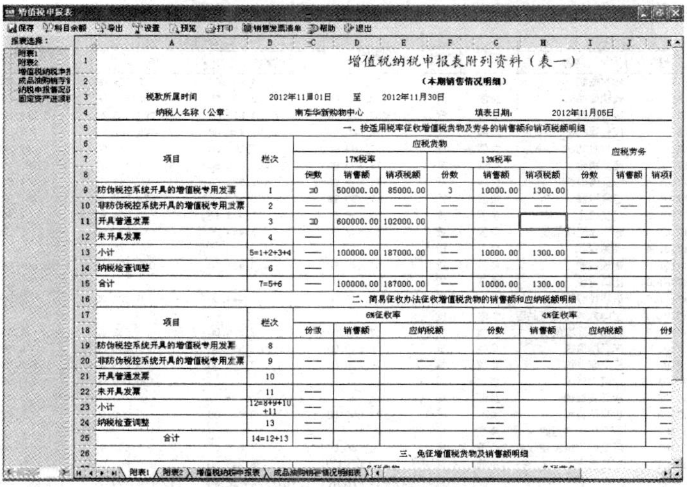

图 13-17　手工填写报表

提示：

有表间勾稽关系的单元格会自动计算取数，无须手工输入数据。

2. 财务账套取数

在图13-16增值税申报表界面，选择白色单元格(数值型)，通过“科目余额”按钮即可完成从指定财务软件的账套取数。

【业务处理过程】

(1) 财务数据库配置

在图13-17中，选择相应的附表，单击白色单元格(数值型)，单击“科目余额”，打开财务软件数据库配置界面，如图13-18所示，选择财务软件所在的服务器名、数据库用户名、密码、账套和年度，单击“测试连接”按钮，连接完成后，单击“确定”按钮，系统显示如图13-19 所示的财务取数窗口(科目余额)。

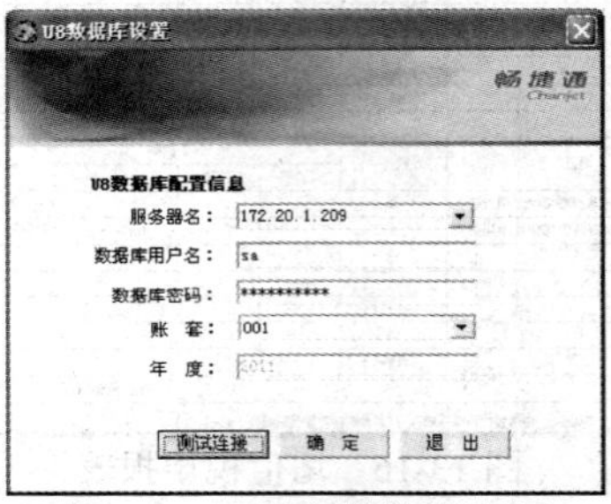

图 13-18　财务数据库配置

选择	会计科目		类别	余额方向	期初数	累计发生数		期末数
	代码	名称				借方	贷方	
☐	2131	预收账款	负债	贷	27,250.00	4,253.00	2,555.00	25,552.00
☐	2141	代销商品款	负债	贷	752,042.00	522,322.00	32,526.00	262,246.00
☐	2151	应付工资	负债	贷	3,282,772.00	4,256,832.00	6,292,185.75	5,318,125.75
☐	2153	应付福利费	负债	贷	52,425.00	52,425.00	105,222.00	105,222.00
☐	2161	应付股利	负债	贷	62,184.00	5,264.00	6,346.00	63,266.00
☐	2171	应交税金	负债	贷	175,800.06	201,034.50	14,234,402.87	14,209,168.43
☐	217101	应交增值税	负债	贷	77,599.06	122,333.50	13,402,608.21	13,357,873.77
☐	21710101	进项税额	负债	贷	7,355.99	55,353.80	579,818.80	531,820.99
☐	21710102	已交税金	负债	贷	9,136.57	5,435.70	866.90	4,567.77
☐	21710103	转出未交增值税	负债	贷	10,443.00	5,443.00	532.00	5,532.00
☐	21710104	减免税款	负债	贷				
☑	21710105	销项税额	负债	贷	42,640.50	53,434.00	12,815,636.51	12,804,843.01
☐	21710106	出口退税	负债	贷				
☐	21710107	进项税额转出	负债	贷	776.00	443.00	5,222.00	5,555.00
☐	21710108	出口抵减内销产品应	负债	贷				
☐	21710109	转出多交增值税	负债	贷	7,247.00	2,224.00	532.00	5,555.00
☐	217102	未交增值税	负债	贷	6,643.00	532.00	555.00	6,666.00
☐	217103	应交营业税	负债	贷	20,235.00	2,235.00	605,255.00	623,255.00
☐	217104	应交消费税	负债	贷			100,000.00	100,000.00
☐	217105	应交资源税	负债	贷				
☐	217106	应交所得税	负债	贷	17,062.00	59,662.00	49,222.00	6,622.00
☐	217107	应交土地增值税	负债	贷				
☐	217108	应交城市维护建设税	负债	贷	736.00	626.00	552.00	662.00
☐	217109	应交房产税	负债	贷	38,028.00	6,245.00	7,662.00	39,445.00
	合计：				32,732,410.91	101,275,830.95	142,930,099.59	114,646,740.67

图 13-19　财务取数窗口

提示：

- 在财务取数窗口(图13-19)中单击“查询条件”，打开“查询条件”对话框，可选择会计期间和科目名称来快速查询某科目。该功能用于快速定位取数科目。
- 在财务取数窗口(图13-19)中双击某一科目记录，系统显示该科目凭证明细，双击其中某条凭证，可查看到该凭证详细信息，如图13-20所示。该功能用于财务取数参考。

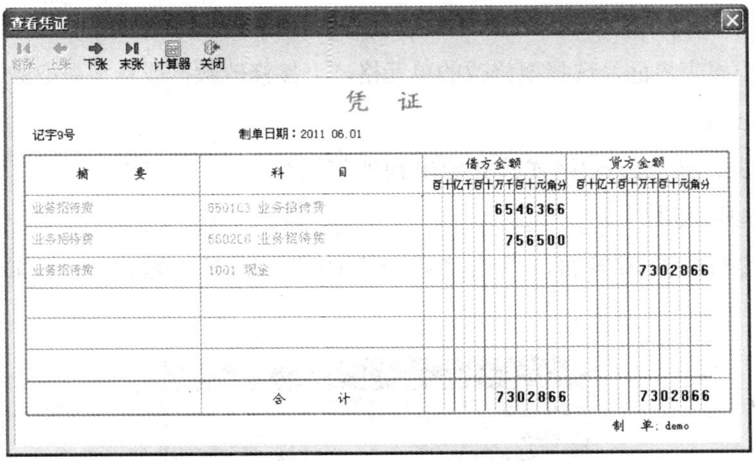

图 13-20　凭证信息

(2) 确认条件取数

在财务取数窗口(图13-19)，勾选要取数的会计科目、取数条件，单击“确定”按钮，即可完成相应的取数。如图13-21所示，当前单元格取数完成，报表显示财务数据已过入。

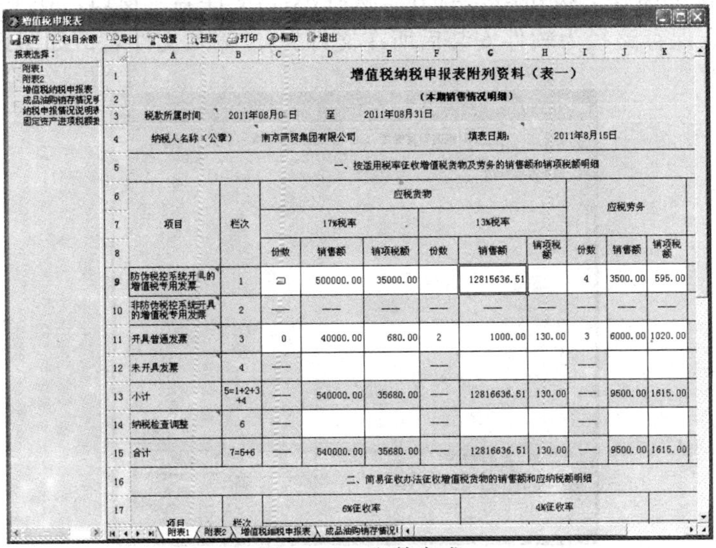

图 13-21　取数完成

提示：

并不是所有单元格都可以财务取数，除了能财务取数的项目外，其他报表项目需手工填写，才能完成报表的完整填报。

3. 数据保存

在增值税申报表界面，所有主附表数据取数或填写完成，检查无误，单击“保存”按钮，即完成增值税报表数据填写。可进行预览、打印等其他操作。

4. 数据修改

在增值税申报表界面，选择要修改的单元格，直接修改数据或从科目取数，保存即可。

5. 报表导出

将当前报表转换成Excel格式，并导出到外部保存。

【业务处理过程】

(1) 在增值税申报表界面，单击“导出”按钮，打开“输出Excel文件”窗口，如图13-22所示。

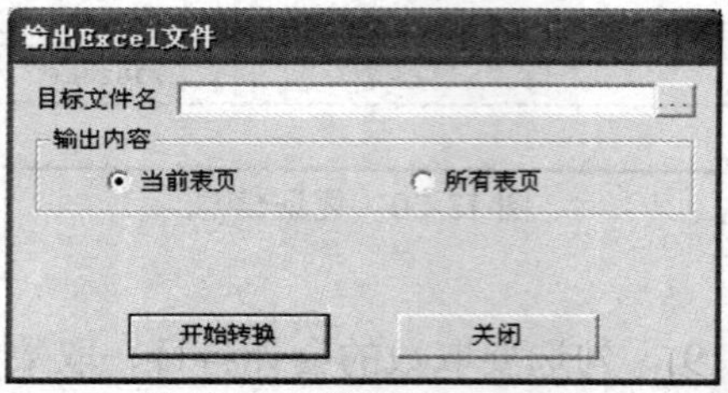

图 13-22　输出 Excel 文件

(2) 单击“选择路径”按钮，打开“选择Excel文件名”窗口，在下拉框中选择保存的路径(系统默认保存路径为软件安装后所在文件夹)，输入文件名，如图13-23所示。

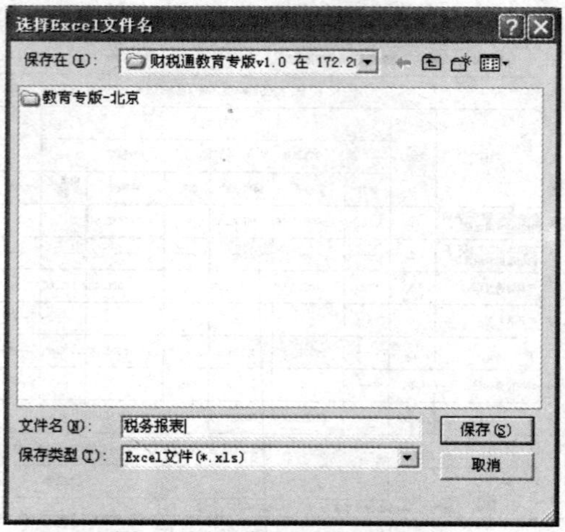

图 13-23　选择 Excel 文件名

(3) 单击“保存”按钮，回到“输出Excel文件”窗口，此时“目标文件名”文本框里已经显示刚才所选的地址和名称，如图13-24所示。

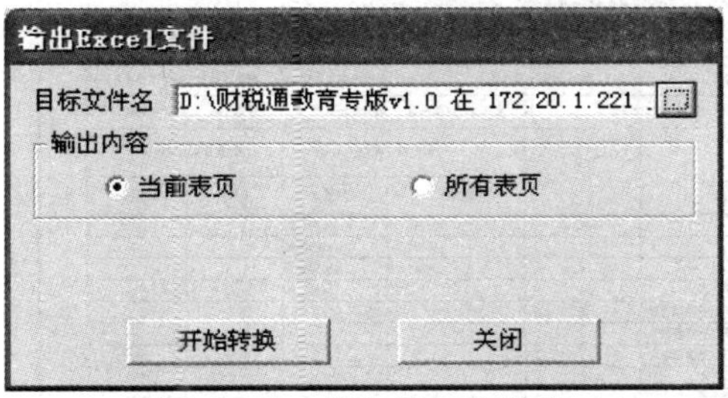

图 13-24　指定目标文件名

(4) 选择当前或所有表页，单击“开始转换”按钮，系统提示转换完毕，即可到相应路径下查找该文件，如图13-25所示。

图 13-25　转换成功

6. 页面设置

在增值税申报表界面，单击“设置”按钮，打开“页面设置”对话框，如图13-26所示。单击相应的页签(打印内容、页眉页脚等)，根据需要进行设置，完成后单击“确定”按钮即可。

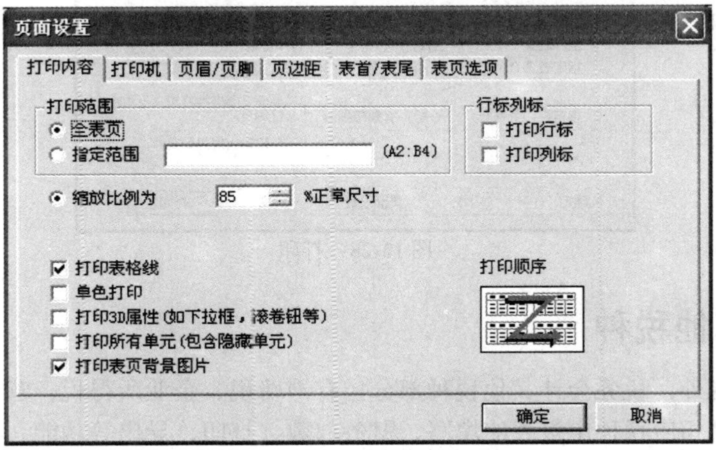

图 13-26　页面设置

7. 打印预览

在增值税申报表界面，单击“预览”按钮，打开“打印预览”对话框，如图13-27所示。可使用打印页、缩放比例等，进行打印前的效果预览。

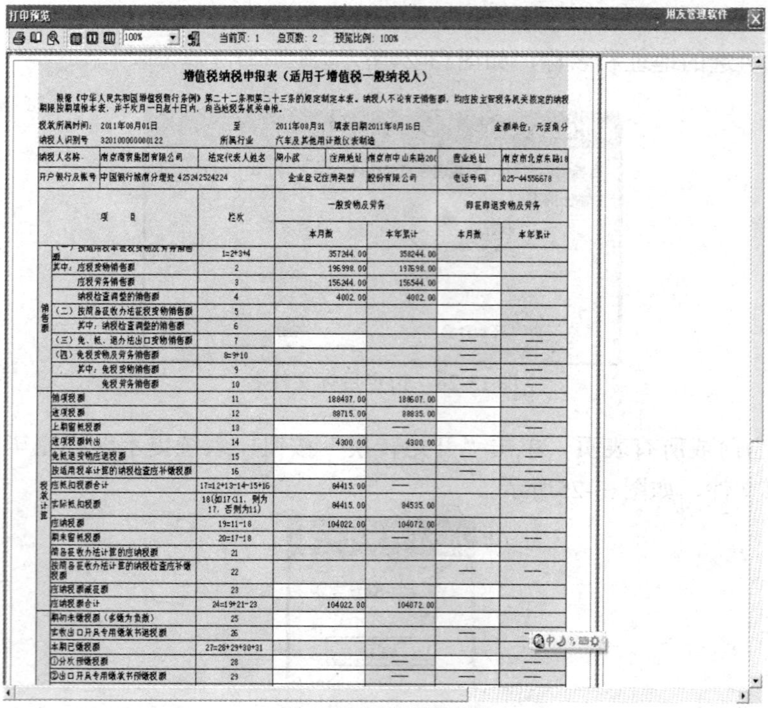

图 13-27　打印预览

8. 报表打印

在增值税申报表界面，单击“打印”按钮，打开“打印”对话框，如图13-28所示。选择打印范围、份数等，单击“确定”按钮保存当前设置，单击“打印”按钮，打印当前报表。

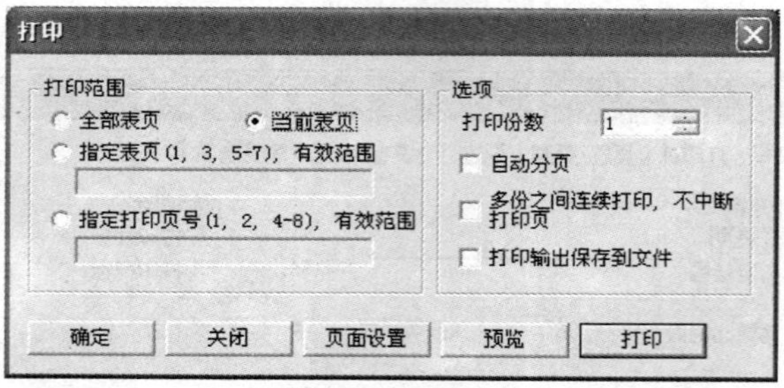

图 13-28　打印

13.3.4　其他税种

除了增值税外，税务会计其他税种部分，有消费税、企业所得税、营业税、个税、房产税等，能提供相应税种申报表的填写、财务取数、打印、导出等功能。各功能的具体操作方法与增值税操作类似。

13.3.5　电子数据生成

将已填写完成的各类申报表，转换成可进行模拟网络申报的数据文件。

【业务处理过程】

(1) 在系统主界面，执行“税务会计” | “生成电子数据”命令，打开“生成电子数据”对话框，如图13-29所示。

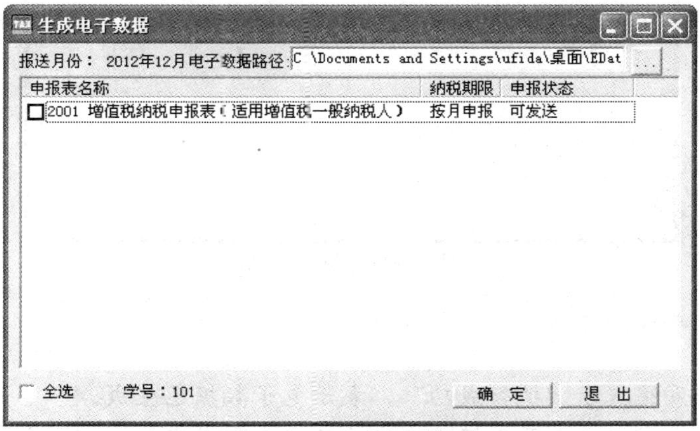

图 13-29　生成电子数据

提示：

“可发送”状态，即可生成电子数据；“未填报”状态，即需先填写好报表才能生成电子数据。

(2) 选择电子数据所要保存的路径，默认保存路径为计算机桌面，单击“确定”保存当前设置，如图13-30所示。

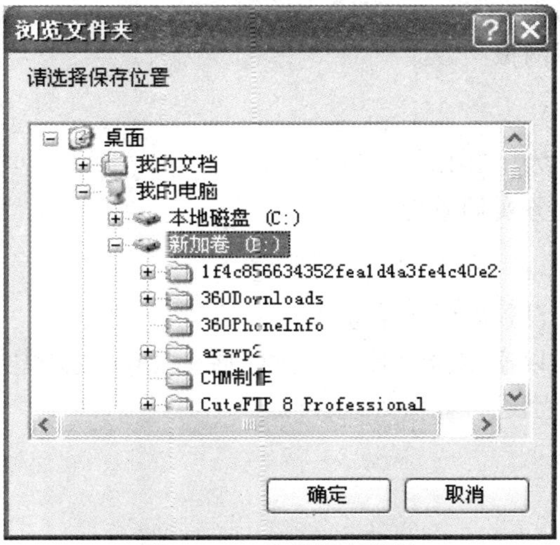

图 13-30　选择保存路径

(3) 在图13-29界面，勾选要生成电子数据的申报表(可全选)，单击“确定”按钮，系统提示执行成功，电子数据已经生成好，如图13-31所示。

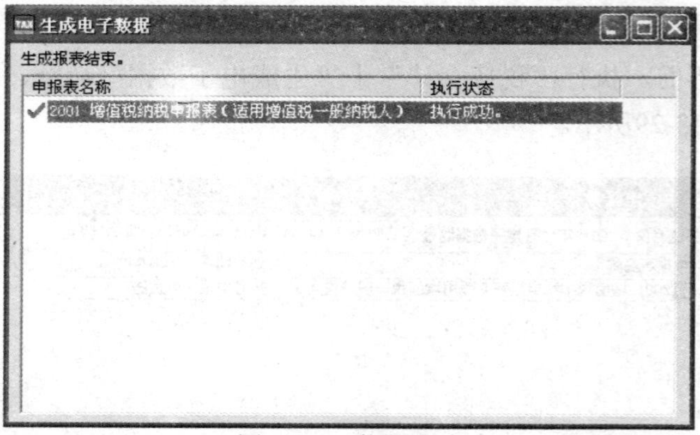

图 13-31　执行成功

提示：

- 系统提示“执行成功”，表示电子数据已生成。
- 生成好的电子数据，在桌面可以查看或进行模拟网上申报。
- 电子数据生成以后，在上传网报系统之前都可以修改报表，再次生成。

实验十三　增值税模拟开票与网报

【实验内容】

- 增值税进项、销项计算
- 增值税报表填写
- 增值税报表模拟网报

【实验准备】

- 将系统日期修改为“2013年1月1日”。
- 安装好畅捷通税务实训系统。

【实验要求】

- 提前在教师机上设置好学生信息。
- 根据案例信息，以学生身份登录“畅捷通企业电子报税实训教学系统”和“模拟网报系统”，分别进行业务处理。

【实验资料】

1. 企业基本信息

(1) 南京华新购物中心，地址：南京市户部街26号；法人代表：钟德沪；企业纳税人识别号：320101000000001；登记注册类型：国有企业；所属行业：零售业；开户银行：江苏银行；联系电话：025-84856864；财务负责人：王立；办税员：徐沪。

(2) 南京新华购物中心主要从事商品零售采购，采用2007年新会计准则科目核算体系，记账本位币为人民币，于2010年12月1日采用计算机系统进行财税核算及企业日常业务处理。核算时数量精确到两位小数。

2. 业务信息

2013年1月，经济业务如下：

(1) A001001W，2010年12月3日购进货物12,000.00元，货款由银行存款支付。

(2) A001002W，12月3日购进家电一批，取得的增值税专用发票上注明价款200万元，税款34万元，支付运输单位的运输费用7万元。

(3) A001003W，12月3日采取以旧换新方式销售洗衣机200台，旧洗衣机收购价200.00元/台，新洗衣机出售实际收款1,800.00元/台。

【实验指导】

1. 增值税模拟开票

(1) 下载、确认企业鉴定

① 在电子报税系统，执行“税务会计”|“企业鉴定信息”，在“纳税人基本信息”页面，单击“修改”按钮，输入税务管理码320101000000001，单击“导入信息”按钮，下载该户企业的鉴定信息，如图13-32所示。

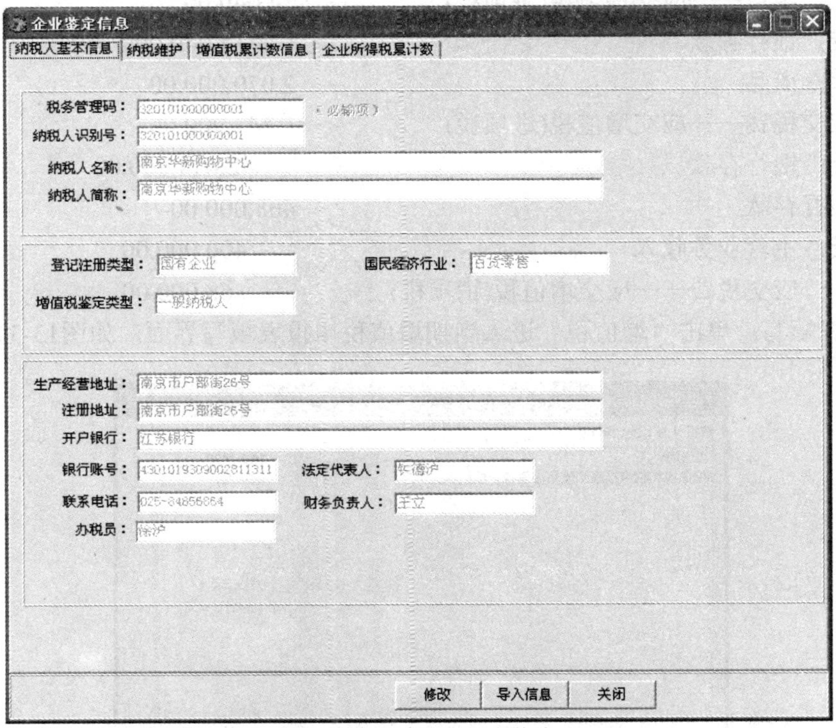

图 13-32　纳税人基本信息

② 在企业鉴定信息“纳税维护”页签查看税种和税目信息，如图13-33所示，确认增值税税种、税目和申报项目信息后，单击“关闭”按钮。

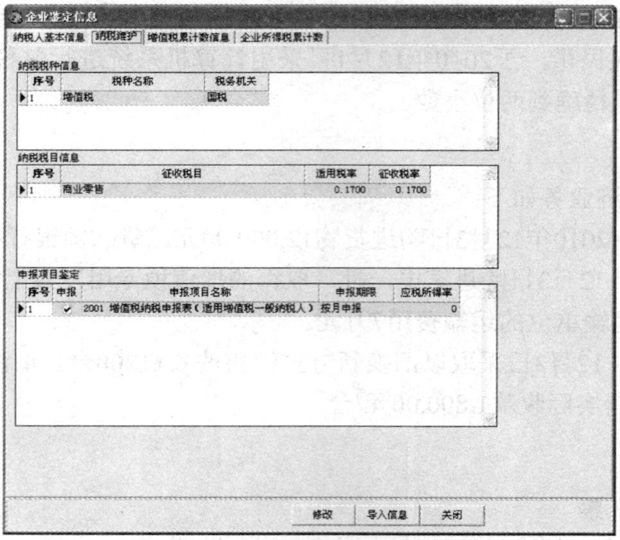

图 13-33　税种和税目信息

(2) 业务凭证处理

① 计算税款编制会计分录：

借：库存商品　　12,000.00
　　应交税费——应交增值税(进项税)　　2,040.00
　　贷：银行存款　　14,040.00

借：库存商品　　2,070,000.00
　　应交税费——应交增值税(进项税)　　344,900.00
　　贷：银行存款　　2,414,900.00

借：银行存款　　468,000.00
　　贷：主营业务收入　　400,000.00
　　　　应交税费——应交增值税(销项税)　　68,000.00

② 报表填写：单击“增值税”进入当期增值税申报表填写界面，如图13-34所示。

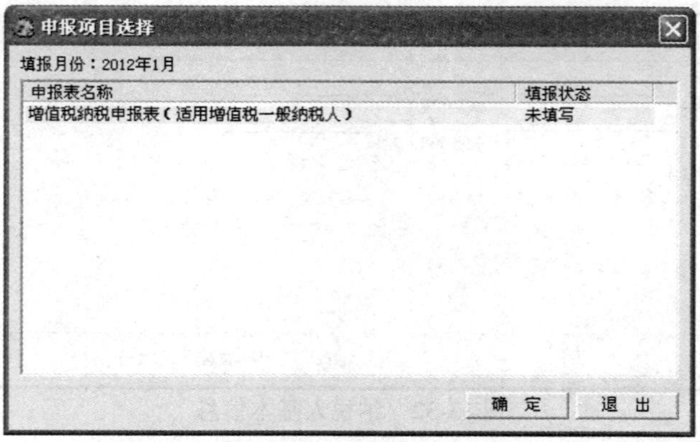

图 13-34　申报表填写

③ 填写申报表数据完毕后，单击“保存”按钮进行保存，如图13-35所示。

增值税纳税申报表(适用于增值税一般纳税人)

根据《中华人民共和国增值税暂行条例》第二十二条和第二十三条的规定制定本表。纳税人不论有无销售额，均应按主管税务机关核定的纳税期限按期填报本表，并于次月一日起十日内，向当地税务机关申报。

税款所属时间： 2011年01月01日 至 2011年01月31 填表日期 2012年01月10日 金额单位：元至角分

纳税人识别号 320101000000001 所属行业 百货零售

纳税人名称	南京华新购物中心	法定代表人姓名	钟德沪	注册地址	南京市户部街26号	营业地址	南京市户部街26号
开户银行及帐号	江苏银行 4301019309002811311		企业登记注册类型		国有企业	电话号码	025-84856864

	项目	栏次	一般货物及劳务		即征即退货物及劳务	
			本月数	本年累计	本月数	本年累计
销售额	(一)按适用税率征税货物及劳务销售额	1=2+3+4	400,000.00	400,000.00		
	其中：应税货物销售额	2	400,000.00	400,000.00		
	应税劳务销售额	3				
	纳税检查调整的销售额	4				
	(二)按简易征收办法征税货物销售额	5				
	其中：纳税检查调整的销售额	6				
	(三)免、抵、退办法出口货物销售额	7				
	(四)免税货物及劳务销售额	8=9+10				
	其中：免税货物销售额	9				
	免税劳务销售额	10				
税款计算	销项税额	11	68,000.00	68,000.00		
	进项税额	12	346,940.00	346,940.00		
	上期留抵税额	13				
	进项税额转出	14				
	免抵退货物应退税额	15				
	按适用税率计算的纳税检查应补缴税额	16				
	应抵扣税额合计	17=12+13-14-15+16	346,940.00			
	实际抵扣税额	18(如17<11，则为17，否则为11)	68,000.00	68,000.00		
	应纳税额	19=11-18				
	期末留抵税额	20=17-18	278,940.00			
	简易征收办法计算的应纳税额	21				
	按简易征收办法计算的纳税检查应补缴税额	22				
	应纳税额减征额	23				
	应纳税额合计	24=19+21-23				
税款缴纳	期初未缴税额(多缴为负数)	25				
	实收出口开具专用缴款书退税额	26				
	本期已缴税额	27=28+29+30+31				
	①分次预缴税额	28				
	②出口开具专用缴款书预缴税额	29				
	③本期缴纳上期应纳税额	30				
	④本期缴纳欠缴税额	31				
	期末未缴税额(多缴为负数)	32=24+25+26-27				
	其中：欠缴税额(≥0)	33=25+26-27				
	本期应补(退)税额	34=24-28-29				
	即征即退实际退税额	35				
	期初未缴查补税额	36				
	本期入库查补税额	37				
	期末未缴查补税额	38=16+22+36-37				

授权声明	如果你已委托代理人申报，请填写下列资料： 为代理一切税务事宜，现授权 (地址) 为本纳税人的代理申报人，任何与本申报表有关的往来文件，都可寄予此人。 授权人签字：	申报人声明	此纳税申报表是根据《中华人民共和国增值税暂行条例》的规定填报的，我相信它是真实的、可靠的、完整的。 声明人签字：

增值税纳税申报表附列资料(表一)

(本期销售情况明细)

税款所属时间　2011年01月01日　至　2011年01月31日

纳税人名称（公章）　南京华新购物中心　填表日期：　2012年01月10日　金额单位：元至角分

一、按适用税率征收增值税货物及劳务的销售额和销项税额明细

项目	栏次	应税货物						应税劳务			小计		
		17%税率			13%税率								
		份数	销售额	销项税额	份数	销售额	销项税额	份数	销售额	销项税额	份数	销售额	销项税额
防伪税控系统开具的增值税专用发票	1	1	400,000.00	68,000.00							1	400,000.00	68,000.00
非防伪税控系统开具的增值税专用发票	2												
开具普通发票	3												
未开具发票	4												
小计			400,000.00	68,000.00								400,000.00	68,000.00
纳税检查调整	6												
合计	7=5+6		400,000.00	68,000.00								400,000.00	68,000.00

二、简易征收办法征收增值税货物的销售额和应纳税额明细

项目	栏次	6%征收率			4%征收率			小计		
		份数	销售额	应纳税额	份数	销售额	应纳税额	份数	销售额	应纳税额
防伪税控系统开具的增值税专用发票	8									
非防伪税控系统开具的增值税专用发票	9									
开具普通发票	10									
未开具发票	11									
小计	12=8+9+10+11									
纳税检查调整	13									
合计	14=12+13									

三、免征增值税货物及销售额明细

项目	栏次	免税货物			免税劳务			小计		
		份数	销售额	税额	份数	销售额	税额	份数	销售额	税额
防伪税控系统开具的增值税专用发票	15									
开具普通发票	16									
未开具发票	17									
合计	18=15+16+17									

增值税纳税申报表附列资料(表二)

(本期进项税额明细)

税款所属时间:　2011年01月01日　至　2011年01月31日

纳税人名称:(公章)　南京华新购物中心　填表日期:　2012年01月10日　金额单位:元至角分

一、申报抵扣的进项税额

项　目	栏次	份数	金额	税额
(一) 认证相符的防伪税控增值税专用发票	1=2+3	2	2,012,000.00	342,040.00
其中：本期认证相符且本期申报抵扣	2	2	2,012,000.00	342,040.00
前期认证相符且本期申报抵扣	3			
(二) 非防伪税控增值税专用发票及其他扣税凭证	4=5+6+...+10	1	70,000.00	4,900.00
其中：海关进口增值税专用缴款书	5			
农产品收购发票或者销售发票	6			
废旧物资发票	7			
运输费用结算单据	8	1	70,000.00	4,900.00
6%征收率	9			
4%征收率	10			
(三) 外贸企业进项税抵扣证明	11	——	——	
当期申报抵扣进项税额合计	12=1+4+11	3	2,082,000.00	346,940.00

二、进项税额转出额

项　目	栏次	税额
本期进项税转出额	13=14+...+21	
其中：免税货物用	14	
非应税项目用、集体福利、个人消费	15	
非正常损失	16	

(续表)

按简易征收办法征税货物用	17			
免抵退税办法出口货物不得抵扣进项税额	18			
纳税检查调减进项税额	19			
未经认证已抵扣的进项税额	20			
红字专用发票通知单注明的进项税额	21			
三、待抵扣进项税额				
项　　目	栏次		金额	税额
(一) 认证相符的防伪税控增值税专用发票	22			
期初已认证相符但未申报抵扣	23			
本期认证相符且本期未申报抵扣	24			
期末已认证相符但未申报抵扣	25=23+24-3			
其中：按照税法规定不允许抵扣	26			
(二) 非防伪税控增值税专用发票及其他扣税凭证	27=28+...+34			
其中：海关进口增值税专用缴款书	28			
农产品收购发票或者销售发票	29			
废旧物资发票	30			
运输费用结算单据	31			
6%征收率	32			
4%征收率	33			
	34			
四、其他				
项　　目	栏次	份数	金额	税额
本期认证相符的全部防伪税控增值税专用发票	35=2+24	2	2,012,000.00	342,040.00
期初已征税款挂账额	36			
期初已征税款余额	37			
代扣代缴税额	38			

图 13-35　填写纳税申报表

(3) 电子数据生成

① 在“实务操作”报表界面，在“生成电子数据”对话框中，选中“2001　增值税纳税申报表(适用增值税一般纳税人)”选项，单击“确定”按钮，如图13-36所示。

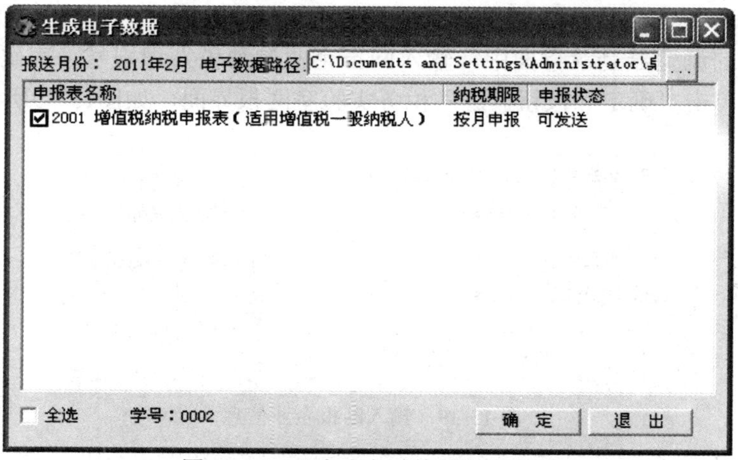

图 13-36　“生成电子数据”对话框

② 执行成功后，退出，如图13-37所示。

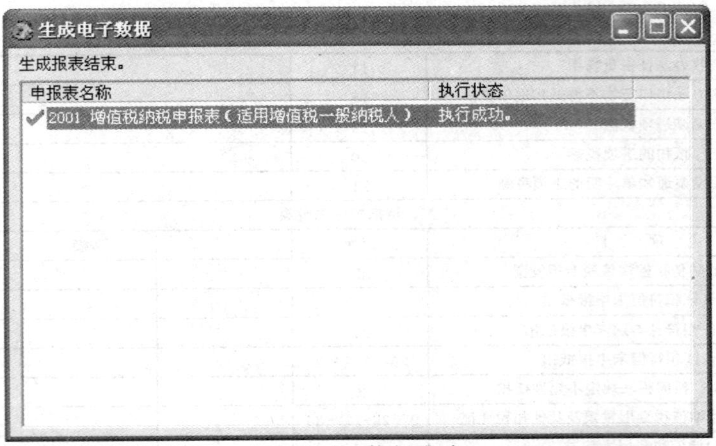

图 13-37　执行成功

③ 在桌面即可查看生成好的电子数据。

2. 模拟网报

(1) 登录网报系统

① 在电子报税系统，执行“模拟网报”｜“模拟网报”命令，输入网报地址，单击“确定”按钮，如图13-38所示。

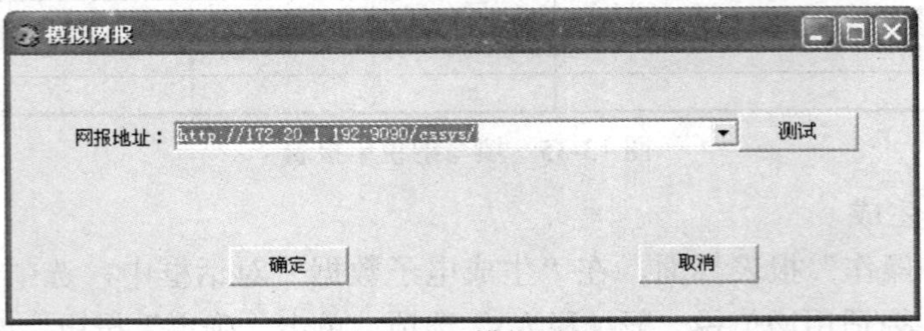

图 13-38　模拟网报

② 在打开的浏览器登录界面中，输入网报企业的纳税人识别号、密码等，选择申报时间。单击“确定”按钮，进入税务实验室网报界面，如图13-39所示。

图 13-39　输入网报企业信息

(2) 纳税申报

① 在导航菜单中，执行“税务会计”｜“增值税申报”命令，按照前述方法，打开增值税申报表，对该申报表，可以数据导入，也可以手工填写，如图13-40所示。

图 13-40　纳税申报表

② 如果选择数据导入，则在报表填写界面图13-40的导航栏中，单击“导入”按钮。

③ 在图13-41中，选择图13-37中生成的数据(默认在桌面)，单击“打开”按钮，数据加载成功。

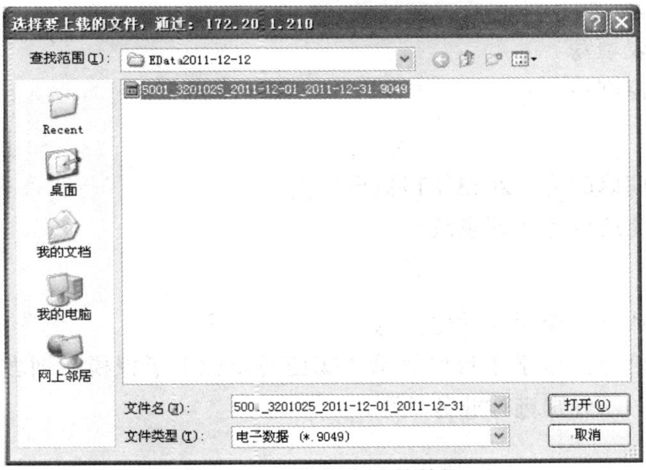

图 13-41　选择生成的数据

④ 在图13-42中，单击“导入”按钮，报表数据即全部导入进来。

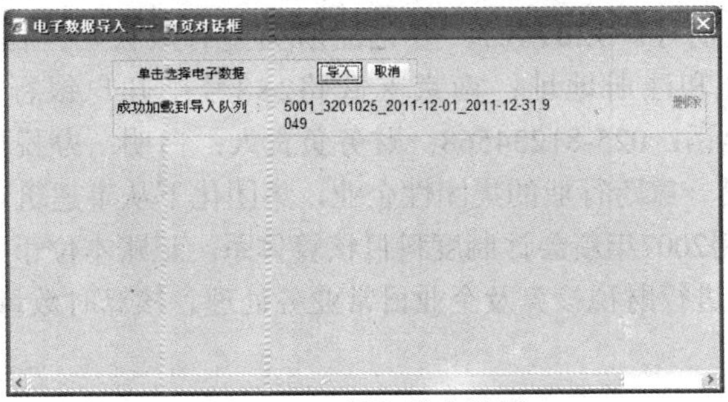

图 13-42　导入报表数据

⑤ 报表数据导入或填写完，单击“暂存”以保存，单击“退出”按钮，回到报表操作界面，如图13-43所示。

	申报项目	所属税务机关	所属期起	所属期止	操作	申报状态
1	增值税纳税申报表（适用增值税一般纳税人）	国税	2011-01-01	2011-01-31	填写 修改 删除 申报 查看 取消申报 标准答案	已暂存

图 13-43 暂存纳税申报表

⑥ 在图13-43中，若需要对该报表进行修改，可单击“修改”按钮；若需要重新填写，可单击“删除”按钮；若需要申报该报表，可单击“申报”按钮。

⑦ 报表检查无误，单击“申报”按钮，进行模拟税务报送。

⑧ 申报完成后，可进行查看，或取消申报。

实验十四 营业税模拟网报

【实验内容】

- 营业税计算
- 营业税报表填写
- 营业税模拟网报

【实验准备】

- 将系统日期修改为“2013年1月1日”。
- 安装好畅捷通税务实训系统。

【实验要求】

- 提前在教师机上设置好学生信息。
- 根据案例信息，以学生身份登录“畅捷通企业电子报税实训教学系统”和“模拟网报系统”，分别进行业务处理。

【实验资料】

1. 企业基本信息

(1) 南京CCC企业有限公司(简称南京3C企业)位于南京市中山北路33号，法人代表：白聪；企业纳税人识别号：3201027；登记注册类型有限公司；国民经济行业：建筑安装业；生产经营地址和注册地址：南京玄武路288号；开户银行：江苏银行；账号：09988010124；联系电话：025-81234568；财务负责人：白明；办税员：沪税。

(2) 南京3C公司是一家跨行业的集团性企业，集团化下从事建筑安装、运输、文化、服务等多行业业务，采用2007年新会计制度科目核算体系，记账本位币为人民币，于2011年12月1日采用计算机系统进行财税核算及企业日常业务处理。核算时数量精确到两位小数。

2. 业务信息

3C公司2011年12月的经营业务和收入情况如下：

(1) C001001W，12月1日，公司总部签订的一项建筑工程施工承包合同注明的建筑业劳务价款为9,000万元(其中安装的设备价款为3,000万元，由建设方提供设备)，同时提供建筑材料1,000万元。3C公司将1,500万元的安装工程分包给B建筑公司。12月份，工程竣工后，建设单位支付给3C公司材料差价款600万元，提前竣工奖150万元。

(2) C001002W，12月6日，公司总部承接了南化公司的给排水系统和供热系统安装工程，合同价款120,000.00元。

(3) C001003W，12月8日，公司下属汽车运输公司国内货运业务收入365,000.00元。

(4) C001004W，12月12日，公司下属汽车运输公司国内客运业务收入622,000.00元。

(5) C001005W，12月28日，公司下属汽车运输公司装卸搬运业务收入54,000.00元。

【实验指导】

1. 业务处理

(1) 下载、确认企业鉴定

① 在电子报税系统中，执行“税务会计”|“企业鉴定信息”命令，在“纳税人基本信息”页面，单击“修改”按钮，输入税务管理码3201027，单击“导入信息”按钮，下载该户企业的鉴定信息，如图13-44所示。

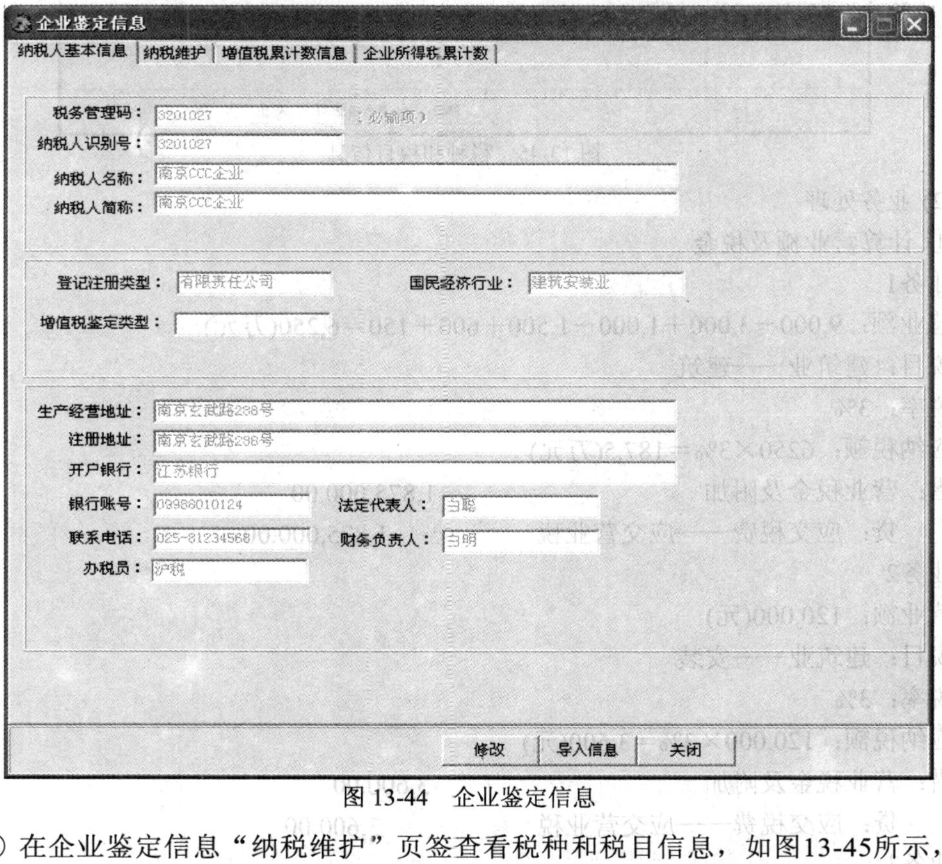

图 13-44　企业鉴定信息

② 在企业鉴定信息“纳税维护”页签查看税种和税目信息，如图13-45所示，确认营业税、城建税和教育费附加的税种、税目和申报项目信息后，单击“关闭”按钮。

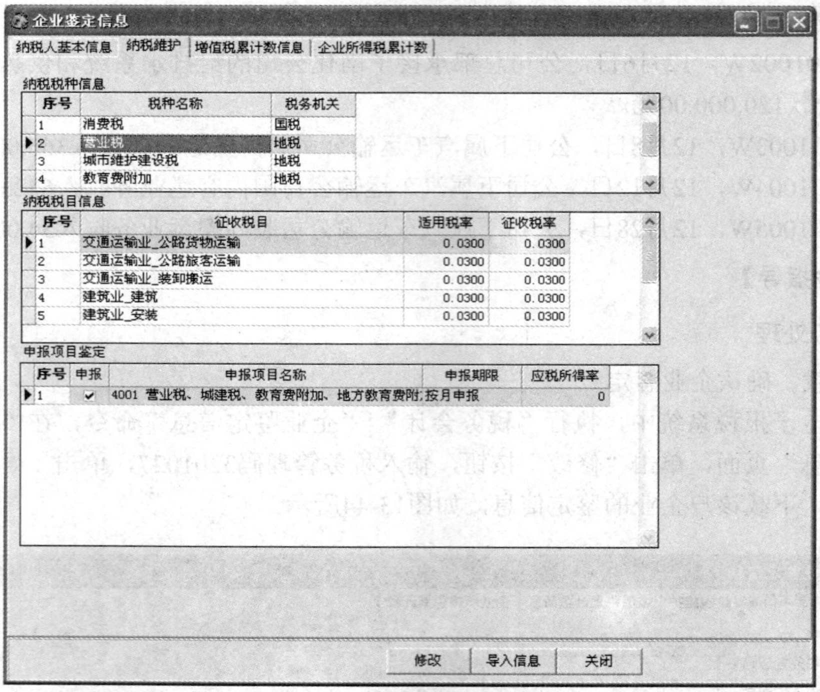

图 13-45　税种和税目信息

(2) 业务处理

① 计算营业额及税金

业务1

营业额：9,000－3,000＋1,000－1,500＋600＋150＝6,250(万元)

税目：建筑业——建筑

税率：3%

应纳税额：6250×3%＝187.5(万元)

借：营业税金及附加　　　　　　　　　1,875,000.00

　　贷：应交税费——应交营业税　　　　　　1,875,000.00

业务2

营业额：120,000(元)

税目：建筑业——安装

税率：3%

应纳税额：120,000×3%＝3,600(元)

借：营业税金及附加　　　　　　　　　3,600.00

　　贷：应交税费——应交营业税　　　　　　3,600.00

业务3

营业额：365,000(元)

税目：交通运输业——公路货物运输

税率：3%

应纳税额：365,000×3%＝10,950(元)

借：营业税金及附加　　　　　　　　10,950.00
　　贷：应交税费——应交营业税　　　　　10,950.00

业务4

营业额： 622,000(元)

税目：交通运输业——公路旅客运输

税率：3%

应纳税额：622,000×3%＝18,660(元)

借：营业税金及附加　　　　　　　　18,660.00
　　贷：应交税费——应交营业税　　　　　18,660.00

业务5

营业额：54,000(元)

税目：交通运输业——装卸搬运

税率：3%

应纳税额：54,000×3%＝1,620(元)

借：营业税金及附加　　　　　　　　1,620.00
　　贷：应交税费——应交营业税　　　　　1,620.00

② 编制总会计分录(前五笔业务)

计算税金：

借：营业税金及附加　　　　　　　　1,909,830.00
　　贷：应交税费——应交营业税　　　　　1,909,830.00

实际缴纳：

借：应交税费——应交营业税　　　　1,909,830.00
　　贷：银行存款　　　　　　　　　　　1,909,830.00

③ 计算城建税和教育费附加

营业税：1,909,830(元)

城建税：1,909,830×7%＝133,688.10(元)

教育费附加：1,909,830×3%＝57,294.90(元)

计算税金：

借：营业税金及附加　　　　　　　　190,983.00
　　贷：应交税费——应交城市维护建设税　　133,688.10
　　　　应交税费——应交教育费附加　　　　57,294.90

实际缴纳：

借：应交税费——应交城市维护建设税　133,688.10
　　应交税费——应交教育费附加　　　57,294.90
　　贷：银行存款　　　　　　　　　　　190,983.00

(3) 报表填写

① 参照前述方法，进行“营业税、城建税、教育费附加”的申报，在“申报项目选

择”窗口中选中“营业税、城建税、教育费附加、地方教育费附加、文化事业建设费纳税申报表”，如图13-46所示，单击“确定”按钮，打开营业税申报表。

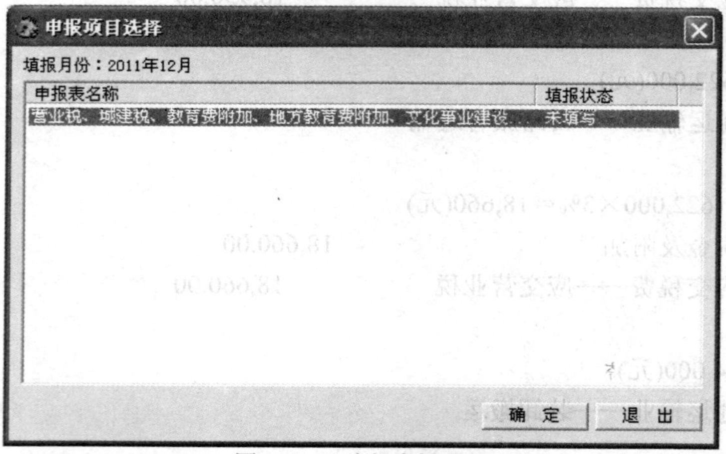

图 13-46 选择申报项目

② 在营业税报表界面，如图13-47所示，税目、子目信息、税率是根据企业鉴定信息自动生成的。

营业税、城建税、教育费附加、地方教育费附加、文化事业建设费纳税申报表

金额单位：元（列至角分）

纳税人识别号	3201027						税务管理码	3201027			
纳税人名称	南京CCC企业						税款所属时间	2011年12月01日 至 2011年12月31日			
税目	子目	营业额					本期税款计算		税款缴纳		
		应税收入	应税减除项目金额	应税营业额	免税营业额	税率	应纳税额	免(减)税额	前期多缴税额	本期已缴税款	本期应缴税额
1	2	3	4	5=3-4	6	7	8=5×7	9	10	11	12=8-9-10-11
交通运输业	交通运输业_公路货物运输					0.03					
交通运输业	交通运输业_公路旅客运输					0.03					
交通运输业	交通运输业_装卸搬运					0.03					
建筑业	建筑业_建筑					0.03					
建筑业	建筑业_安装					0.03					
合计											
文化事业费											

项目 / 税种	计税依据				税率	应纳税额	前期多缴税额	已缴税额	本期应缴税额
	营业税	增值税	消费税	合计					
城市维护建设税									
教育费附加									
地方教育费附加									
总计	—				—				

如纳税人填报，由纳税人填写以下各栏		如委托税务代理机构填报，由税务代理机构填写以下各栏			
会计主管	经办人	税务代理机构名称			税务代理机构
（签章）	（签章）	税务代理机构地址			（公章）
此纳税申报表是根据国家税收法律的规定填报的，我确信它是真实的、可靠的、完整的。		代理人(签章)		联系电话	

图 13-47 营业税申报表

③ 对各项业务进行分析计算，分别填写到营业额下的“应税收入”、“应税减除项目金额”、“免税营业额”；本期税款下的“减(免)税额”；税款缴纳下的“前期多缴税额”、“本期已缴税款”，选择“所得项目代码”。

④ “应税营业额”、“应纳税额”、“本期应缴税额”以及合计行由系统自动计算。

⑤ 以“交通运输业—公路货物运输”子目为例，填写如图13-48所示的报表信息。

营业税、城建税、教育费附加、地方教育费附加、文化事业建设费纳税申报表

金额单位：元（列至角分）

纳税人识别号	3201027						税务管理码	3201027			
纳税人名称	南京CCC企业						税款所属时间	2011年12月01日 至 2011年12月31日			
税　目	子　目	营　业　额					本期税款计算		税　款　缴　纳		
		应税收入	应税减除项目金额	应税营业额	免税营业额	税率	应纳税额	免(减)税额	前期多缴税额	本期已缴税款	本期应缴税额
1	2	3	4	5=3-4	6	7	8=5×7	9	10	11	12=8-9-10-11
交通运输业	交通运输业_公路货物运输	365000.00		365000.00		0.03	10950.00				10950.00

图 13-48　填写报表信息

⑥ 如果电子报税系统与T3、T6、U8等财务软件安装在一起，财务数据库配置成功，且财务总账已结完账，可以使用“科目余额”按钮，从财务系统导入营业额(收入)、已缴税款等数据信息。

(4) 报表展现

参照“交通运输业—公路货物运输”子目的填写方式，对其他所有业务处理完成，即可得到如图13-49所示的完整报表。

营业税、城建税、教育费附加、地方教育费附加、文化事业建设费纳税申报表

金额单位：元（列至角分）

纳税人识别号	3201027						税务管理码	3201027			
纳税人名称	南京CCC企业						税款所属时间	2011年12月01日 至 2011年12月31日			
税　目	子　目	营　业　额					本期税款计算		税　款　缴　纳		
		应税收入	应税减除项目金额	应税营业额	免税营业额	税率	应纳税额	免(减)税额	前期多缴税额	本期已缴税款	本期应缴税额
1	2	3	4	5=3-4	6	7	8=5×7	9	10	11	12=8-9-10-11
交通运输业	交通运输业_公路货物运输	365000.00		365000.0C		0.03	10950.00				10950.00
交通运输业	交通运输业_公路旅客运输	622000.00		622000.0C		0.03	18660.00				18660.00
交通运输业	交通运输业_装卸搬运	54000.00		54000.00		0.03	1620.00				1620.00
建筑业	建筑业_建筑	62500000.00		62500000.[illegible]		0.03	1875000.00				1875000.00
建筑业	建筑业_安装	120000.00		120000.0C		0.03	3600.00				3600.00
合　计		63661000.00		63661000.[illegible]			1909830.00				1909830.00
文化事业费											

项目 / 税种	计　税　依　据				税率	应纳税额	前期多缴税额	已缴税额	本期应缴税额
	营业税	增值税	消费税	合　计					
城市维护建设税	1909830.00			1309830.00	0.07	133688.10			133688.10
教育费附加	1909830.00			1309830.00	0.03	57294.90			57294.90
地方教育费附加									
总　计	——				——	190983.00			190983.00

如纳税人填报，由纳税人填写以下各栏		如委托税务代理机构填报，由税务代理机构填写以下各栏		
会计主管	经办人	税务代理机构名称		税务代理机构
（签章）	（签章）	税务代理机构地址		（公章）

图 13-49　报表展现

(5) 电子数据生成

① 参照前述方法，在“生成电子数据”对话框中，选中“营业税、城建税、教育费附加申报表”复选框，单击“确定”按钮，如图13-50所示。

注意：该电子数据报送月份为2013年1月。

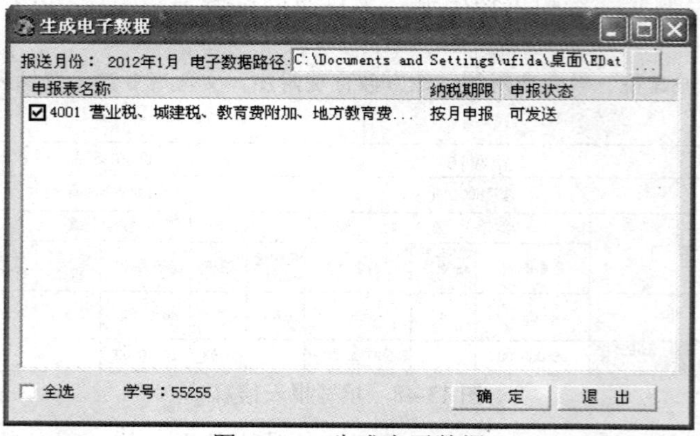

图 13-50　生成电子数据

② 在图13-51界面中，执行成功后，退出。

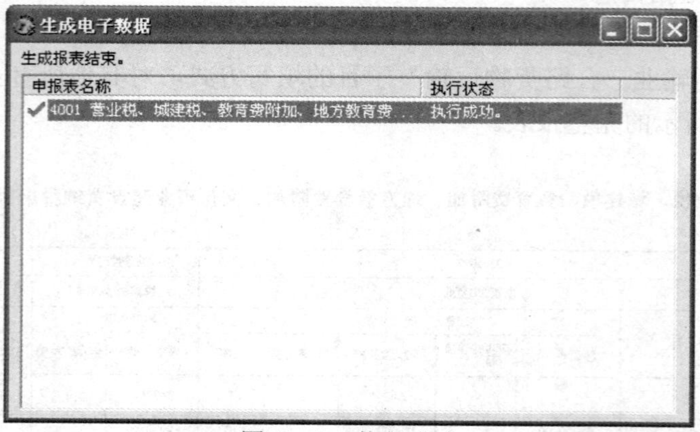

图 13-51　执行成功

③ 在桌面即可查看已生成的电子数据。

2. 模拟网报

(1) 登录网报系统

① 在电子报税系统中，执行“模拟网报”|“模拟网报”命令，输入网报地址，单击“确定”按钮，如图13-52所示。

图 13-52　模拟网报

② 在打开的浏览器登录界面中，输入网报企业的纳税人识别号、密码等，选择申报时间，如图13-53所示。单击“确定”按钮，进入税务实验室网报界面。

③ 纳税申报期应该晚于税款所属期(2012年12月)一个月，即选择2013年1月。

图 13-53　模拟网报登录界面

(2) 纳税申报

① 在导航菜单中，单击“纳税申报”，选择“营业税、城建税、教育费附加、地方教育费附加、文化事业建设费纳税申报表”，单击“填写”按钮。

② 对该申报表，可以数据导入，也可以手工填写，如图13-54所示。

图 13-54　纳税申报表

③ 若采用数据导入方式，可在图13-54所示报表填写界面中单击“导入”按钮。

④ 在图13-55中，选择图13-51中生成的数据(数据默认保存在桌面)，单击“打开”按钮，数据加载成功。

图 13-55　选择电子数据

⑤ 在图13-56中，单击“导入”按钮，报表数据即全部导入进来。

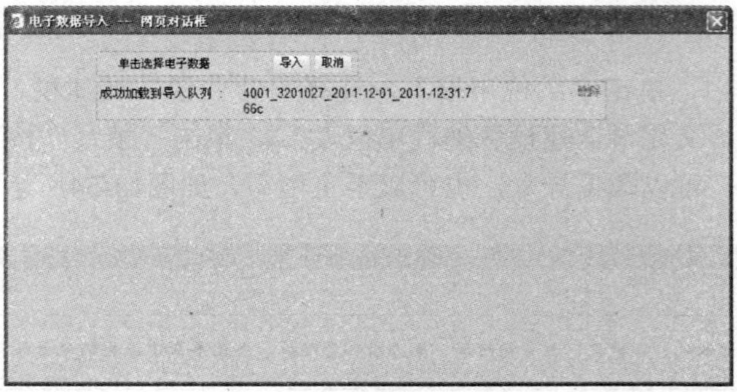

图 13-56　导入报表数据

⑥ 报表数据导入或填写完，单击“暂存”以保存，单击“退出”按钮，回到报表操作界面，如图13-57所示。

图 13-57　暂存报表

⑦ 在图13-57中，若需要对该报表进行修改，可单击“修改”按钮；若需要重新填写，可单击“删除”按钮；若需要申报该报表，可单击“申报”按钮。

⑧ 报表检查无误，单击“申报”按钮，进行模拟税务报送。

⑨ 申报完成后，在图13-58中，可进行查看，或取消申报，查看标准答案。

图 13-58　查看报表

参考文献

[1] 汪刚，王新玲. 会计信息化实用教程. 北京：清华大学出版社，2009
[2] 曾红卫. 购销存核算系统实训教程. 北京：北京理工大学出版社，2012